TEXTOS ESSENCIAIS DE **SCHOPENHAUER**

Dados Internacionais de Catalogação na Publicação (CIP)
(Câmara Brasileira do Livro, SP, Brasil)

Schopenhauer, Arthur, 1788-1860
  Textos essenciais de Schopenhauer / Arthur Schopenhauer ; seleção e comentários Gleisy Picoli. – Petrópolis, RJ : Vozes, 2024. (Coleção Textos Essenciais)

  Bibliografia.
  ISBN 978-85-326-6836-3

  1. Filosofia alemã 2. Schopenhauer, Arthur, 1788-1860
I. Picoli, Gleisy. II. Título. III. Série.

24-208025   CDD-193

Índices para catálogo sistemático:

1. Schopenhauer : Filosofia alemã 193
Eliane de Freitas Leite – Bibliotecária – CRB 8/8415

TEXTOS ESSENCIAIS DE SCHOPENHAUER

ARTHUR SCHOPENHAUER

// Seleção e comentários de
Gleisy Picoli

EDITORA VOZES

Petrópolis

© 2024, Editora Vozes Ltda.
Rua Frei Luís, 100
25689-900 Petrópolis, RJ
www.vozes.com.br
Brasil

Todos os direitos reservados. Nenhuma parte desta obra poderá ser reproduzida ou transmitida por qualquer forma e/ou quaisquer meios (eletrônico ou mecânico, incluindo fotocópia e gravação) ou arquivada em qualquer sistema ou banco de dados sem permissão escrita da editora.

CONSELHO EDITORIAL

Diretor
Volney J. Berkenbrock

Editores
Aline dos Santos Carneiro
Edrian Josué Pasini
Marilac Loraine Oleniki
Welder Lancieri Marchini

Conselheiros
Elói Dionísio Piva
Francisco Morás
Gilberto Gonçalves Garcia
Ludovico Garmus
Teobaldo Heidemann

Secretário executivo
Leonardo A.R.T. dos Santos

PRODUÇÃO EDITORIAL

Aline L.R. de Barros
Marcelo Telles
Mirela de Oliveira
Otaviano M. Cunha
Rafael de Oliveira
Samuel Rezende
Vanessa Luz
Verônica M. Guedes

Conselho de projetos editoriais
Isabelle Theodora R.S. Martins
Luísa Ramos M. Lorenzi
Natália França
Priscilla A.F. Alves

Editoração: Mariana Perlati
Diagramação: Editora Vozes
Revisão gráfica: Heloísa Brown
Capa: Editora Vozes

ISBN 978-85-326-6836-3

Este livro foi composto e impresso pela Editora Vozes Ltda.

Sumário

Schopenhauer: entre teoria e prática.................9

1 ORIGEM DO CONHECIMENTO..................... 17
O mundo como vontade e representação, tomo I, § 1-4 .. 19

2 O LIMITE DA EXPRESSÃO 29
O mundo como vontade e representação, tomo I, § 8 31
O mundo como vontade e representação, tomo II, cap. 17..36
O mundo como vontade e representação, tomo II, cap. 48..39

3 MATERIALISMO E IDEALISMO.................... 41
O mundo como vontade e representação, tomo I, § 7 43

4 AFIRMAÇÃO DA VONTADE 53
O mundo como vontade e representação, tomo I, § 54 ... 55
O mundo como vontade e representação, tomo I, § 60 ... 58

5 NEGAÇÃO DA VONTADE 65
O mundo como vontade e representação, tomo I, § 56 ... 67
O mundo como vontade e representação, tomo I, § 68 ... 71

6 COMPAIXÃO 77
Sobre o fundamento da moral, § 16................... 79
O mundo como vontade e representação, tomo I, § 67 ... 86

7 O PIOR DOS MUNDOS POSSÍVEIS.................. 89
O mundo como vontade e representação, tomo II, cap. 46..91

8 Suicídio 101
O mundo como vontade e representação, tomo I, § 69 .. 103
Aforismos para a sabedoria de vida, cap. II 109

9 O gênio 113
O mundo como vontade e representação, tomo I, § 36 .. 115

10 Belo e sublime 125
O mundo como vontade e representação,
tomo I, § 38-39 127

11 Mística 137
O mundo como vontade e representação,
tomo II, cap. 48 139

12 Silêncio 149
O mundo como vontade e representação,
tomo I, § 70-71 151

13 O artista racional 163
O mundo como vontade e representação, tomo I, § 50 .. 165
Primeiros Manuscritos I, § 190 173

14 Religião 175
O mundo como vontade e representação,
tomo II, cap. 17 177
Parerga e Paralipomena, Diálogo sobre a religião 185

15 Caracteres 187
O mundo como vontade e representação, tomo I, § 55 .. 189

16 Livre-arbítrio 199
Sobre a liberdade da vontade, cap. I 201
Sobre a liberdade da vontade, cap. III 205

17 Asseidade **209**
    Sobre a liberdade da vontade (cap. IV) 211
    A vontade na natureza (Indicação à ética) 213
    O mundo como vontade e representação, tomo II, cap. 25. . 218

18 Sabedoria de vida **221**
    Aforismos para a sabedoria de vida, cap. V (B) 223
    A arte de conhecer a si mesmo, 1-10 226

19 Idades da vida **233**
    Aforismos para a sabedoria de vida, cap. VI 235

20 Fatalismo **243**
    Parerga e Paralipomena I, Especulação transcendente sobre
    a aparente intencionalidade no destino do indivíduo ... 245

21 Palingenesia **255**
    O mundo como vontade e representação, tomo II, cap. 41. . 257
    Parerga e Paralipomena, Sobre a doutrina da indestrutibilidade
    de nosso verdadeiro ser através da morte 264

Referências 267

Schopenhauer
Entre teoria e prática

> *O espanto filosófico é, portanto, essencialmente, consternado e entristecido: a filosofia, como a abertura de Don Juan, começa com um acorde menor. Daí se segue que ela não pode ser nem espinosismo, nem otimismo.*
> Schopenhauer, W II, cap. 17[1]

Este livro consiste numa introdução à doutrina do filósofo alemão Arthur Schopenhauer e tem por objetivo principal oferecer chaves de leitura que auxiliem na compreensão de seu pensamento. Os conceitos fundamentais da filosofia schopenhaueriana são trabalhados por meio de temas. Cada tema possui, primeiramente, um sucinto comentário e, em seguida, trechos de textos clássicos do autor, também chamados de textos essenciais. A intenção é indicar, a quem se interessar por determinada temática, alguns textos nos quais o assunto foi exposto de modo detalhado pelo filósofo. É importante seguir a ordem dos temas, conforme eles são apresentados no livro, pois, muitas vezes, eles pressupõem a assimilação de conceitos trabalhados anteriormente.

---

1. Abreviaturas das obras schopenhauerianas utilizadas neste livro: W I (*O mundo como vontade e representação, tomo I*); W II (*O mundo como vontade e representação, tomo II*); P I (*Parerga und Paralipomena, tomo I*); P II (*Parerga und Paralipomena, tomo II*); E I (*Sobre a liberdade da vontade*); E II (*Sobre o fundamento da moral*); HN I (*Primeiros manuscritos*). As traduções dos trechos essenciais de Schopenhauer são, em sua maioria, da editora Vozes, com raras exceções em que eu faço a tradução; e, nesses casos, destaco que se trata de uma tradução de minha autoria. Todas as minhas traduções têm como base a última edição autorizada de Ludger Lütkehaus (cf. referências).

É evidente que jamais conseguiríamos esgotar uma filosofia por meio de poucos temas, porém, num primeiro momento, para quem pretende iniciar os seus estudos na filosofia de Schopenhauer, alguns deles são essenciais. Os critérios de seleção dos temas e textos que compõem este livro encontram respaldo sobretudo na declaração do próprio autor de que seu sistema filosófico tem como fonte inspiradora para o seu desenvolvimento três grandes pensamentos: o divino Platão, o espantoso Kant e os *Upanishads* dos Vedas. Assim, demos preferência aos temas que, de modo direto ou indireto, se relacionam a tais pensamentos; e também àqueles que tocam nas questões clássicas da filosofia, como é o caso das discussões sobre o livre-arbítrio, a liberdade e o determinismo. Ademais, julgamos relevante o tema da filosofia prática, sobretudo pelo fato de que os aforismos schopenhauerianos podem contribuir significativamente para o conhecimento de nós mesmos, melhorando, assim, a nossa qualidade de vida. Afinal, vale lembrar que, na visão do autor, vivemos numa condição tão miserável de existência que, se batessem nos túmulos e perguntassem aos mortos se eles queriam ressuscitar, eles balançariam a cabeça negando (W II, cap. 41). Mesmo assim, o próprio Schopenhauer mostra-nos, por meio de seus aforismos, que é possível viver bem neste que, segundo ele, é o pior dos mundos possíveis – desde que viver bem signifique viver de modo menos sofrido, e não necessariamente feliz.

Platão divide a realidade em mundo sensível (imperfeito e corruptível) e mundo inteligível (perfeito e incorruptível). Schopenhauer concorda que este mundo sensível é um mundo de aparências efêmeras, e considera-o uma mera representação de uma essência incorruptível denominada vontade – daí o título de sua obra capital: *O mundo como vontade e representação*[2]. Tudo o que existe neste mundo em que vivemos é apenas um espelho do mundo da vontade, a essência cósmica de todos os seres, que é una, atemporal e não-espacial; e subjaz ao mundo dos fenômenos. Neste mundo sensível está o sujeito que tudo vê, mas não é visto; ele é o ponto de partida da teoria do conhecimento schopenhaueriana, na medida em que tudo ao seu redor não passa, no fundo, de

---

2. Doravante, esta obra será abreviada como *O mundo...*

uma representação sua. Esse mesmo sujeito, enquanto indivíduo que conhece, é essencialmente vontade, e isso explica por que o indivíduo quer incessantemente. Se ele quer, ele sofre, pois querer e sofrer estão intrinsecamente interligados. Quem quer algo, obviamente, carece dele e está insatisfeito por sua falta. Infelizmente, como nota o autor, a cada desejo satisfeito, há pelo menos dez que não o são; e mesmo o desejo satisfeito, na maioria das vezes, foi consumado com muita luta e sofrimento. Eis, então, que surgem os conceitos carros-chefe da filosofia schopenhaueriana, a saber: afirmação da vontade, que, como o próprio nome diz, significa afirmar a essência, o querer mesmo, o que ocasiona o nosso sofrimento; e negação da vontade, que significa negar tal essência, suprimi-la, pondo fim, assim, ao sofrimento.

Uma grande contribuição platônica ao pensamento de Schopenhauer é a noção de Ideia, indispensável nas teses referentes às belas-artes, ao gênio ou artista, ao sublime, ao caráter humano etc. Ademais, o conceito schopenhaueriano de palingenesia, que explica nossos contínuos renascimentos por meio de algo indestrutível em nós, o qual é sempre propagado nas próximas vidas, embora seja transposto da doutrina órfico-pitagórica, assemelha-se muito à metempsicose em Platão: da mesma forma que Platão alude ao mito de Er, com o intuito de dizer que nós mesmos escolhemos quem queremos ser, Schopenhauer empresta da escolástica o conceito de asseidade para defender que cada um é obra de si mesmo.

O legado de Kant na filosofia schopenhaueriana é, sem dúvida, inegável, pois Schopenhauer é um pós-kantiano, e é natural que um filósofo inevitavelmente se envolva com as doutrinas de sua época, mesmo que seja para se contrapor a elas. Ao contrário de Fichte, Schelling e Hegel, cujas filosofias Schopenhauer não poupa de críticas severas, embora fosse um bom leitor dos dois primeiros, Kant é reconhecido como um verdadeiro gênio, sendo, aliás, aludido respeitosamente em muitos momentos da obra schopenhaueriana. Schopenhauer considera, por exemplo, um dos maiores méritos capitais de Kant a descoberta de que as formas essenciais e universais de todo objeto, a saber, tempo e espaço (e Schopenhauer acrescenta a causalidade), residem *a priori* em nossa consciência. Disso resulta que o posicionamento crítico do autor frente às maneiras tradicionais de conceber o conhecimento, defendidas pelo materialismo e idealismo, este último representado por Fichte, embasa-se, em verdade, no pensamento kantiano: toda representação envolve simultaneamente as noções de sujeito e objeto. Além disso, Schopenhauer julga que Kant mostra brilhantemente o seu mérito imortal na distinção entre caráter inteligível e empírico (ao lado destes, Schopenhauer acrescenta o caráter adquirido), especialmente, quando Kant concilia liberdade e necessidade, que, em termos schopenhauerianos, significa demonstrar como a vontade como coisa em si, que é livre, por definição, aparece no mundo da necessidade.

Por outro lado, não podemos nos esquecer das críticas do filósofo de Frankfurt ao pensamento de Kant em *Sobre o fundamento da moral* e na *Crítica da filosofia kantiana*, para não aproximar exageradamente ambos os filósofos e, assim, tentar transformar Schopenhauer num kantiano. De fato, Schopenhauer faz uso de alguns conceitos kantianos, mas nem sempre no seu sentido original, como é o caso, por exemplo, da coisa em si. Enquanto, para Kant, a coisa em si permanece como algo incognoscível; para Schopenhauer, ela é a vontade (essência íntima do mundo), que se manifesta nas aparências. Além disso, ao privilegiarmos apenas um dos pilares inspiradores da doutrina schopenhaueriana, atribuindo maior importância à filosofia de Kant, corremos o risco de obscurecer a vertente mística de sua doutrina, como revelada pelos outros dois pensamentos de Platão e dos *Upanishads*. Afinal, é por uma perspectiva mística que Schopenhauer assimila o pensamento platônico, pois, além da já mencionada teoria da transmigração das almas ou metempsicose, podemos também citar a apreensão das Ideias, considerando-se que Schopenhauer a concebe por meio de uma união mística entre sujeito e Ideia contemplada. Nessa união, que ocorre por meio do conhecimento intuitivo, e não abstrato, sujeito e objeto tornam-se um, mais precisamente, um claro olho cósmico – não obstante, Platão defendesse o método dialético para alcançá-las. A face mística schopenhaueriana também conta com os *Upanishads* dos Vedas, textos sagrados do bramanismo, indicados pelo próprio filósofo como exemplos de suplementos místicos para a sua doutrina. Segundo o autor, todas as religiões, no seu ponto culminante, desembocam no misticismo

(W II, cap. 48). Temos aqui, portanto, uma vertente inteiramente mística iluminando o pensamento de Schopenhauer, segundo ele mesmo. Daí a importância do tema do misticismo na sua doutrina.

A terceira base do tripé explica o aparecimento de expressões como "véu de Māyā" e "*tat tvam asi*" [isto és tu!] na obra schopenhaueriana. A primeira expressão adverte que o mundo da representação ou das aparências turva o olhar do indivíduo comum, impedindo-o de identificar-se com o outro e enxergar nele a mesma essência que a sua. No fundo, somos iludidos pelas formas limitadas do nosso conhecimento a acreditar que somos diferentes. Se, porém, levantarmos o véu de Māyā e olharmos através das aparências, veremos, no outro, nós mesmos; daí a segunda expressão: isto és tu! Embora Schopenhauer coloque apenas os *Upanishads* como terceira base de sua doutrina, podemos considerar, além do bramanismo, o budismo e o cristianismo como religiões que são grandes aliadas de seu pensamento. Ele mesmo declara que sua ética está em plena concordância com as mais sublimes e profundas religiões, isto é, o bramanismo, o budismo e o cristianismo; e que o espírito da moral cristã é idêntico ao espírito das outras duas religiões mencionadas (W II, cap. 48). O autor afirma, porém, que se quisesse tomar os resultados de sua filosofia como critério de verdade, então, teria de conceder ao budismo a proeminência sobre as demais religiões (W II, cap. 17).

Na realidade, o tema da religião no pensamento schopenhaueriano provoca bastante discussão entre seus estudiosos, pois, ao mesmo tempo em que o filósofo reconhece a religião como um consolo indispensável para os duros sofrimentos da vida; ele critica, com fervor, a instituição religiosa, alegando que, há tempos, os sacerdotes usam a religião, comercializando-a. Esse posicionamento de Schopenhauer é, para uns, ambíguo; para outros, contraditório. Há ainda os que interpretam suas críticas como sendo dirigidas à religião em si mesma, donde concluem o total desprezo do autor pela religião. Todavia, em várias passagens de suas obras, especialmente no capítulo 17 do segundo tomo de *O mundo como vontade e representação*, Schopenhauer reconhece o valor das religiões, sobretudo porque elas fazem perfeitamente as vezes de uma metafísica objetivamente verdadeira, pois são capazes de satisfazer a inextirpável necessidade metafísica do ser humano, a qual, como diz o autor, pisa os calcanhares da necessidade física. Essa necessidade metafísica a que Schopenhauer se refere nada mais é do que a carência de todo indivíduo por respostas acerca da existência do mundo, com tudo o que a ele se prende: por que o mundo é do jeito que é? Todo ser humano, alguma vez na vida, já se espantou consigo mesmo e com suas próprias obras, o que faz com que todos procurem, cada um ao seu modo, a decifração do enigma do mundo. Segundo o autor, a satisfação dessa necessidade metafísica pode ser dada tanto pela filosofia, quanto pela religião, porque ambas são metafísicas aos seus olhos.

De acordo com Schopenhauer, as religiões emprestam a roupagem da fábula para comunicar a verdade *sensu allegorico* [em sentido alegórico] à grande maioria incapaz de compreender filosofia. A filosofia, por sua vez, comunica a mesma verdade *sensu stricto et próprio* [em sentido estrito e próprio]. Isso explica por que o autor afirma que sua ética não é nova em essência, mas apenas em sua expressão, sendo ele o primeiro a dizer de modo abstrato e purificado de elemento mítico aquilo que a religião, há tempos, vem dizendo alegoricamente. Entretanto, quando o limite da expressão é atingido, o filósofo, cuja tarefa é trazer as verdades filosóficas ao saber abstrato, vive um verdadeiro drama: no fundo, ele não pode dizer o que é o mundo. Doravante, o que resta é misticismo, que não é alcançado por conhecimento algum, logo, por linguagem alguma. Eis, então, que Schopenhauer se vale do mesmo recurso empregado pelas religiões para comunicar o inexprimível, a saber: as alegorias, que podem *mostrar* aquilo que não pode ser dito. Por isso, termos cristãos como graça, renascimento, culpa, pecado original etc. aparecem no ápice da filosofia schopenhaueriana, mais precisamente, quando o filósofo está diante do inefável.

É importante notar que o autor não estima todas as religiões, embora reconheça sua capacidade de satisfação metafísica. Ele diz: "considere-se, por exemplo, o Corão: esse livro ruim foi suficiente para fundar uma religião mundial, satisfazer a necessidade metafísica de incontáveis milhões de pessoas, há 1200 anos" (W II, cap. 17). Para o filósofo, não é relevante o fato de as religiões serem monoteístas, politeístas, ateístas etc., mas sim se são pessimistas ou otimistas. Sua filosofia concorda com as religiões que ele considera pessimistas, como o bramanismo e o budismo, que reconhecem o mundo apenas como uma existência semelhante ao sonho e a vida como uma consequência de nossa culpa; bem como o cristianismo, cujo cerne de sua doutrina é o pecado original e, por conseguinte, a nossa necessidade de redenção. Vale lembrar que Schopenhauer aprecia o Novo Testamento, mas não o Antigo Testamento, porque julga este último otimista, assim como o judaísmo, o paganismo grego e o islamismo. Por isso, ele diz que o Antigo Testamento é falso, mentiroso e pernicioso, interditando o caminho para a verdade. No mesmo sentido, Schopenhauer condena também o otimismo de Leibniz, Wolff e Spinoza, pois eles são exemplos de contradição flagrante à realidade dada, tendo em vista a evidente miséria da existência. E aqui soa a célebre tese schopenhaueriana de que este é o pior dos mundos possíveis, e não o melhor, como propunha Leibniz.

Se a vida, nas palavras de Schopenhauer, é um negócio que não cobre os custos do investimento, então, por que o indivíduo não põe fim à própria vida? (W II, cap. 46). Porque esse ato está longe de ser uma negação da vontade, mas, pelo contrário, é uma afirmação veemente da vontade, logo, não suprime o sofrimento. O suicida quer a vida, mas se frusta com os desejos insatisfeitos, que se tornam um sofrimento muito intenso para ele, a ponto de ele não aguentar mais viver. Entretanto, o sofrimento nunca acaba com a morte, ele continua para aquele mesmo ser, só que na próxima vida, visto que a raiz de seu ser, a vontade, é indestrutível. Quando renasce, tão logo esteja neste mundo, já começa a sofrer novamente.

A única coisa que, de fato, põe fim ao sofrimento é a negação da vontade; o que nos liberta dele, momentaneamente, é a contemplação estética; e, enfim, o que o ameniza é o conhecimento que cada um adquire de si mesmo ao longo de sua vida. A negação da vontade ocorre quando o sujeito apreende o conhecimento do todo da vida e, assim, vê que esta vida, no fundo, não passa de um sofrimento contínuo. Trata-se de um conhecimento intuitivo, semelhante à graça dos cristãos, porque não é fruto de uma força de resolução. É esse conhecimento que faz com que a vontade do sujeito seja autossuprimida. O indivíduo, então, deixa de querer, logo, deixa de sofrer. Afinal, por que ele continuaria a afirmar esta vida de sofrimento? A esse tipo, o autor chama de asceta ou santo, o qual alcança a verdadeira paz por estar longe dos tormentos da vontade. No caso da união mística provocada pela contemplação estética, ela suprime a nossa individualidade, logo, o nosso querer, porém, apenas durante o período de contemplação. Finalmente, por meio das máximas de Schopenhauer, o indivíduo pode economizar muita dor e sofrimento nesta vida – o que torna a sua existência menos infeliz –, pelo simples fato de elas o orientarem no conhecimento de si, desviando-o das ilusões sobre si mesmo e seus semelhantes, e ajudando-o no reconhecimento de suas atitudes incompatíveis com o seu próprio caráter.

"Nada é absolutamente casual", conclui Schopenhauer, "até mesmo o mais acidental é apenas uma necessidade que chegou por um caminho mais distante" (P I, *Especulação transcendente sobre a aparente intencionalidade no destino do indivíduo*). Em muitos momentos, diz o autor, sentimos em nossa vida a mão da providência, especialmente, quando o acaso nos prega peças e nos conduz a um caminho diferente do que aspirávamos, mas excepcionalmente favorável, e até cuida muito bem de nós de maneira indireta. Aqui entra em cena o indivíduo que se espanta com o enigma da própria existência; ele, consternado e entristecido, reflete sobre os detalhes de seu curso de vida: tudo lhe parece ter sido tão bem premeditado, que ele se sente um mero ator. Esse indivíduo reconhece, então, que uma força oculta orienta secretamente os seus passos no caminho do que lhe é verdadeiramente adequado. Esse fatalismo, diz Schopenhauer, é de uma natureza superior e tem sua origem última em nosso interior, de onde tudo vem e para onde tudo vai. Contudo, esse interior é escuridão à nossa razão, por isso, permanece-nos para sempre um mistério. Enfim, por motivos inacessíveis a nós mesmos, quiseram as forças misteriosas, que, segundo Schopenhauer, determinam o destino de todo indivíduo, que este livro chegasse em suas mãos.

1
Origem do conhecimento

Schopenhauer abre a sua obra capital com a frase: "o mundo é minha representação". Mas, afinal, o que ele quer dizer com isso? O autor explica que a filosofia moderna, sobretudo por mérito de Berkeley e Kant, apresenta como uma de suas marcas distintivas o clareamento sobre o fato de que a nossa realidade não passa de um fenômeno cerebral, de um processo intelectual de um ser que conhece. Schopenhauer considera-se herdeiro desse pensamento; assim, defende que tudo neste mundo é inteiramente condicionado pelo sujeito, que torna-se indivíduo que conhece. O intelecto (*Intelekt*) desse indivíduo cognoscente, por sua vez, é composto por entendimento (*Verstand*) e razão (*Vernunft*) e coincide com o que chamamos de cérebro (*Gehirn*). Nesse sentido, Schopenhauer denomina qualquer objeto deste mundo, inclusive o nosso próprio corpo, de intuição do nosso cérebro. Mas também podemos denominá-los de representação, já que toda intuição nada mais é do que uma representação mental formada pelo sujeito.

A explicação para o fato de que todo objeto é uma construção do sujeito, não podendo, em verdade, existir sem ele, é que as formas universais e essenciais de todo objeto já existem *a priori* no sujeito que conhece, e tais são: tempo, espaço e causalidade. Para Schopenhauer, a essência de todo objeto material é apenas causalidade, pois ele sempre está numa relação de causa e efeito com outro objeto. Como em alemão existem duas palavras para o termo realidade, o autor esclarece que esse fazer-efeito é um ato do sujeito cognoscente com sua forma *a priori* da causalidade, por isso, ele prefere o termo *Wirklichkeit*, e não *Realität*. Este mundo é uma realidade no sentido de efetividade, pois não passa de uma série de relações de causa e efeito, operadas por quem conhece; ele não tem, portanto, uma realidade absoluta. A causalidade une espaço e tempo, porque, embora essas duas formas sejam representáveis independentemente, toda causalidade está situada num determinado lugar no espaço e no tempo, pois a passagem do estado de causa para o estado de efeito requer uma mudança temporal. Por isso, espaço, tempo e causalidade constituem as condições de possibilidade de toda experiência possível, o que explica a declaração do autor de que este mundo que vejo nada mais é do que uma representação minha.

Kant já dizia que todo conhecimento começa com a experiência, mas nem todo ele deriva dela. Isso quer dizer que o nosso conhecimento pode ocorrer em duas vias: *a priori* e *a posteriori*. Conhecemos *a posteriori* tudo o que se encontra na experiência, ou seja, os objetos que denominamos representações; e, para Schopenhauer, conhecemos *a priori* as formas universais de que temos consciência: espaço, tempo e causalidade. Essas três últimas formas, por sua vez, correspondem ao conteúdo do que Schopenhauer denomina de princípio de razão do devir. É esse princípio que nos faz procurar, por exemplo, pela razão de ser dos acontecimentos. Sempre que nos deparamos com algum objeto na experiência, imediatamente procuramos por seu fundamento, sua razão de ser, pois, conforme o autor, tudo neste mundo tem uma razão para ser assim e não de outro modo. As coisas não vêm do nada, elas vêm de algo; e esse princípio se aplica a toda aparência.

Mas dizer que o mundo é minha representação significa considerá-lo apenas por uma das duas perspectivas. Se fizermos uma abstração das representações, o que resta é unicamente a essência íntima do mundo, a vontade. O mundo é, de um lado, inteiramente representação; de outro, inteiramente vontade. A vontade é a coisa em si, e, como tal, é una e totalmente alheia ao princípio de razão, logo, absolutamente sem fundamento. No entanto, vale lembrar que a metafísica de Schopenhauer não é transcendente, por isso, não considera a realidade independente da aparência. Sua metafísica é imanente e tem como referência as representações, que nada mais são do que visibilidades da vontade indivisa. Todos os acontecimentos do mundo emanam, pois, da vontade, tais como: as forças mais universais da natureza (p. ex., a gravitação), a pedra que cai, os movimentos dos animais, a ação humana etc. Como o corpo é a sede dos movimentos da vontade, que ele sente como dor ou prazer, ele é o objeto imediato e, assim, o ponto de partida para todo conhecimento.

O mundo como vontade e representação, tomo I, § 1-4[3]

§ 1

"O mundo é minha representação" – essa é uma verdade que se aplica a todo ser vivo e capaz de conhecimento; embora unicamente o homem seja capaz de conduzi-la à consciência abstrata e refletida: e se ele realmente faz isso, desse modo, a prudência filosófica se encontra nele. Então, torna-se claro e certo para ele que não conhece nem o Sol e nem a Terra; mas apenas um olho que vê o Sol, ou uma mão que sente a Terra; que o mundo que o rodeia existe apenas como uma representação, ou seja, consistentemente apenas em relação a um outro, a um que representa, um que é ele mesmo. – Se alguma verdade, qualquer que seja, pode ser manifestada *a priori*, então é essa, pois ela é a afirmação daquela forma específica de todas as experiências possíveis e concebíveis, a qual é mais geral do que todas as outras: mais que o tempo, mais que o espaço e mais que a causalidade, pois todas estas já pressupõem a primeira. E se cada uma dessas formas – as quais nós reconhecemos em sua totalidade como tão variadas manifestações específicas do princípio da razão fundamental – é válida unicamente para uma classe especial de representações, assim, por outro lado, a oposição entre objeto e sujeito é a forma comum de todas aquelas classes. Trata-se da única forma, sob a qual qualquer representação, independentemente de seu tipo, abstrata ou intuitiva, pura ou empírica, é possível e concebível. Nenhuma verdade é, portanto, mais certa, mais independente de todas as outras e menos carente de comprovação do que essa. De que tudo o que existe para o conhecimento, isto é, todo este universo, trata-se apenas de um objeto em relação a um sujeito, da percepção de quem percebe. Em uma palavra, trata-se de representação. É claro que isso se aplica tanto ao presente como igualmente a todo passado e a todo futuro, tanto ao mais distante como ao mais próximo, pois se aplica ao próprio tempo e ao espaço, nos quais unicamente todas essas

---

3. SCHOPENHAUER, A. *O mundo como vontade e representação, tomo I*. Trad. L.G. Grzybowski. Petrópolis: Vozes. No prelo.

coisas se diferenciam. Tudo o que de alguma maneira pertence e pode pertencer ao mundo é inevitavelmente afetado por esse ser-condicionado a partir do sujeito, e existe apenas para o sujeito. O mundo é representação.

Essa verdade não é de modo algum nova. Ela já estava presente nas considerações céticas das quais partiu Descartes. Berkeley, no entanto, foi o primeiro a expressá-la de maneira decisiva: ele conquistou assim um mérito imortal em razão de sua filosofia, mesmo que o restante de seus ensinamentos não se sustente. O primeiro erro de Kant foi negligenciar esse princípio, conforme está demonstrado no "Apêndice". – Quão primevo foi o reconhecimento dessa verdade fundamental por parte dos sábios da Índia (na medida em que ela aparece como princípio fundamental da filosofia védica atribuída a Vyasa) nos testemunha W. Jones no último de seus tratados:

> the fundamental tenet of the Vedanta school consisted not in denying the existence of matter, that is of solidity, impenetrability, and extended figure (to deny which would be lunacy), but in correcting the popular notion of it, and in contending that it has no essence independent of mental perception; that existence and percibility are convertible terms[4] (*On the philosophy of the Asiatics; Asiatic researches*, v. IV, p. 164).

Essas palavras expressam adequadamente a coexistência da realidade empírica com a idealidade transcendental.

Portanto, consideramos o mundo neste primeiro livro apenas a partir da perspectiva anunciada, apenas na medida em que ele se trata de uma representação. No entanto, que essa perspectiva, sem prejuízo de seu caráter verdadeiro, seja unilateral e, consequentemente, causada por alguma abstração arbitrária qualquer, a mais íntima relutância, com a qual cada um aceita o mundo como sua mera representação, anuncia a cada pessoa; aceitação esta, por outro lado, da qual ninguém pode jamais escapar. A unilateralidade

---

4. O dogma fundamental da escola védica não consistia na negação da existência da matéria; isto é, da solidez, da impenetrabilidade e da extensão (negação esta que seria insanidade), mas na correção do seu conceito ordinário, por meio da afirmação de que ela não apresenta uma existência independente da concepção cognitiva; na medida em que existência e perceptibilidade são conceitos intercambiáveis.

dessa consideração, entretanto, será complementada pelo livro seguinte por meio de uma verdade que não é tão imediatamente certa quanto aquela verdade da qual partimos aqui; à qual, todavia, somente uma investigação mais profunda, uma abstração mais exigente, uma separação do diferente e uma unificação do idêntico pode conduzir – por meio de uma verdade que deve ser muito séria e para todos, quando não terrível, ao menos alarmante, a saber, esta: que efetivamente cada um possa dizer e deva dizer: "o mundo é minha vontade".

Até este momento, ou seja, neste primeiro livro, é necessário observar decididamente aquela perspectiva do mundo da qual partimos, a perspectiva da cognoscibilidade e, consequentemente, considerar sem hesitação como apenas uma representação, todos os objetos que estão de alguma forma presentes, até mesmo o próprio corpo (como discutiremos em breve com mais detalhes), e chamar a tudo isso mera representação. Aquilo, do que será abstraído aqui é – do que cada um estará certo mais tarde, como espero – sempre somente a vontade, que é a única que constitui a outra perspectiva do mundo, pois o mundo é, por um lado, totalmente e absolutamente representação, por outro lado, totalmente e absolutamente vontade. Uma realidade, porém, que não fosse nenhuma dessas duas, mas um objeto em si (sentido no qual também a coisa-em-si de Kant infelizmente degenerou em suas mãos) é um absurdo imaginado e a sua suposição constitui um fogo fátuo na filosofia.

§ 2

Aquilo que a tudo reconhece e não é reconhecido por ninguém é o *sujeito*. É, portanto, o sustentáculo do mundo, é a condição universal sempre pressuposta de tudo o que aparece, de tudo o que é objeto: pois tudo o que sempre existe, existe apenas em função do sujeito. Cada um encontra a si mesmo na condição desse sujeito, mas somente na medida em que conhece, não na medida em que é objeto de conhecimento. Objeto, todavia, já é seu corpo, o qual nós chamamos, a partir desse ponto de vista, propriamente de representação, pois o corpo é um objeto entre os objetos e está sujeito às leis dos objetos, embora seja um objeto imediato[5]. Como todos os objetos de percepção, ele se encontra nas formas de todo o conhecer, no tempo e no espaço, por meio dos quais existe a multiplicidade. Mas o sujeito, o que conhece, o que nunca é conhecido, também não se encontra nessas formas, das quais antes é ele mesmo sempre já pressuposto: a ele não tange, portanto, nem multiplicidade nem seu oposto, unidade. Nunca o conhecemos, mas é ele que conhece, onde quer que haja algo a ser conhecido.

O mundo como representação, portanto, em cujo aspecto somente o consideramos aqui, apresenta duas metades essenciais, necessárias e inseparáveis. Uma delas é o *objeto*: sua forma é o espaço e o tempo, por meio dos quais a multiplicidade. A outra metade, entretanto, o sujeito, não reside no espaço e no tempo: pois ela é completa e indivisa em cada ser que representa. Disso decorre que um único destes – tão completo, a saber, quanto os milhões existentes –, juntamente ao objeto, completa o mundo como uma representação. Se, todavia, apenas aquele um sujeito desaparecesse, assim também o mundo como uma representação não mais existiria. Essas metades são, consequentemente, inseparáveis, mesmo para o pensamento: pois cada uma das duas tem sentido e existência apenas por meio e para a outra, existe com ela e desaparece com ela. Elas se limitam imediatamente: onde o objeto começa, o sujeito termina. A comunalidade dessas fronteiras aparece, com efeito, no fato de que as formas essenciais e, portanto, gerais de todos os objetos, que são tempo, espaço e causalidade, podem ser encontradas e totalmente conhecidas a partir do sujeito, mesmo na ausência do conhecimento do próprio objeto, ou seja, na linguagem de Kant, estão presentes *a priori* em nossa consciência. Ter descoberto isso é um dos principais méritos de Kant, e, de fato, um mérito muito grande. Eu agora afirmo, além disso, que o princípio da razão é a expressão comunitária para todas essas formas conscientes *a priori* do objeto, e que, portanto, tudo o que sabemos puramente *a priori* nada mais é, efetivamente, do que o conteúdo desse princípio e o que nele tem origem, no qual, portanto, está expresso realmente

---

5. SCHOPENHAUER, A. *Sobre a quádrupla raiz do princípio de razão suficiente*, 2. ed., § 22.

todo o nosso conhecimento seguro *a priori*. Em meu tratado sobre o princípio da razão, demonstrei detalhadamente como todo objeto de algum modo possível está sujeito a esse princípio, isto é, encontra-se em uma relação necessária com outros objetos, por um lado como determinado, por outro lado como determinante: isso segue a tal ponto que toda a existência de todos os objetos, na medida em que eles são objetos, representações e nada mais, retorna inteiramente àquela sua relação necessária entre si, consiste apenas nela e é, portanto, inteiramente relativa. Em breve haverá mais sobre isso. Eu demonstrei ainda que, de acordo com as classes em que os objetos podem ser divididos de acordo com sua possibilidade, aquela relação necessária que, de modo geral, o princípio da razão expressa aparece em diferentes formatos por meio dos quais, por sua vez, a divisão correta daquelas classes está comprovada. Presumo aqui constantemente que tudo o que foi dito lá é conhecido e presente ao leitor: pois, se já não tivesse sido dito lá, teria aqui o seu lugar necessário.

§ 3

A principal diferença entre todas as nossas representações é aquela entre o intuitivo e o abstrato. Este último constitui apenas *uma* classe das representações, a saber os conceitos: e estes são sobre terra como propriedade exclusiva dos homens, cuja capacidade de criá-los, a qual os distingue de todos os animais, foi chamada desde há muito tempo de *razão*[6]. Consideraremos essas representações abstratas por si mesmas mais adiante. Inicialmente, contudo, trataremos exclusivamente da *representação intuitiva*. Esta, por sua vez, diz respeito a todo o mundo visível, ou a toda a experiência, junto às condições de sua possibilidade. Como eu disse, trata-se de uma descoberta muito importante de Kant que essas mesmas condições, essas formas daquilo, ou seja, o mais geral em sua percepção, aquilo que é peculiar a todos os seus fenômenos da mesma forma, tempo e espaço, possam ser pensados também para

---

6. Somente Kant criou confusão relativamente a esse conceito de razão, a respeito do que me refiro no Apêndice, bem como nos meus "Problemas Fundamentais da Ética": *Fundamentos da Moral*. p. 148-154, § 6d, 1. ed. (2. ed., p. 146-151).

si e à parte de seu conteúdo, não somente *in abstracto*, mas possam ser igualmente intuídos diretamente, e que essa intuição não se constitui como fantasma extraído por meio da repetição a partir da experiência, mas encontra-se tão independente da experiência que, ao contrário, a experiência deve ser pensada como dependente daquela, na medida em que as propriedades do espaço e do tempo, na forma em que a intuição as reconhece *a priori*, constituem-se leis para todas as experiências possíveis, experiências as quais devem, sobretudo, concordar com essas leis. Por esse motivo, em meu tratado sobre o princípio da razão, considerei o tempo e o espaço, tão logo possam ser observados como puros e vazios de conteúdo, como uma classe especial e independente de representações. Tão importante, pois, quanto essa qualidade daquelas formas gerais da intuição descobertas por Kant possa ser, a saber, que elas são intuitivas por si mesmas, independentemente da experiência, e que podem ser reconhecidas de acordo com sua absoluta adequação às leis sobre as quais a matemática e sua infalibilidade se baseiam; do outro lado, igualmente trata-se de uma propriedade das mesmas, dado que não é menos notável que o princípio da razão, que determina a experiência como a lei da causalidade e da motivação, e o pensamento como a lei da justificação dos julgamentos aparece aqui em uma forma bastante peculiar, à qual eu nomeei de *princípio de razão de ser* e a qual, no tempo, é consequência de seus momentos e, no espaço, constitui-se na posição de suas partes, que se determinam mutuamente no infinito.

Quem compreendeu claramente, com base no tratado introdutório, a identidade perfeita do conteúdo do princípio de razão, apesar de toda a diversidade de suas formas, também estará convencido da importância de conhecer, como tal, justamente a mais simples de suas formas, em cuja função nós reconhecemos o tempo, a fim de alcançar uma visão em sua essência mais íntima. Assim como no tempo cada momento existe somente na medida em que destruiu o seu precedente, seu pai, para acabar ele mesmo sendo destruído novamente com a mesma velocidade; assim como o passado e o futuro (desconsideradas as consequências de seu conteúdo) são tão insignificantes como qualquer sonho e o presente, por outro lado, é apenas a fronteira entre os dois, carente de extensão e de subsistência; da mesma maneira, efetivamente, reconheceremos a mesma nulidade igualmente em todas as outras formas do princípio da razão e veremos que, assim como o tempo, também o espaço, e como este, também todas as coisas que estão nele e no tempo concomitantemente, tudo, a saber, o que emerge de causas ou motivos possui uma existência apenas relativa, apenas por e para outra coisa, semelhante a ela, isto é, em sua existência mais uma vez como tal. A essência dessa visão é antiga: Heráclito lamentou nela o fluxo eterno das coisas; Platão menosprezou seu objeto como aquilo que está sempre se tornando, mas nunca sendo; Spinoza chamou isso de meros acidentes da substância singular que é unicamente existente e permanente; Kant opôs o que era reconhecido desse modo como mera aparência à coisa-em-si; por fim, a antiga sabedoria indiana afirma:

> trata-se de Maya, o véu do engano, que envolve os olhos dos mortais e os deixa ver um mundo do qual não se pode dizer nem que ele é, nem, igualmente, que ele não é: pois ele se apresenta semelhantemente aos sonhos, parece-se com o brilho do sol na areia, o qual o andarilho, à distância, confunde com uma porção de água, ou com a corda descartada, que ele considera uma cobra (Essas parábolas são repetidas em inúmeras passagens nos Vedas e nos Puranas).

Mas o que todos esses queriam dizer e do que eles falam nada mais é do que aquilo que agora igualmente estamos considerando: o mundo como representação, sujeito ao princípio da razão.

§ 4

Quem quer que tenha reconhecido a formação do princípio da razão, o qual aparece como tal no tempo puro e sobre o qual se apoia todo o cálculo e aritmética, este, com efeito, também reconheceu toda a essência do tempo. Ele não é nada mais do que a própria formação do princípio da razão e não possui nenhuma outra propriedade. A sucessão é a forma do princípio da razão no tempo; a sucessão é a própria essência do tempo. – Além disso, quem quer que tenha reconhecido o princípio da razão como ele prevalece no espaço puramente intuído, este, com efeito, exauriu, com isso, toda a essência do espaço; uma vez que este nada mais é do que a possibilidade das determinações mútuas de suas partes umas pelas outras, o que é chamado de *posição*. A consideração pormenorizada da posição e o estabelecimento dos resultados daí derivados em termos abstratos, para uma aplicação mais conveniente, é o conteúdo de toda a geometria. – Da mesma maneira, efetivamente, quem reconheceu aquela é formulação do princípio da razão, a qual domina o conteúdo daquelas formas (do tempo e do espaço), sua perceptibilidade, ou seja, a matéria, em outros termos, quem reconheceu a lei da causalidade; este reconheceu verdadeiramente toda a essência da matéria como tal: pois essa não se trata de nada além da causalidade, o que cada um percebe imediatamente, assim que se põe a refletir. Pois o seu ser é o seu causar efeito: nenhum outro ser da matéria é sequer possível de ser concebido. Somente na condição de causador de efeito a matéria preenche o espaço, preenche o tempo: a sua ação sobre o objeto imediato (que é ele mesmo matéria) determina a intuição, na qual ela unicamente existe: a consequência da ação de qualquer outro objeto material sobre outro objeto material qualquer é reconhecida somente na medida em que este último age, agora diferentemente de antes, sobre o objeto imediato do que antes, ela consiste apenas nisso. Causa e efeito são, portanto, toda a essência da matéria: seu ser é seu causar efeito (há maiores detalhes sobre isso no tratado sobre o princípio da razão, § 21, p. 77). O epítome de tudo o que é material é, portanto, chamado acertadamente em língua alemã *Wirklichkeit*[7], palavra que é muito mais indicativa do que realidade[8]. Aquilo sobre o que causa efeito é novamen-

---

7. Mira in quibusdam rebus verborum proprietas est, et consuetudo sermonis antiqui quaedam efficacissimis notis signat [A propriedade das palavras para certas coisas é surpreendente, e o uso da linguagem transmitido dos antigos designa certas coisas com termos deveras eficazes] (Sêneca, *Epístola 81*).

8. Em alemão existem dois termos cuja tradução e sentido são "realidade". Por um lado, o termo *Wirklichkeit*, cuja etimologia remete ao antigo alto alemão (ca. 800 EC), *wurken*, de onde vem também o termo *Wirken*, empregado por Schopenhauer logo antes. O termo é compartilhado pelas línguas germânicas antigas e possui raiz indo-germânica, indicando ação ou realização de uma tarefa. *Wirklichkeit* corresponde, portanto, a uma ideia de realidade a partir de uma ação criativa. O outro termo, traduzido aqui por "realidade", é *Realität*, um termo adaptado do latim ao alemão, cujo sentido e etimologia se aproximam do sentido no português, da existência essencial [N.T.].

te sempre matéria: todo o seu ser e essência consiste apenas na mudança, conforme a lei, que *uma* parte de si mesma provoca na outra, é consequentemente inteiramente relativa, de acordo com uma relação que só é válida dentro de seus limites, ou seja, com efeito, como o tempo, como o espaço.

Todavia, o tempo e o espaço, cada um por si, também podem ser intuitivamente representados a despeito da matéria; a matéria, contudo, não sem aqueles. Até mesmo a forma, que da matéria é inseparável, pressupõe o *espaço*, e seu causar efeito, em que consiste toda a sua existência, diz respeito sempre a uma mudança, isto é, a uma determinação do *tempo*. No entanto, o tempo e o espaço não são, cada qual por si mesmo, meramente pressupostos pela matéria, mas uma união dos dois é o que constitui a essência daquela, precisamente porque essa essência, como demonstrado, consiste no causar efeito, na causalidade. Todos os fenômenos e estados inumeráveis e imagináveis podem, nomeadamente, situar-se um ao lado do outro no espaço infinito sem que restrinjam uns aos outros, ou podem igualmente seguir-se uns aos outros no tempo infinito sem se perturbar mutuamente. Disso derivaria, pois, que uma relação necessária deles consigo mesmos e uma regra, a qual determinasse a esses fenômenos de acordo com ela, não seria de forma alguma necessária, com efeito, não seria sequer aplicável. Consequentemente, não existiria, de fato, nenhuma causalidade – mesmo com toda a justaposição no espaço e todas as mudanças no tempo, tão logo cada uma dessas duas formas possuísse sua existência e curso por si mesma, e sem conexão uma com a outra –, e uma vez que a causalidade constitui a verdadeira essência da matéria, não existiria também matéria. – Não obstante, a lei da causalidade adquire seu significado e necessidade unicamente em função de que a essência da mudança não consiste na mera mudança de estados em si, mas antes reside no fato de que *no mesmo lugar,* no mesmo espaço, existe agora *um* determinado estado, e, seguido por *um outro*, e em *um* mesmo determinado momento, encontra-se *aqui* este estado e *ali* aquele: somente essa restrição mútua do tempo e do espaço um pelo outro oferece sentido e ao mesmo tempo necessidade para uma regra segundo a qual a mudança deve ocorrer. O que é determinado pela lei da causalidade não é, por conseguinte, a sucessão de estados no reles tempo, mas sim essa sucessão relativamente a um determinado espaço, e não a existência dos estados em um determinado lugar, mas sua existência nesse lugar em um determinado tempo. A mudança, ou seja, a alternância que ocorre de acordo com a lei da causalidade, portanto, afeta em cada circunstância uma parte definida do espaço e uma parte definida do tempo *ao mesmo tempo* e em associação. Consequentemente, a causalidade une o espaço com o tempo. Nós descobrimos, no entanto, que toda a essência da matéria consiste no causar efeito, ou seja, na causalidade: consequentemente, o espaço e o tempo também devem estar reunidos na matéria, ou seja, ela deve ao mesmo tempo conter em si as propriedades do tempo e do espaço, ainda que ambos conflitem entre si, e aquilo que é individualmente impossível em cada um deles, deve a matéria unir em si, ou seja, a essência mutante do tempo com a persistência rígida imutável do espaço. A divisibilidade infinita a matéria adquire de ambos. […]

2
O limite da expressão

As representações são divididas em dois tipos: intuitivas e abstratas. As representações intuitivas compreendem os objetos empíricos construídos pelo cérebro, o que engloba toda a experiência e suas condições de possibilidade. A construção da representação intuitiva se dá da seguinte maneira: o corpo, objeto imediato, sente algum tipo de efeito, que ele, imediatamente, relaciona a uma causa. E é na procura imediata pela causa, cuja função exclusiva pertence ao entendimento, que precisamente se origina a intuição. Só quando o entendimento passa do efeito à causa, o que é feito de um só golpe, tem-se a intuição.

As representações abstratas, por sua vez, compreendem uma classe de representação *toto genere* diferente das representações intuitivas. Representações abstratas nada mais são do que conceitos e, do ponto de vista schopenhaueriano, são propriedades exclusivas dos seres humanos, pois, para formá-los, é necessária a razão. A partir dos conceitos, formamos os juízos e os pensamentos. Animais e seres humanos possuem, portanto, entendimento, pois ambos constroem representações intuitivas, isto é, percebem o mundo, porém, apenas os seres humanos possuem razão, logo, só eles pensam. Entretanto, Schopenhauer ressalta que, pelo fato de não terem razão, os animais têm a vantagem de estarem livres dos maiores sofrimentos que afligem os seres humanos, a saber: os pensamentos, pois, em geral, nossas grandes dores se situam em pensamentos atormentadores. Assim, os animais, em relação ao futuro alcançado pelo pensante, se encontram num estado despreocupado e digno de inveja.

Embora diferentes das representações intuitivas, os conceitos estão numa relação necessária com elas, tendo em vista que sua existência depende delas. Um conceito nada mais é do que uma representação de uma representação. É importante destacar que, embora os conceitos possam se basear em outros conceitos, todos eles devem ter, necessariamente, como base última uma representação intuitiva. Ou seja, ainda que a série de representações abstratas seja longínqua, ela tem de partir necessariamente de uma intuição empírica, que é o fundamento de onde se origina o conceito. Dos conceitos derivam nossos pensamentos, que são guardados na consciência e comunicados por meio da nossa linguagem. A linguagem é, portanto, o meio pelo qual o ser humano expressa, seja pela escrita ou pela fala, o que ele pensa. Nesse sentido, Schopenhauer diz que tudo o que existe na intuição, o que inclui também as relações nascidas no tempo e no espaço, torna-se certamente um objeto do pensamento e, portanto, deve haver formas de linguagem para expressá-lo *in abstracto* como conceito.

Como a experiência mística, ou seja, a identidade do próprio ser com o núcleo do mundo, é definida na doutrina schopenhaueriana como o sentimento daquilo que não é alcançado pela intuição, e a conclusão que se segue é de que não podemos formar nenhum conceito dela. De outro modo, o místico não pode ser conhecido pelo nosso princípio de razão, logo, não pode ser comunicado. A doutrina schopenhaueriana aponta, portanto, para o limite da nossa expressão. Afinal, se o mundo intuitivo desaparece, a linguagem conceitual também desaparece. A partir do momento em que não há mais intuição, o filósofo fica sem conceitos, que constituem o seu material de trabalho; assim, nada mais pode ser comunicado por ele. Aí surge o famoso conceito schopenhaueriano de negação da vontade, que encerra a sua obra capital e indica que o filósofo chegou no ápice de sua filosofia, ou seja, ele disse tudo o que podia ter dito. Segundo o próprio autor, esse ponto, no máximo, só pode ser descrito através de uma negação (W II, cap. 48). Doravante, é o místico quem deve proceder, não com um discurso filosófico baseado em conceitos, ou seja, *sensu stricto et proprio*, que é a linguagem da filosofia; mas espelhando conhecimento positivo do que é eternamente inacessível a todo conhecimento, e só pode ser expresso como fazem as religiões, a saber, *sensu allegorico*.

O mundo como vontade e representação, tomo I, § 8[9]

§ 8

Da mesma forma como a partir da luz imediata do Sol em direção ao reflexo luminoso emprestado da Lua, passamos da representação intuitiva, imediata, autorrepresentativa e garantidora em direção à reflexão sobre os conceitos abstratos e discursivos da razão que possuem todo o conteúdo apenas a partir daquele conhecimento intuitivo e em relação ao mesmo. Enquanto nos comportarmos puramente intuindo, tudo é claro, firme e certo. Não há nesse caso perguntas, nem dúvidas, nem confusões. Não se quer continuar, não se pode continuar, tem-se calma no intuir, satisfação no presente. A intuição é suficiente por si mesma; portanto, aquilo que surgiu puramente dela e permaneceu fiel a ela, como a genuína obra de arte, nunca pode ser falso, nem pode ser refutado pela passagem de qualquer quantidade de tempo: pois isso não oferece uma opinião, mas a própria coisa. Todavia, com o conhecimento abstrato, com a razão, a dúvida e o erro se originaram em meio ao que é teórico, a preocupação e o arrependimento em meio ao que é prático. Se na representação intuitiva a *ilusão*, em alguns momentos, distorce a realidade, então na representação abstrata um *equívoco* pode reinar por milênios, lançar seu jugo de ferro sobre povos inteiros, sufocar os impulsos mais nobres da humanidade e mesmo aquele a quem o equívoco não consegue enganar a si, ele consegue que seja colocado a ferros através de seus escravos, os que foram enganados. O equívoco é o inimigo contra o qual os espíritos mais sábios de todos os tempos travaram uma batalha desigual, e somente aquilo que espoliaram dele se tornou propriedade da humanidade. Portanto, é bom chamar a atenção para ele na medida em que adentramos no território em que se encontra a sua jurisdição. Embora muitas vezes se tenha dito que se deva perseguir a verdade, mesmo onde não se pode almejar qualquer benefício dela, porque este pode ser indireto e

---

9. SCHOPENHAUER, A. *O mundo como vontade e representação, tomo I*. Trad. L.G. Grzybowski. Petrópolis: Vozes. No prelo.

surgir onde não é esperado; ainda assim, penso, com efeito, em acrescentar aqui que devemos igualmente nos esforçar tanto para descobrir e erradicar cada um dos erros, mesmo onde nenhum dano possa ser previsto dele, porque esse dano também pode ser muito indireto e um dia pode surgir onde não se espera: pois cada um dos erros contém veneno em sua essência. Se for o espírito, se for o conhecimento que torna o homem o Senhor da terra, então não existem equívocos inofensivos, muito menos equívocos veneráveis, equívocos santos. E para o consolo daqueles que devotam potência e vida à tão difícil e tão nobre luta contra o equívoco, de alguma forma ou circunstância qualquer, não posso me furtar de acrescentar nesse momento que enquanto a verdade ainda não estiver instituída, o equívoco pode operar o seu jogo, como corujas e morcegos na noite: mas pode-se esperar antes que corujas e morcegos persigam o Sol de volta para o leste do que a verdade, que foi reconhecida e expressa de forma clara e completa, seja novamente prescrita, a fim de que o antigo equívoco retome seu amplo espaço sem ser perturbado. Esse é o poder da verdade, cuja vitória é difícil e trabalhosa, mas uma vez conquistada, não pode mais ser arrancada dela.

Além das representações que consideramos até este momento, que, de acordo com sua composição, deixar-se-iam ser rastreadas até o tempo, espaço e matéria – se em consideração ao objeto –, ou pura sensibilidade e entendimento (isto é, conhecimento da causalidade) – se em consideração ao sujeito –, é unicamente no homem, dentre todos os habitantes da Terra, que se originou ainda outro poder de cognição, uma consciência completamente nova se desenvolveu, a qual é muito apropriadamente e com correção marcante chamada de *reflexão*. Pois é de fato um reflexo, um derivado daquele conhecimento intuitivo, que assumiu, todavia, uma natureza e qualidade fundamentalmente diferentes daquela, não conhece suas formas, e o princípio da razão, que rege todos os objetos, apresenta aqui igualmente uma configuração completamente diferente. É essa consciência nova que possui uma potência mais elevada, esse reflexo abstrato de tudo intuitivo no conceito não intuitivo da razão, é somente ela que oferece ao homem aquela prudência que diferencia tão completamente sua consciência daquela do animal e que torna assim toda sua caminhada na Terra tão diferente daquela de seus irmãos irracionais. O homem os supera tanto em poder quanto em sofrimento. Os animais vivem unicamente no presente; o homem vive, ao mesmo tempo, no futuro e no passado. Eles satisfazem a necessidade momentânea por meio dos arranjos mais artificiais; o homem preocupa-se de seu futuro, mesmo em relação a momentos que não poderá experimentar. Os animais sucumbiram completamente à impressão do momento, ao efeito do motivo intuitivo: ao homem determinam os conceitos abstratos independentemente do presente. Por essa razão, ele executa inteiramente planos bem pensados ou age de acordo com máximas, independentemente do ambiente e das impressões ocasionais do momento. Portanto, ele pode, por exemplo, ordenar os arranjos artificiais para sua própria morte com serenidade, ele pode dissimular até o ponto da inescrutabilidade e levar seu segredo consigo para o túmulo, finalmente ele possui uma escolha real entre vários motivos, pois apenas *in abstracto* podem tais motivos, estando presentes um ao lado do outro na consciência, conduzir junto de si o conhecimento de que um exclui o outro e, desse modo, medir seus poderes sobre a vontade um contra o outro. Em conformidade com isso, então, o motivo que predomina, posto que dá o tom, é a decisão deliberada da vontade e dá a conhecer a sua natureza na qualidade de um caráter seguro. A impressão presente, por outro lado, determina o animal: exclusivamente o medo da coação presente é capaz de domar seu desejo até o ponto em que aquele medo finalmente se tenha tornado um hábito e, a partir desse momento, determine o animal como tal. Nisso constitui o adestramento. O animal sente e intui. O homem, além disso, *pensa* e *sabe*. Ambos *desejam*. O animal comunica seus sentimentos e estados de ânimo por meio de gesticulações e sons. O homem comunica pensamentos ao outro pela linguagem, ou oculta pensamentos, também pela linguagem. A linguagem é o primeiro produto e a ferramenta necessária para a sua razão. Por esse motivo, em grego e italiano, a linguagem e a razão são denotadas pela mesma palavra: ὁ λoγoς[10], *il discorso*.

---

10. O logos [N.T.].

Razão vem de ouvir, o que não é o mesmo que escutar[11], mas significa a interiorização dos pensamentos comunicados por meio de palavras. Por meio da ajuda unicamente da linguagem, a razão traz à luz suas conquistas mais significativas, a saber, a ação consoante de diversos indivíduos, a cooperação planejada de muitos milhares de pessoas, a civilização, o estado; além disso, a ciência, a preservação de experiências anteriores, a síntese das coisas comuns em um conceito, a comunicação da verdade, a difusão do erro, o pensar e o fazer poesia, os dogmas e as superstições. O animal toma conhecimento da morte somente na morte: o homem está conscientemente se aproximando de sua morte a cada momento, e isso muitas vezes torna a vida questionável mesmo para aquele que ainda não reconheceu esse caráter de aniquilação constante na própria vida. É principalmente em virtude da morte que o homem possui filosofias e religiões: se porventura, todavia, aquelas coisas que nós acertadamente valorizamos acima de tudo nas suas ações, a justiça voluntária e a nobreza de caráter, em algum momento tenha sido fruto de uma dessas duas, isso é incerto. Por outro lado, as opiniões mais maravilhosas e mais aventureiras dos filósofos de diferentes escolas e os costumes mais peculiares e muitas vezes também cruéis dos sacerdotes de diferentes religiões encontram-se aí, nesse sentido, como resultados seguros, pertencentes exclusivamente a ambas e como produções da razão.

Que todas essas expressões tão multifacetadas e de tão longo alcance possuam a sua origem a partir de um princípio comum, daquele poder espiritual especial que coloca o homem à frente dos animais e que tem sido chamado de *razão*, ὁ λογος, το λογιστικον, το λογιμον, *ratio*, opinião unânime em todos os tempos e entre todos os povos. Além disso, todos os homens sabem muito bem reconhecer as expressões dessa faculdade e são capazes de dizer o que é razoável e o que não é razoável, de dizer onde a razão apa-

---

11. Em alemão: *Vernunft* kommt von *Vernehmen*, welches nicht synonym ist mit *Hören*. (grifos do tradutor). Schopenhauer faz aqui um jogo de palavras com os termos *Vernunft / Vernehmen*, que são traduzidos como Razão e ouvir, sendo este segundo termo empregado, por exemplo, em contexto jurídico, quando se colhem as declarações de testemunhas. A esse termo opõe *Hören*, que se traduz como ouvir ou escutar em sentido mais genérico [N.T.].

rece em oposição a outras competências e qualidades do homem, e finalmente o que, em virtude da carência de tais características, nunca se deve esperar, ainda que do animal mais inteligente. Os filósofos de todas as épocas falam, de modo geral, igualmente em concordância com aquele conhecimento geral da razão e, além disso, enfatizam algumas expressões particularmente importantes da razão, tal como o domínio dos afetos e paixões, a capacidade de tirar conclusões e estabelecer princípios gerais, até mesmo aqueles que se podem estabelecer com certeza previamente a qualquer experiência, e assim por diante. No entanto, todas as suas explicações sobre a verdadeira essência da razão são vacilantes, não são nitidamente definidas, são extensas, carecem de unidade e centralidade, por vezes enfatizando essa expressão, outras vezes aquela, e, portanto, muitas vezes divergindo umas das outras. Soma-se a isso o fato de que muitos partem desse âmbito da oposição entre razão e revelação, a qual é completamente estranha à filosofia e serve somente para multiplicar a confusão. É muito surpreendente que até o presente momento nenhum filósofo tenha rastreado todas aquelas multifacetadas expressões da razão de maneira estrita de volta a uma função simples, a qual seria reconhecível nelas todas, da qual todas poderiam ser explicadas e que, consequentemente, constituiria a verdadeira essência interior da razão. Não se pode negar que o excelente Locke, em seu *"Essay on human understanding"*, livro 2, cap. 11, §. 10 e 11, apresenta de maneira acertada os conceitos gerais abstratos na qualidade do caráter distintivo entre o animal e o homem, e que Leibniz repete essa informação em total concordância no seu *"Nouveaux essays sur l'entendement humain"*, livro 2, cap. 11, §. 10 e 11. Somente quando Locke, no livro 4, cap. 17, §. 2, 3, chega de fato à explicação da razão é que ele, então, perde de vista aquele caráter principal simples dela e acaba decaindo em declarações flutuantes, indefinidas e incompletas de expressões fragmentadas e derivadas da razão. Do mesmo modo, Leibniz, na passagem de sua obra correspondente à de Locke, no geral, comporta-se da mesma maneira, entretanto, com mais confusão e ambiguidade. Sobre até que ponto Kant confundiu e falsificou o conceito da essência da razão eu discuti em detalhes no apêndice, mas qualquer um que se dê ao trabalho de examinar o grande volume de escritos filosóficos que surgiram a esse respeito desde Kant reconhecerá que, assim como os erros dos príncipes são expiados por populações inteiras, os equívocos de grandes espíritos disseminam sua influência prejudicial por sobre gerações inteiras, mesmo ao longo dos séculos, com efeito, crescendo e se reproduzindo, e finalmente degenerando em monstruosidades: o que pode ser deduzido em sua totalidade do fato de que, como diz Berkeley, "Few men think; yet all will have opinions"[12]. [...]

O mundo como vontade e representação, tomo II, cap. 17[13]

À diferenciação apresentada mais acima entre a metafísica do primeiro tipo e a do segundo tipo associa-se ainda a seguinte diferença. Um sistema do primeiro tipo, isto é, uma filosofia, faz a reivindicação e tem, em decorrência disso, a obrigação de ser verdadeira em todas as coisas que ela afirma, *sensu stricto et proprio*: pois ela se dirige ao pensamento e à convicção. Uma religião, por outro lado, destinada às incontáveis multidões que, incapazes de exame e pensamento, não apreenderiam as verdades mais profundas e difíceis de maneira alguma e jamais *sensu proprio*, possui somente a obrigação igualmente de ser verdadeira *sensu allegorico*. A verdade não pode aparecer nua diante do povo. Um sintoma dessa natureza *alegórica* das religiões são os *mistérios* que podem ser encontrados eventualmente em cada uma delas, nomeadamente certos dogmas que sequer podem ser pensados com grande definição, muito menos ser literalmente verdadeiros. Com efeito, eventualmente fosse permitido afirmar que algumas coisas completamente contrárias à razão, alguns absurdos efetivos seriam um ingrediente essencial de uma religião perfeita: pois estes são precisamente a caracterização da sua natureza *alegórica*, e a

---

12. "Poucos homens pensam; ainda assim, todos querem ter opiniões".

13. SCHOPENHAUER, A. *O mundo como vontade e representação, tomo II*. Trad. L.G. Grzybowski. Petrópolis: Vozes. No prelo.

única forma adequada de tornar o senso comum e as mentes embrutecidas *sensíveis* àquilo que lhes seria incompreensível, nomeadamente, que a religião trata basicamente de uma ordem completamente diferente de coisa, de uma ordem das *coisas em si*, diante da qual desaparecem as leis deste mundo fenomênico, segundo as quais ela deve se expressar. Em decorrência disso, não meramente os dogmas contrários à razão, mas também os compreensíveis, são, propriamente, apenas alegorias e acomodações para a faculdade de compreensão humana. Nesse espírito, me parece, foi que Agostinho e até mesmo Lutero se apegaram aos mistérios do cristianismo, em contraste com o pelagianismo, que gostaria de reduzir todas as coisas ao nível de uma inteligibilidade rasteira. A partir desse ponto de vista, torna-se também compreensível como foi possível a Tertuliano, sem zombaria, afirmar: *Prorsus credibile est, quia ineptum est: – certum est, quia impossibile*[14]. (*De carne Christi*, capítulo 5). – Essa sua natureza *alegórica* também remove das religiões as comprovações que são obrigatórias à filosofia e, de maneira geral, a qualquer exame; em vez dessas comprovações, elas exigirem crença, quer dizer, uma suposição voluntária de que as coisas ocorrem dessa maneira. Uma vez que, então, a crença conduz a ação e que a alegoria é colocada todas as vezes de tal maneira que ela, no que diz respeito àquilo que é prático, leva precisamente ao ponto em que a verdade *sensu proprio* também levaria: então a religião promete com grande justiça, àqueles que acreditam, a bem-aventurança eterna. Nós vemos, por conseguinte, que as religiões ocupam o lugar da metafísica de maneira geral, cuja necessidade o ser humano percebe como inevitável, no que toca o principal e para a grande multidão, que não é capaz de ser submetida ao pensamento, muito bem, em parte nomeadamente para finalidades práticas, como uma estrela guia de sua ação, como um estandarte público de retidão e virtude, como *Kant* expressa de maneira excelente; em parte como um consolo indispensável em meio aos graves sofrimentos da vida, em que, como tais, substituem completamente o lugar de uma metafísica objetivamente verdadeira, visto que as religiões, tão bem como a metafísica, de

---

14. É absolutamente crível, porque é loucura: – é certo, porque é impossível [N.T.].

alguma maneira seriam capazes de elevar o ser humano acima de si mesmo e da existência temporal. Nesse ponto, se mostra brilhantemente o grande valor dessas mesmas religiões, com efeito, a sua indispensabilidade, porque φιλόσοφον πλῆθος ἀδύνατον εἶναι (*vulgus philosophum esse impossibile est*)[15] já afirma Platão e com razão (*A república*, VI, p. 89, edição de Bippen). A única pedra de tropeço, por outro lado, é a seguinte: que as religiões não devem admitir a sua natureza alegórica, do contrário, devem afirmar-se como verdadeiras *sensu proprio*. Por meio disso, elas realizam um ataque ao domínio da metafísica propriamente e fazem surgir o antagonismo desta, o qual, em decorrência disso, expressa-se em todos os momentos em que ela não esteja colocada a ferro. – Sobre a incompreensão da natureza alegórica de todas as religiões repousa igualmente a disputa entre sobrenaturalistas e racionalistas, conduzida de maneira tão persistente nos nossos dias. Ambos, nomeadamente, querem ter o cristianismo como verdadeiro *sensu proprio*: nesse sentido, os primeiros querem afirmá-lo sem qualquer alteração, como se com a pele e os cabelos; no que, diante dos conhecimentos e da educação universal da época contemporânea, eles se encontram numa posição difícil. Os racionalistas, por outro lado, procuram extrair exegeticamente todas as coisas peculiarmente cristãs; após o que eles retêm, algo restante, que não é verdadeiro nem *sensu proprio*, nem *sensu allegorico*, mas antes uma mera banalidade, quase inteiramente apenas judaísmo, ou no máximo pelagianismo superficial, e, o que é o pior de tudo, otimismo ordinário, o qual é completamente estranho ao cristianismo propriamente dito. Além disso, a tentativa de fundamentar uma religião a partir da razão a transporta para a outra classe da metafísica, para aquela que possui a sua certificação *em si mesma*, isto é, a transporta para um solo estrangeiro, o dos sistemas filosóficos, e conformemente para a disputa que estes, por sua vez, em sua própria arena, conduzem uns contra os outros, consequentemente sob o fogo de barragem do ceticismo e da artilharia pesada da *Crítica da razão pura*: mas colocar-se nessa posição seria para ela um evidente erro de cálculo.

---

15. É impossível existir um vulgo filosófico [N.T.].

O mundo como vontade e representação, tomo II, cap. 48[16]

Aquela grande verdade fundamental contida tanto no cristianismo, bem como no bramanismo e no budismo, nomeadamente a necessidade de salvação de uma existência, a qual foi entregue ao sofrimento e à morte, e a possibilidade de alcançar essa mesma salvação por intermédio da negação da vontade, ou seja, por intermédio de um decisivo colocar-se contrariamente à natureza, é, sem qualquer comparação, a mais importante que pode existir. Não obstante, ao mesmo tempo, apresenta-se completamente contrária à orientação natural da raça humana e é difícil de compreender de acordo com os seus verdadeiros fundamentos; assim como, pois, todas as coisas a serem pensadas apenas universalmente e abstratamente é, de modo completo, inacessível para a grande maioria das pessoas. Em decorrência disso, seria necessário para essa maioria, a fim de colocar aquela grande verdade para o campo de sua aplicabilidade prática, sobretudo um *veículo mítico* dessa mesma verdade, um receptáculo, por assim dizer, sem o qual aquela verdade se perderia e evaporaria. A verdade, em decorrência disso, teve que emprestar em todos os lugares as vestimentas da fábula e, além disso, constantemente se esforçar para se conectar àquilo que a cada momento era historicamente dado, que era já conhecido e já reverenciado. Aquilo que, diante do espírito inferior, da estupidez intelectual e da brutalidade generalizada das grandes massas de todos os tempos e países, permaneceria *sensu proprio* inacessível para essa grande multidão, deve ser ensinado a ela *sensu allegorico*, com objetivos práticos, a fim de ser sua estrela-guia. Dessa maneira, devem, pois, as crenças mencionadas mais acima ser vistas como os receptáculos sagrados nos quais a grande verdade reconhecida e expressa há vários milênios, com efeito, talvez desde o início da raça humana é preservada e transmitida pelos séculos, verdade esta que, não obstante, em si mesma, em relação à massa de humanidade, permanece continuamente uma doutrina secreta e é tornada acessível a essa massa em

---

16. SCHOPENHAUER, A. *O mundo como vontade e representação, tomo II.* Trad. L.G. Grzybowski. Petrópolis: Vozes. No prelo.

conformidade com os parâmetros de suas forças. Porém, porque a totalidade daquilo que não consiste inteiramente e completamente no material indestrutível da verdade imaculada, ele está fadado à destruição; então é preciso, tantas vezes quanto um recipiente desse tipo vai de encontro a essa destruição, por meio do contato com um tempo que lhe é heterogêneo, que os conteúdos sagrados sejam, de alguma forma, por intermédio de um outro recipiente, salvos e preservados para a humanidade. A filosofia, entretanto, possui a tarefa de apresentar aquele conteúdo, uma vez que ele é uno com a verdade imaculada, para aquela quantidade em todos os tempos extremamente reduzida de capazes do pensamento, de maneira pura, impermista, ou seja, meramente em conceitos abstratos e, portanto, sem qualquer veículo. Em meio a isso, ela se comporta em relação às religiões da mesma forma que uma linha reta se relaciona com diversas curvas que seguem lado a lado com ela: porque expressa *sensu proprio* e, portanto, alcança precisamente aquilo que as religiões mostram disfarçadamente e alcançam de forma indireta. [...]

3
Materialismo e idealismo

Na declaração de Schopenhauer de que o mundo é minha representação já está contida a distinção entre sujeito e objeto. Aquele que conhece, sem nunca ser conhecido, é o sujeito; aquele que é conhecido, sem nunca conhecer, é o objeto. Da forma como é concebido na doutrina schopenhaueriana, o sujeito é o sustentáculo do mundo, visto que é nele que estão contidas as condições formais e universais para o conhecimento da totalidade da experiência. Em outras palavras: sem ele, o mundo não existiria. Esse sujeito, embora esteja no mundo, como indivíduo, não é afetado pelas leis empíricas; ele mesmo não se encontra nem no espaço, nem no tempo, porque, apesar de conhecer tudo, onde quer que haja conhecimento, ele nunca será conhecido. Se ele fosse conhecido, seria um objeto de conhecimento, não um sujeito. Todos nós nos encontramos nesse sujeito, na medida em que somos conhecedores. Por outro lado, o corpo de quem conhece já é objeto e, assim, representação, pois o corpo pode ser conhecido. O corpo é, aliás, um objeto entre tantos outros, sendo, por isso, igualmente submetido às leis da experiência. Mas, diferente dos demais, ele é objeto imediato, mais precisamente, o nosso corpo é o ponto de partida do conhecimento, inclusive do conhecimento de si como figura.

No que se refere ao conhecimento, o autor não parte nem do objeto, nem do sujeito, mas sim da representação, que é uma construção intelectual do sujeito. Dessa forma, ele refuta tanto o materialismo quanto o idealismo de Fichte. No fundo, segundo o autor, a controvérsia entre materialistas e idealistas diz respeito à existência ou não da matéria, isto é, se a matéria como tal existe apenas em nossa representação ou é independente dela. Na visão de Schopenhauer, para os materialistas, a matéria existe em si e de maneira absoluta, ou seja, independente do sujeito. Então, nesse caso, a explicação para tudo o que existe viria da causalidade, isto é, todo o nosso conhecimento seria um mero efeito de algo produzido pela matéria: o objeto seria a causa; o sujeito, o seu efeito. Diante disso, a conclusão de Schopenhauer é de que todo realismo é conduzido ao materialismo, pois o realismo considera como real apenas o mundo intuitivo.

Em contrapartida aos materialistas, surge um tipo de idealista, que, como Berkeley, coloca toda a realidade do mundo apenas em quem conhece. De acordo com Schopenhauer, Berkeley teria sido o primeiro a dizer que o objeto é totalmente condicionado pelo conhecimento, sendo, por isso, uma simples percepção e nada mais. Schopenhauer está de acordo que uma verdadeira filosofia deve ser idealista; contudo, o idealismo não deve ser interpretado como negação da realidade empírica, como defende Berkeley, que chega ao extremo de negar a matéria. O verdadeiro idealismo deve assegurar que todo objeto é condicionado pelo sujeito de duas formas: (i) materialmente: como objeto empírico real; (ii) formalmente: o modo do objeto ser representado depende das formas universais *a priori* do entendimento. A esse tipo de idealismo, Schopenhauer chama de transcendental e lembra que ele já foi demonstrado por Kant, quando este diz que o mundo intuitivo tem seus pressupostos básicos em nossa faculdade de conhecimento, ou em nosso cérebro. Por isso, na visão do filósofo, o mundo intuitivo não deve existir independentemente de todo cérebro: ele é precisamente um fenômeno cerebral.

Disso se segue que a verdadeira filosofia deve ser idealista nos termos do autor, porque a base segura de todo o nosso conhecimento deve residir imprescindivelmente em nós mesmos, na nossa consciência, porque só assim estamos, de fato, seguros de algo. Se o mundo intuitivo fosse à parte de nós, jamais teríamos certeza de coisa alguma, pois, nesse caso, não haveria um elo imediato entre nós e as coisas diferentes de nós. Com base nisso, não há dúvidas de que a filosofia schopenhaueriana é um tipo de idealismo, já que nos assegura que a condição de toda possibilidade de conhecimento se encontra *a priori* no sujeito cognoscente.

O mundo como vontade e representação, tomo I, § 7[17]

§ 7

Com relação a todas as nossas considerações até agora, o seguinte também deve ser observado. Nelas, nós não procedemos nem a partir do objeto, nem do sujeito; mas da *representação* que já possui e pressupõe àqueles dois; uma vez que a desintegração em objeto e sujeito é a sua forma primeira, mais geral e mais essencial. Portanto, consideramos primeiramente essa forma em si, e então (embora aqui se referindo, conforme os elementos principais, ao tratado introdutório), as outras formas subordinadas a ela, o tempo, o espaço e a causalidade, que pertencem unicamente ao *objeto*. No entanto, porque elas são essenciais para o objeto *como tal*, o objeto, todavia, é novamente essencial para o sujeito *como tal*, podem elas também ser encontradas a partir do sujeito, ou seja, elas podem ser reconhecidas *a priori*, e, desse modo, elas devem ser vistas como os limites comuns entre sujeito e objeto. Elas todas podem, contudo, ser rastreadas até uma expressão comum, o princípio da razão, conforme demonstrado em detalhes no tratado introdutório.

Esse procedimento diferencia, pois, completamente nossa maneira de considerar as coisas de todas as filosofias que já se experimentaram, pois todas procediam ou do objeto, ou do sujeito e, de acordo com isso, procuravam explicar um destes a partir do outro, a saber, de acordo com o princípio da razão, de cujo domínio, nós, por outro lado, subtraímos a relação entre objeto e sujeito, deixando-o somente com o objeto. – Poder-se-ia considerar a filosofia da identidade que surgiu em nossos dias e que se tornou universalmente conhecida como não incluída na oposição supramencionada, na medida em que esta não estabelece efetivamente nem objeto, nem sujeito como o primeiro ponto de partida, mas um terceiro, o absoluto, que pode ser reconhecido pela intuição-razão, que não se constitui nem em objeto, nem em sujeito, mas

---

17. SCHOPENHAUER, A. *O mundo como vontade e representação, tomo I*. Trad. L.G. Grzybowski. Petrópolis: Vozes. No prelo.

na unidade de ambos. Embora eu, em virtude da total carência de qualquer intuição-razão, não ousarei entrar na discussão com a mencionada venerável unidade e o absoluto; ainda assim devo notar, no entanto, uma vez que eu simplesmente me baseio em todos os protocolos dos intuidores-racionais, os quais estão disponíveis inclusive a nós profanos, que essa filosofia não deve ser excluída da oposição entre os dois erros acima expostos; pois, apesar da identidade – impensável, mas apenas intelectualmente intuível, ou que pode ser experimentada por meio da própria imersão neles – de sujeito e objeto, ela ainda assim não evita àqueles dois erros colocados em oposição. Em vez disso, ela apenas une ambos em si mesma, na medida em que ela se divide em duas disciplinas, a saber, o idealismo transcendental, que se constitui na doutrina do eu de Fichte e, consequentemente, de acordo com o princípio da razão, permite com que o objeto seja produzido pelo sujeito ou fiado a partir dele e, em segundo lugar, a filosofia natural, que também permite que o objeto gradualmente se transforme em sujeito, por meio da aplicação de um método chamado construção, do qual muito pouco me está claro, e ao mesmo tempo o suficiente, para afirmar que se trata de uma progressão de acordo com o princípio da razão em várias formas. Eu renuncio à própria sabedoria profunda que essa construção contém; pois, para mim, a quem escapa totalmente a intuição-razão, todas aquelas conferências que a pressupõem devem ser um livro com sete selos; o que segue a tal ponto que, me estranha afirmar, naqueles ensinamentos de profunda sabedoria sempre me parece que ouvi nada além de absurdidades horríveis e, acima de tudo, extremamente enfadonhas.

Os sistemas que emanam do objeto sempre tiveram, com efeito, por problema o mundo intuitivo em sua totalidade, assim como sua ordem. Todavia, o objeto que eles tomam como seu ponto de partida nem sempre é esse mundo intuitivo, ou seu elemento básico, a matéria. Antes, é possível realizar uma distribuição daqueles sistemas, conforme as quatro classes de objetos possíveis expostas no tratado introdutório. Dessa maneira, pode-se dizer que partiram da primeira daquelas classes, ou do mundo real, Thales e os jônios, Demócrito, Epicuro, Giordano Bruno e os materialistas franceses. Da segunda classe, ou do conceito abstrato, partiram Espinoza (nomeadamente, do conceito de substância meramente abstrato, que existe apenas em sua definição) e, anteriormente, os Eleatas. Da terceira classe, a saber, do tempo, consequentemente dos números, partiram os pitagóricos e a filosofia chinesa no I-Ching. Finalmente, da quarta classe, nomeadamente do ato de vontade motivado pelo conhecimento, partiram os escolásticos, que ensinam a criação a partir do nada por meio do ato de vontade de um ser pessoal extramundano. O procedimento objetivo deve ser executado de forma mais consequente e de maneira mais dilatada quando aparece como materialismo propriamente dito. Este postula a matéria, e com ela, o tempo e o espaço, como absolutamente existentes, e passa por cima da relação com o sujeito, na qual unicamente todas essas coisas com efeito existem. Além disso, ele assume a lei da causalidade como o fio condutor com o qual deseja proceder, tomando-o como uma ordem das coisas que existem em si mesmas, *veritas aeterna*[18]; consequentemente saltando sobre o entendimento no qual, e somente para o qual, existe causalidade. Portanto, o materialismo procura encontrar o primeiro e mais simples estado da matéria e, então, busca desenvolver todos os outros a partir dele, ascendendo do mero mecanismo ao quimismo, à polaridade, à vegetação, à animalidade. E, partindo do pressuposto de que isso pudesse ser bem-sucedido, então o último elo da cadeia seria a sensibilidade animal, o reconhecimento, o qual consequentemente apareceria nesse ínterim como uma mera modificação da matéria, como um estado da matéria provocado pela causalidade. Se tivéssemos seguido o materialismo, com representações intuitivas, até este ponto, então, quando chegássemos ao seu cume com ele, nós perceberíamos a explosão repentina do riso inextinguível dos olímpicos, visto que nós, como se estivéssemos acordando de um sonho, tomaríamos consciência de uma só vez que seu último e tão laboriosamente produzido resultado, o conhecimento, já no primeiríssimo ponto de partida, da mera matéria, foi pressuposto como condição inevitável; e nós, com efeito, supúnhamos pensar a matéria com tal pressuposto, mas na reali-

---

18. A verdade eterna [N.T.].

dade não teríamos pensado nada além do sujeito que representa a matéria, do olho que vê a matéria, da mão que sente a matéria do entendimento que reconhece a matéria. Dessa maneira, a enorme *petitio principii*[19] seria inesperadamente revelada, pois, repentinamente, o último elo apareceria como o ponto de referência ao qual o primeiro estava atrelado e a corrente se mostraria como um círculo. Então, o materialista pareceria o Barão de Münchhausen, que, nadando na água a cavalo, puxa o cavalo com as pernas, mas a si mesmo levanta pela trança da peruca, que está arremessada para a frente. Nesse sentido, a absurdidade fundamental do materialismo consiste no fato de ele partir do *objetivo*, de tomar um *objetivo* como fundamento último da explicação, seja esse objetivo, pois, a *matéria, in abstracto* – a forma em que ela é apenas *pensada* –, ou aquela que já assumiu forma, que é empiricamente dada, ou seja, a *coisa*, como as substâncias químicas básicas, além de suas combinações imediatamente subsequentes. Ele toma essas coisas como existentes em si mesmas e de forma absoluta a fim de permitir que a natureza orgânica e, em última análise, o sujeito cognoscente, surjam delas e, assim, explicar a estes completamente por meio daquelas coisas – enquanto, na verdade, tudo que é objetivo, já como tal, é condicionado de múltiplas maneiras pelo sujeito cognoscente, pelas formas de seu conhecimento, e possui tais formas como pré-requisito. Portanto, tudo o que é objetivo desaparece completamente quando o sujeito é removido da reflexão. O materialismo é, portanto, a tentativa de explicar aquilo que nos é oferecido imediatamente a partir do que é oferecido mediatamente. Tudo o que é objetivo, expandido, que causa efeito, ou seja, tudo o que é material, aquilo que o materialismo considera como uma base tão sólida de suas explicações, de modo que um retorno a essas coisas (especialmente se em última análise resultasse em um choque e contrachoque) não poderia deixar nada a desejar – tudo isso, eu afirmo, é um dado que é apenas altamente mediado e condicional e, portanto, apenas relativamente presente, pois isso tudo passou pela maquinaria e fabricação do cérebro e, consequentemente, entrou em suas formas, tempo, espaço

---

19. A petição do princípio [N.T.].

e causalidade, em virtude dos quais é, antes de tudo, apresentado como expandido no espaço e causando efeito no tempo. De algo que é dado dessa maneira, o materialismo intenta, pois, explicar até mesmo o que se apresenta imediatamente, a representação (na qual aquele todo está contido), e ao final busca explicar até mesmo a vontade, da qual antes todas aquelas forças fundamentais verdadeiramente devem ser explicadas, as quais se expressam por meio do fio condutor das causas e, portanto, de maneira regular. – À afirmação de que o conhecer se constitui de uma modificação da matéria contrapõe-se, portanto, sempre com a mesma justificativa a afirmação oposta, de que toda matéria se constitui apenas de uma modificação do conhecer do sujeito, na condição de representação deste. Ainda assim, o objetivo e o ideal de toda ciência é basicamente um materialismo totalmente implementado. O fato de agora reconhecermos esse materialismo aqui como evidentemente impossível confirma outra verdade que emergirá de nossa consideração posterior, nomeadamente, que toda ciência em seu sentido mais estrito, sob cuja expressão eu compreendo o conhecimento sistemático pelo fio condutor do princípio da razão, jamais atinge um objetivo final, assim como nunca pode oferecer uma explicação absolutamente suficiente, porque ela, de forma alguma, encontra a essência mais íntima do mundo, jamais pode ir além da representação; pelo contrário, basicamente ensina nada mais do que conhecer a relação de uma representação com outra.

Toda ciência parte sempre de dois elementos principais. Um deles é a todo o tempo o princípio da razão, em alguma forma qualquer, como um *organon*; o outro é seu objeto particular, na forma de um problema. Desse modo, por exemplo, a geometria possui o espaço como problema, o princípio de razão de ser no espaço como um *organon*; a aritmética possui o tempo como um problema, e o princípio de razão de ser no tempo como um *organon*; a lógica possui as conexões entre os conceitos como tais como um problema, o princípio de razão do conhecer como *organon*; a história tem os feitos realizados pela humanidade em sua grandeza e em sua grande quantidade como um problema, a lei da motivação como um *organon*; a ciência natural, por sua vez, tem a matéria como um problema e a lei da causalidade como um *organon*; seu objetivo e propósito são, consequentemente, de acordo com a linha mestra da causalidade, remeter todos os estados possíveis da matéria uns aos outros e, finalmente, de volta a um único estado, e derivar todos os estados possíveis da matéria novamente um do outro e, finalmente, de um único estado da matéria. Dois estados, portanto, se opõem como extremos na ciência natural: o estado da matéria em que ela é o mínimo e aquele onde ela é o máximo na condição de objeto imediato do sujeito: ou seja, a matéria mais inanimada, mais crua, a primeira coisa fundamental e, então, o organismo humano. A ciência natural busca o primeiro estado na qualidade de química, o segundo estado na condição de fisiologia. No entanto, até o presente momento os dois extremos jamais foram alcançados e somente se conseguiu algumas coisas entre ambos. A perspectiva de alcançá-los é igualmente bastante desesperadora. Os químicos, partindo do pressuposto de que a divisão qualitativa da matéria não irá ao infinito como no caso da divisão quantitativa, procuram reduzir o número de suas substâncias fundamentais, atualmente em torno de 60, cada vez mais; e se caso tivessem reduzido para somente duas, eles então desejariam remeter estas a somente uma, pois a lei da homogeneidade conduz ao pressuposto de um primeiro estado químico da matéria, o qual precede todos os outros – estes, por sua vez, não seriam essenciais à matéria como tal, mas apenas às formas e qualidades acidentais desta – e que diz respeito unicamente à matéria como tal. Por outro lado, é impossível compreender como esse estado da matéria, uma vez que não existiria ainda um segundo para causar efeito a partir dele, poderia alguma vez experimentar uma mudança química; por conta disso, ocorre aqui o mesmo embaraço naquilo que é pertinente à química que Epicuro encontrou no que diz respeito à mecânica, quando teve que indicar como um átomo saiu pela primeira vez da direção primordial de seu movimento. Verdadeiramente, essa contradição, que se desenvolve completamente por si mesma e que não pode ser evitada ou resolvida, poderia muito precisamente ser configurada como uma *antinomia* química. Da mesma maneira, como ela é encontrada aqui atrelada ao primeiro dos dois extremos das ciências naturais investigados, assim também veremos uma contrapartida correspondente atrelada ao segundo. – Há igualmente poucas esperanças de se chegar a esse outro extremo das ciências naturais; posto que se reconhece cada vez mais que jamais algo essencialmente químico pode ser remetido a algo essencialmente mecânico, nem algo essencialmente orgânico pode se remeter a algo essencialmente químico ou essencialmente elétrico. Contudo, aqueles que hoje tomam novamente esse velho caminho de equívoco esgueirar-se-ão em breve, como todos os seus predecessores, silenciosamente e envergonhados. Isso será discutido com mais detalhes no livro subsequente.

As dificuldades mencionadas aqui apenas passageiramente se opõem às ciências naturais em seu próprio campo. Tomada na condição de filosofia, a ciência natural seria, além disso, materialismo; todavia, como vimos, ao nascer este já carrega consigo a morte em seu coração; porque ele ignora o sujeito e as formas do conhecer, as quais efetivamente são pressupostas na matéria mais crua a partir da qual ele gostaria de começar com tanta intensidade quanto no organismo ao qual ele quer chegar, pois nenhum "objeto sem sujeito" é a proposição que torna o materialismo eternamente impossível. Sóis e planetas, sem um olho que os observa e um entendimento que os reconhece, podem de fato ser enunciados em palavras: porém, essas palavras são, para a representação, um *Sideroxylon*[20]. Por outro lado, no entanto, a lei da causalidade e a seguinte consideração e investigação da natureza necessariamente nos levam à suposição certa de que, no tempo, cada estado da matéria mais altamente organizado seguiu originalmente a um mais bruto: nomeadamente que os animais existiram antes dos seres humanos, que os peixes antecederam os animais terrestres, que as plantas também existiram antes destes, que o inorgânico existiu antes de tudo o que é orgânico; que consequentemente a massa primitiva teve que passar por uma longa série de mudanças antes que o primeiro olho pudesse se abrir. E, no entanto, a existência de todo aquele mundo permanece sempre dependente

---

20. O termo, criado por Schopenhauer, é a junção das raízes gregas para *ferro* e *madeira*. Com o termo, o filósofo procura indicar a contradição inerente ao materialismo [N.T.].

desse primeiro olho que se abriu e, mesmo que pertencesse a um inseto, é o olho do qual o conhecimento do mediador necessário permanece dependente, pelo qual e no qual somente existe o mundo, e sem o qual o mundo não pode sequer ser pensado, pois o mundo é simplesmente uma representação e, como tal, requer o sujeito cognoscente como o portador de sua existência. Efetivamente, até mesmo aquela longa série temporal, repleta de incontáveis mudanças pelas quais a matéria incrementou-se de forma em forma, até que finalmente surgiu o primeiro animal cognoscente, todo esse tempo é em si, de fato, somente concebível na identidade de uma consciência, cuja sequência de representações, cuja forma do conhecer constitui o tempo e sem a qual o tempo perde absolutamente todo o sentido e não é nada.

Desse modo, por um lado, observamos necessariamente a existência de todo o mundo dependente do primeiro ser cognoscente, por mais imperfeito que este possa ser; por outro lado, da mesma maneira, necessariamente observamos esse primeiro animal cognoscente completamente dependente de uma longa cadeia de causas e efeitos que o precederam, na qual ele mesmo foi integrado como um pequeno membro. Essas duas perspectivas contraditórias, a cada uma das quais nós somos efetivamente conduzidos com igual necessidade, poder-se-ia verdadeiramente chamar novamente de uma *antinomia* em nossa faculdade de conhecimento e estabelecê-las como a contrapartida daquela encontrada naquele primeiro extremo da ciência natural: enquanto isso, a quádrupla antinomia kantiana será provada como uma ilusão desviante e infundada na crítica de sua filosofia anexa a este presente escrito. – A contradição, por último, aqui para nós necessariamente resultante, encontra, entretanto, sua solução no fato de que, para usar a linguagem de Kant, o tempo, o espaço e a causalidade não pertencem à coisa-em-si, mas unicamente ao seu fenômeno, em cuja forma elas se constituem; o que na minha linguagem afirma que o mundo objetivo, o mundo como representação, não é o único mundo, mas apenas um lado, por assim dizer, o lado externo do mundo, o qual possui ainda um lado completamente diferente, que é a sua essência mais íntima, o seu centro, a coisa-

-em-si: e esta consideraremos no livro subsequente, nomeando-a de acordo com a mais imediata de suas objetivações, a vontade. Contudo, o mundo como representação, que nós consideramos unicamente aqui, eleva-se, todavia, com a abertura do primeiro olho, cujo meio de conhecimento é condição necessária para o mundo existir, ou seja, também não podia ter existido anteriormente. Entretanto, sem aquele olho, quer dizer, na ausência do conhecimento, também não havia um antes, não havia tempo. Ainda assim, por essa razão, o tempo não possui um começo, mas todo o começo está nele: todavia, como se trata da forma mais geral de cognoscibilidade, à qual se submetem todos os fenômenos por meio do vínculo da causalidade, assim também ele (o tempo) se encontra concomitantemente ao primeiro conhecer, com toda a sua infinitude em ambas as direções, e o fenômeno que preenche esse primeiro presente deve, ao mesmo tempo, ser reconhecido como causalmente conectado e dependente de uma série de fenômenos que se estendem infinitamente em direção ao passado. Esse próprio passado, no entanto, é, com efeito, igualmente condicionado por esse primeiro presente, assim como, inversamente, esse presente é condicionado por aquele passado, de modo que, como o primeiro presente, assim também o passado a partir do qual aquele se origina é dependente do sujeito cognoscente e sem este não é nada. Todavia, conforme estabelecido pela necessidade, esse primeiro presente se apresenta não como sendo o primeiro, ou seja, como não tendo o passado como mãe e colocando-se na qualidade de início dos tempos, mas como consequência do passado, de acordo com o princípio de razão do ser no tempo. E assim também o fenômeno que preenche esse primeiro presente se coloca como efeito de condições anteriores que preencheram aquele passado, de acordo com a lei da causalidade. – Àqueles que gostam de interpretações mitológicas, o nascimento de Kronos (χρονος), o titã mais jovem, pode ser considerado como caracterização do momento aqui apresentado de criação do tempo – ainda que este permaneça sem um início –, com o qual, posto que ele emasculou seu pai, cessam os produtos crus do céu e da terra e a partir do qual a raça dos deuses e a raça humana entram em cena.

Como seguimos o mais consistente dos sistemas filosóficos que têm o objeto como ponto de partida, sabidamente o materialismo, esta apresentação à qual chegamos serve ao mesmo tempo para tornar intuível a inseparável dependência recíproca, em conformidade com a oposição irresolúvel, entre sujeito e objeto; cujo conhecimento conduz a uma busca pela essência mais íntima do mundo, pela coisa-em-si, não mais em um daqueles dois elementos da representação, mas antes em alguma coisa completamente diferente da representação, a qual não está submetida a uma tal oposição originária, essencial e que é, ao mesmo tempo, indissolúvel. [...]

4
Afirmação da vontade

Schopenhauer, considerando-se um herdeiro de Kant, denomina a essência íntima do mundo, a vontade, de coisa em si. No entanto, a vontade, para ele, é imanente ao mundo fenomenal, uma realidade subjacente que podemos, aliás, apreender. Assim, ao contrário da tese kantiana, segundo a qual o em si permanece um "x" desconhecido, para Schopenhauer, podemos conhecer, pelo menos, a aparência dessa essência. Aparência é apenas mais um nome para a representação ou intuição e indica que a vontade se tornou visível. Como a vontade é alheia ao tempo e espaço, ela não é submetida ao princípio de razão, logo, não pode ser conhecida. Una em si mesma, a vontade é irracional, cega e sem consciência. A consciência só irá aparecer com a entrada em cena da vontade no mundo sensível, mediante o intelecto, que conhece – aliás, a única função do intelecto é esta: conhecer. É o intelecto que apresenta os objetos do mundo à vontade, é como se ele emprestasse os seus olhos a ela; por isso, Schopenhauer compara a relação entre ambos com a do forte cego (a vontade) que carrega nos ombros o paralítico (o intelecto) que vê. Sem o intelecto, portanto, a vontade jamais conheceria algo; e ele foi criado, aliás, apenas para servi-la. A vontade é o senhor, diz Schopenhauer; o intelecto, seu mero servo. Em suma, a vontade *quer*, mas não *conhece*; o intelecto *conhece*, mas não *quer*.

O que significa afirmar a vontade? Significa afirmar o corpo, que é essencialmente vontade, o que é feito mediante o querer contínuo, sem que nenhum conhecimento o impeça. À pergunta: o que quer a vontade? Schopenhauer responde: nada, senão este mundo, esta vida, tal qual ela existe. Isso explica por que, para o filósofo, tanto faz dizer vontade ou vontade de vida. No fundo, esse mundo aparente que ela tanto quer é apenas o seu espelho. O espelho no qual ela se contempla.

É no ser humano que a vontade atinge plena consciência de si. Assim, depois do intelecto fornecer uma gama de objetos à vontade, ela decide qual deles ela quer – o que resulta na ação ou no ato de vontade do indivíduo. Querer um determinado objeto nada mais é senão a afirmação da vontade. Portanto, todas as vezes que queremos algo, estamos, no fundo, afirmando a vontade de vida. Em verdade, a todo momento estamos querendo algo, já que a nossa essência, a vontade, é, por definição, puro querer. Como ela nos é essencial, então, não podemos escapar desse destino, pertencente não só a todo ser humano, mas também a todo ser vivo, a saber: querer incessantemente, impulsionados por essa força cega volitiva. Por conseguinte, sofrer também incessantemente na busca da satisfação de nossos desejos. Em virtude disso, Schopenhauer diz: "toda vida é sofrimento" (W I, § 56).

Mas se é a mesma vontade que está presente em todos neste mundo, por que há tanta guerra, ódio e discórdia? Porque a vontade também é, em essência, autodiscórdia consigo mesma, e isso se reflete no que vemos, que pode ser resumido na declaração de Hobbes: *homo homini lúpus* [o ser humano é o lobo do ser humano], ou seja, a luta de todos contra todos. Pelo fato de a vontade querer a vida em todas as suas aparências, segue-se naturalmente uma luta entre elas, uma disputa por espaço e afirmação. Assim, enquanto algumas aparências conquistam o bem-estar, outras, o sofrimento. Do ponto de vista de Schopenhauer, essa autodiscórdia essencial do em si revela simplesmente que a vontade crava os dentes na própria carne sem saber que, na verdade, fere só a si mesma.

O mundo como vontade e representação, tomo I, § 54[21]

[...] Nós distinguimos, portanto, a dor e a morte como dois males completamente diferentes: aquilo que nós tememos na morte é, na verdade, a ruína do indivíduo, com a qual a morte se anuncia abertamente, e uma vez que o indivíduo constitui a vontade de viver propriamente dita em uma objetivação singular, toda a sua essência resiste à morte. – Onde, pois, o sentimento nos abandona sem qualquer ajuda e de tal maneira, a razão é capaz, ainda assim, de intervir e superar em grande medida as impressões adversas do mesmo, na medida em que ela nos dispõe sobre um ponto de vista mais elevado, do qual nós vislumbramos, pois, em vez do singular, dali em diante, o todo. Por conseguinte, um conhecimento filosófico da essência do universo, que tivesse chegado até o ponto em que nos encontramos atualmente em nossa consideração, mas não fosse capaz de seguir adiante, seria capaz, até mesmo desse ponto de vista, superar os horrores da morte na mesma dimensão em que, no indivíduo apresentado, a reflexão teria poder sobre o sentimento imediato. Um ser humano que teria assimilado firmemente em seu modo de pensar as verdades apresentadas até este momento, mas que, ao mesmo tempo, por meio de sua própria experiência ou por meio de uma maior intelecção, não tivesse chegado ao ponto de reconhecer o sofrimento permanente como essencial em toda a vida; mas, contrariamente, que encontrasse satisfação na vida, que estivesse perfeitamente à vontade nela e que, em reflexão sossegada, desejasse que seu curso de vida, como ele o experimentou até este momento, fosse de duração infinita, ou de contínuo e renovado retorno, e cujo ânimo de vida fosse tão grandioso que ele, em contraponto aos prazeres da vida, assumisse de bom grado e voluntariamente o custo de todas as queixas e tormentos a que está sujeito; tal ser humano se manteria "com os ossos firmes e resistentes sobre a bem-estabelecida e duradoura terra" e não teria nada a temer. Armado com o conhecimento que lhe atribuímos, ele olharia indiferentemente

---

21. SCHOPENHAUER, A. *O mundo como vontade e representação, tomo I*. Trad. L.G. Grzybowski. Petrópolis: Vozes. No prelo.

para a morte que se aproxima precipitadamente a partir das asas do tempo, considerando-a como uma falsa aparência, um espectro impotente para assustar os fracos, mas que não possui qualquer poder sobre aquele que está certo de que ele mesmo é aquela vontade cuja objetivação ou imagem constitui o mundo inteiro; a quem, por conseguinte, a vida permanece sempre segura assim como o presente, a forma verdadeira e exclusiva do fenômeno da vontade, a quem, portanto, nenhum passado ilimitado ou futuro no qual ele não estivesse pode amedrontar, uma vez que ele os considera como a vã ilusão e o véu de Maia, um ser humano que, consequentemente, teria tão pouco a temer a morte quanto o Sol teme a noite. – Com base nesse ponto de vista, Krishna dispõe, no *Bhagavat Gita*, seu prospectivo discípulo Arjuna quando é tomado de melancolia diante da visão dos exércitos que se precipitam ao ataque (de um modo um pouco semelhante a Xerxes), desespera-se e quer desistir da batalha de forma a prevenir a destruição de tantos milhares: Krishna o dispõe com base nesse ponto de vista, e a morte daqueles milhares já não é mais capaz de impedi-lo: ele dá o sinal para a batalha. – Esse mesmo ponto de vista também é descrito no Prometeu, de Goethe, especialmente quando ele declara:

> *Hier sitz ich, forme Menschen*
> *Nach meinem Bilde,*
> *Ein Geschlecht, das mir gleich sei,*
> *Zu leiden, zu weinen,*
> *Zu geniessen und zu freuen sich,*
> *Und dein nicht zu achten,*
> *Wie ich!*[22]

A esse ponto de vista poderiam conduzir, igualmente, a filosofia de Bruno e a de Espinosa aqueles para quem seus equívocos e suas imperfeições não são capazes de perturbar ou enfraquecer sua convicção. A filosofia de Bruno não apresenta uma ética propriamente dita, e aquela presente na filosofia de Espinosa não emerge de modo algum da essência de sua doutrina, mas encon-

---

22. Aqui eu estou sentado, formo seres humanos / À minha própria imagem, / Uma raça, que deve ser como eu, / Deve sofrer, deve chorar / Deve desfrutar e se regozijar, / E não se atentar àquilo que te diz respeito, / Como eu! [N.T.].

tra-se, embora seja em si mesma louvável e bela, conectada a ela, com efeito, unicamente por meio de sofismas fracos e bem palpáveis. – Finalmente, muitos seres humanos se colocariam verdadeiramente em tal ponto de vista se seus conhecimentos caminhassem em conjunto com sua vontade, ou seja, se eles fossem capazes, livres de toda ilusão, de se tornarem claros e distintos para si mesmos, pois esse é, para o conhecimento, o ponto de vista da *afirmação categórica da vontade de viver.*

A vontade afirma a si mesma, isto é, na medida em que em sua objetividade, ou seja, no mundo e na vida, sua própria essência lhe é dada completa e claramente como uma representação, esse reconhecimento não inibe em nada o seu querer: porém, precisamente essa vida assim conhecida também é desejada como tal por essa vontade, da mesma maneira como até este momento, desprovida de conhecimento, na condição de um impulso cego, agora, então, com conhecimento, consciente e prudentemente. – O oposto disso, a *negação da vontade de vida*, se apresenta no momento em que o querer termina em razão desse conhecimento, visto que, a partir de então, não são mais os fenômenos individuais conhecidos que atuam como *motivos* do querer, mas, contrariamente, a totalidade do conhecimento da essência do mundo, que surgiu por meio da apreensão das *ideias* e que reflete a vontade, torna-se o *quietivo* da vontade e, desse modo, a vontade se anula livremente. Esses termos bastante desconhecidos e que são de difícil compreensão na expressão de caráter geral espera-se que se tornem claros por intermédio da logo subsequente apresentação dos fenômenos, aqui, modos de atuação, nos quais, por um lado, expressa-se a afirmação, em seus diversos graus, e, por outro, a negação, pois ambos procedem, é certo, do *conhecimento*, mas não de um conhecimento abstrato que se expressa em palavras, mas de um conhecimento vivo que se expressa exclusivamente por meio da ação e da mudança e que permanece independente dos dogmas que, nesse ínterim, na qualidade de conhecimento abstrato, ocupam a razão. Apresentar ambos, afirmação e negação e levá-los ao claro reconhecimento da razão pode constituir meu único propósito, mas não a fim de prescrever ou recomendar uma ou outra, o que seria tão tolo quanto infrutífero, uma vez que a vontade em si mesma é absolutamente livre e inteiramente autodeterminante, e não há qualquer lei para ela. – Essa liberdade e sua relação com a necessidade devemos nós, entretanto, em primeiro lugar e antes de prosseguirmos com a argumentação supracitada, discutir e definir com maior precisão. Posteriormente, devemos também fazer algumas observações gerais (que se referem à vontade e seus objetos) a respeito da vida, cuja afirmação e negação constituem nosso problema, por meio de tudo o que facilitaremos para nós mesmos o pretendido conhecimento do significado ético dos modos de atuação, de acordo com sua essência mais íntima. [...]

O mundo como vontade e representação, tomo I, § 60[23]

[...] *A afirmação da vontade* consiste no permanente querer propriamente dito, que não se deixa perturbar por qualquer conhecimento, na maneira em que esse querer preenche a vida dos seres humanos de modo geral. Uma vez que o corpo do ser humano constitui desde logo a objetidade da vontade da maneira em que ela aparece neste estágio e neste indivíduo; por conseguinte, o seu querer, o qual se encontra desenvolvendo-se ao longo do tempo, é tal como a paráfrase do corpo, o esclarecimento do significado da totalidade e de suas partes, trata-se de uma maneira distinta de apresentar a mesma coisa-em-si, cujo fenômeno consiste já no corpo. Em decorrência disso, podemos dizer igualmente, em vez de afirmação da vontade, afirmação do corpo. O tema fundamental de todos os multifacetados atos da vontade é a satisfação das necessidades, as quais se apresentam inseparáveis da existência do corpo em estado saudável e possuem inicialmente nesse corpo a sua expressão e se permitem reduzir à preservação do indivíduo e à propagação da espécie. No entanto, de forma mediata, os motivos das mais diversas constelações obtêm por meio disso poder sobre a vontade e produzem os mais diversos atos de vontade. Cada um desses atos consiste apenas em uma amostra,

---

23. SCHOPENHAUER, A. *O mundo como vontade e representação, tomo I.* Trad. L.G. Grzybowski. Petrópolis: Vozes. No prelo.

um exemplo da vontade que aparece aqui em geral: de que tipo é essa amostra, que configuração o motivo possui, e comunica a ela que isso não é essencial; do contrário, somente interessa nesse caso que, de modo geral, se deseja, e com que intensidade de veemência se deseja. A vontade só pode se tornar visível por meio dos motivos, da mesma forma que o olho só expressa sua capacidade de visão na luz. O motivo, em geral, se apresenta diante da vontade semelhantemente a um Proteu multifacetado: ele promete continuamente a satisfação completa, o locupletamento da sede da vontade; contudo, uma vez alcançado, então ele se apresenta imediatamente em uma forma diferente e movimenta, nesta nova configuração, novamente a vontade, sempre em conformidade com sua intensidade de veemência e sua relação com o conhecimento, os quais são revelados precisamente por intermédio dessas amostras e exemplos como um caráter empírico.

O ser humano, desde o momento do surgimento de sua consciência, encontra-se querendo e, via de regra, o seu conhecimento permanece em constante relação com a sua vontade. Ele procura primeiramente conhecer completamente os objetos de seu querer e, em seguida, os meios para alcançá-los. Nesse momento, ele sabe aquilo que tem que fazer e, geralmente, não se esforça por nenhum outro conhecimento. Ele age e procede: a consciência de trabalhar continuamente em direção ao objetivo de seu querer o mantém constante e operante: seu pensamento diz respeito à escolha dos meios. Nisso consiste a vida de quase todos os seres humanos: eles desejam, sabem o que desejam, se esforçam por isso com tanto sucesso quanto necessário para se protegerem do desespero e com tanto fracasso quanto necessário para se protegerem do tédio e das suas consequências. A partir disso, decorre um certo comprazimento, ou pelo menos uma impassibilidade em relação aos quais nem a riqueza, nem a pobreza são capazes de realmente causar mudança: porque o rico, assim como o pobre, não desfruta daquilo que possui – dado que isso, como foi apresentado, somente causa efeito negativo –, mas sim daquilo que espera ganhar com suas ações. Os indivíduos procedem adiante, com muita seriedade, com efeito, com uma expressão importante:

dessa maneira, desenvolvem também as crianças as suas brincadeiras. – Trata-se sempre de uma exceção quando um curso de vida desse tipo sofre uma ruptura pelo fato de, a partir de um conhecimento que é independente do serviço da vontade e orientado em direção à essência do mundo em geral, produzir ou o desafio estético à contemplação, ou o desafio ético à renúncia. À maioria das pessoas persegue ao longo da vida a necessidade, sem permitir que elas venham à ponderação. Por outro lado, frequentemente a vontade se inflama em direção a um grau que excede em muito a afirmação do corpo, o qual, então, manifesta afetos violentos e paixões poderosas nas quais o indivíduo não afirma meramente a sua própria existência, mas nega também a existência dos outros e procura abolir o que se coloca em seu caminho.

A manutenção do corpo pelas próprias forças desse mesmo corpo consiste em um grau tão diminuto da afirmação da vontade que, se permanecesse com ele voluntariamente, nós poderíamos supor que, com a morte desse corpo, extinguir-se-ia igualmente a vontade que nele se apresentava. No entanto, até mesmo a satisfação do impulso sexual ultrapassa em muito a afirmação da própria existência – a qual preenche tão curto espaço de tempo – e afirma a vida para além da morte do indivíduo, por um tempo indeterminado. A natureza, a todo tempo verdadeira e consistente, nesse caso até mesmo ingênua, expõe abertamente diante de nós o sentido interior do ato de procriação. A própria consciência, a intensidade do impulso, nos ensina que nesse ato se expressa a mais decidida *afirmação da vontade de viver*, pura e desprovida de quaisquer acréscimos (como porventura de negação de indivíduos estranhos); e, pois, no tempo e em séries causais, ou seja, na natureza, surge, como resultado do ato, uma nova vida: diante do gerador se apresenta o gerado, em relação ao fenômeno diferente do primeiro, mas em si mesmo, ou de acordo com a ideia idêntico a ele. Por conseguinte, trata-se desse ato, por intermédio do qual as espécies dos seres vivos se associam cada uma a um todo e se perpetuam como tal. A procriação constitui em relação ao procriador somente a expressão, o sintoma de sua decidida afirmação da vontade de viver: em relação ao gerado, ela não consiste porventura no fundamento da vontade que aparece nele, uma vez que a vontade em si não conhece nem fundamento, nem consequência; mas ela consiste, como todas as causas, somente em uma causa de oportunidade do fenômeno desta vontade, neste momento, neste lugar. Como coisa em si, a vontade do gerador e a do gerado não são diferentes; uma vez que somente o fenômeno, não a coisa-em-si, está sujeito ao *principio individuationis*. Com aquela afirmação que ultrapassa o próprio corpo e até o momento da apresentação de um novo, são igualmente o sofrimento e a morte, como pertencentes ao fenômeno da vida, novamente reafirmados e a possibilidade de redenção proporcionada pela mais perfeita capacidade cognitiva é nessa ocasião declarada infrutífera. Aqui reside o fundamento profundo da vergonha acerca da atividade de procriação. – Essa perspectiva é representada miticamente no dogma da doutrina religiosa cristã de que todos nós compartilhamos do pecado original de Adão (que se trata evidentemente apenas da satisfação do desejo sexual) e, por intermédio desse mesmo pecado, somos obrigados ao sofrimento e à morte. A esse respeito, aquela doutrina religiosa ultrapassa a consideração em conformidade com o princípio da razão e reconhece a ideia do ser humano; cuja unidade, a partir de sua desintegração em inúmeros indivíduos, é restaurada por meio do vínculo da geração que mantém tudo junto. De acordo com isso, tal doutrina considera cada indivíduo por um lado como idêntico a Adão, o representante da afirmação da vida e, nesse sentido, entregue ao pecado (pecado original), ao sofrimento e à morte: por outro lado, o conhecimento da ideia igualmente mostra a ela todo indivíduo como sendo idêntico ao redentor, ao representante da negação da vontade de viver e, assim, coparticipante em seu autossacrifício, redimido pelo mérito deste e resgatado das amarras do pecado e da morte, ou seja, do mundo (Rm 5,12-21).

Uma outra apresentação mítica de nosso ponto de vista a respeito da satisfação por meio do intercurso sexual na condição de afirmação da vontade de viver para além da vida individual, na qualidade de uma capitulação consumada primeiramente por meio disso diante dessa mesma vida, ou, de modo semelhante, a um comprometimento renovado com a vida, constitui o mito grego de Proserpina, a quem o retorno do submundo se apresentava ainda como possibilidade enquanto ela não provasse os frutos do submundo; Proserpina, no entanto, por consumir uma romã, acaba completamente entregue àquele submundo. A partir da incomparável apresentação desse mito realizada por Goethe, aquele significado desse mesmo mito se expressa muito claramente, especialmente quando, imediatamente após a deglutição da romã, repentinamente o coro invisível das Parcas entra em cena:

> *Du bist unser!*
> *Nüchtern solltest wiederkehren:*
> *Und der Biss des Apfels macht dich unser!*[24]

Trata-se de fato notável que Clemente de Alexandria (Stromata, III, c. 15) descreva esse tema por meio da mesma imagem e da mesma expressão: "Οἱ μεν ευνουχισαντες ἑαυτους απο πασης ἁμαρτιας, δια την βασιλειαν των ουρανων, μακαριοι οὑτοι εισιν, οἱ του κοσμου νηστευοντες [*Qui se castrarunt ad omni peccato, propter regnum coelorum, ii sunt beati, a mundo jejunantes*]"[25].

Na qualidade de afirmação decisiva mais poderosa da vida confirma-se o impulso pelo intercurso sexual igualmente pelo fato de ele ser natural para o ser humano, assim como para o animal, o propósito final, o objetivo mais elevado da vida. A autopreservação constitui a sua primeira aspiração e, tão logo ele a tenha providenciado, então ele aspira unicamente à procriação da espécie: na condição de ser meramente natural, ele não é capaz de se esforçar por mais do que isso. Também a natureza, cuja essência interior consiste na vontade de viver propriamente dita, impele com todas as suas forças o ser humano, bem como o animal, à procriação. Subsequentemente, ela alcançou seu propósito com o indivíduo e se mostra completamente indiferente à decadência deste, uma vez que, para a natureza, na qualidade de vontade de viver, interessada somente na preservação da espécie, para ela o indivíduo não é nada. – Porque, no impulso para o intercurso sexual, a es-

---

24. Você nos pertence!
Em jejum era-te permitido retornar:
E a mordida da maçã te transforma em nossa! [N.T.].

25. "Aqueles que castraram a si mesmos em relação a todo pecado, em função do reino dos céus, estes são bem-aventurados, *abstendo-se do mundo*" [N.T.].

sência interior da natureza, a vontade de viver, se expressa mais fortemente, por isso, os antigos versadores e filósofos – Hesíodo e Parmênides – afirmaram muito significativamente que *Eros* seria o primeiro, o criador, o princípio a partir do qual todas as coisas obtiveram a sua origem (observe-se o contido em Aristóteles, *Metafísica*, 1, 4). Péricles afirmou: "Εις ερωτα μεταβεβληνθαι τον Δια, μελλοντα δημιουργειν. [*Jovem, cum mundum fabricare vellet, in cupidinem sese transformasse.*]"[26] (Proclo, *Memoranda sobre o Timeu de Platão*, Livro III). – Um tratamento minucioso desse assunto nós recentemente obtivemos da parte de G. F. Schoemann, "De cupidine cosmogonico", 1852[27]. Igualmente, a Maia dos hindus, cuja obra e tecido consiste em todo o mundo aparente, é parafraseada por *Amor*[28].

A genitália está, muito mais que qualquer outro membro externo do corpo, sujeita exclusivamente à vontade e de modo algum ao conhecimento: com efeito, a vontade se apresenta aqui quase tão independentemente em relação ao conhecimento quanto nas partes que, por ocasião de meros estímulos, servem à reprodução, à vida vegetativa, nas quais a vontade causa efeito cegamente, como na natureza desprovida de conhecimento, pois a procriação consiste simplesmente na reprodução que é transferida para um novo indivíduo, por assim dizer, uma reprodução em segunda potência, da mesma forma como a morte é apenas excreção em uma segunda potência. – Em conformidade com tudo isso, a genitália constitui o ponto verdadeiramente *crítico* da vontade e, consequentemente, o polo oposto ao cérebro, ao representante do conhecimento, ou seja, da outra perspectiva do mundo, o mundo como representação. A genitália constitui o princípio de preservação da vida que assegura vida sem fim ao tempo; em cuja característica foi idolatrada pelos gregos por meio do *phallus*, pelos hindus por meio do *lingam*, os quais consistem, portanto, em sím-

---

26. "Júpiter, quando desejasse construir o mundo, transformou a si mesmo em Cupido" [N.T.].

27. SCHÖMANN, G. F. *De Cupidine cosmogonico dissertativo*. [S. l.]: Koch, 1852. (Tratado sobre a criação do universo pelo Cupido) [N.T.].

28. Schopenhauer se refere aqui ao deus latino Amor, não ao substantivo cognato português "amor", que no alemão seria "*Liebe*" [N.T.].

bolos da afirmação da vontade. O conhecimento, por outro lado, oferece a possibilidade da abolição do querer, da redenção por intermédio da liberdade, da superação e destruição do mundo.

No início deste quarto livro nós já consideramos detalhadamente de que maneira a vontade de viver, em sua afirmação, tem de olhar para a sua relação com a morte, ou seja, a morte não a desafia, porque a morte se encontra prontamente como algo já compreendido na vida bem como pertencente a ela, morte à qual seu oposto, a procriação, mantém perfeitamente o equilíbrio e assegura e garante a vida por todos os tempos em relação à vontade de viver, a despeito da morte do indivíduo; o que, a fim de expressar isso, os hindus concederam o *lingam* como um atributo ao deus da morte Shiva. Nós explicamos igualmente naquele mesmo local como aquele que se posiciona com a mais perfeita prudência no ponto de vista da afirmação decidida da vida se coloca destemidamente diante da morte. Consequentemente, nada mais aparece sobre isso aqui. Na ausência de evidente prudência, a maioria dos seres humanos se coloca sobre esse ponto de vista e afirma continuamente a vida. Na qualidade de espelho dessa afirmação se apresenta o mundo, com inúmeros indivíduos em tempo infinito e espaço infinito, e sofrimento infinito, entre a procriação e a morte sem fim. – No entanto, a respeito dessas coisas não se deve levantar mais nenhuma queixa de qualquer um dos lados: pois a vontade encena o grande teatro de tragédia e de comédia às suas próprias custas e constitui também seu próprio espectador. O mundo é precisamente um tal, porque a vontade, cujo fenômeno é o mundo, é uma tal vontade, porque ela quer dessa maneira. Para os sofrimentos, constitui justificativa aquela, de que a vontade igualmente sobre esse fenômeno afirma a si mesma; e esta afirmação é justificada e equilibrada pelo fato de que a vontade suporta os sofrimentos. Escancara-se para nós precisamente nesse momento um vislumbre da *justiça eterna*, de modo geral; nós iremos conhecê-la mais próxima e claramente também em casos particulares mais adiante. Com efeito, antes disso, dever-se-á discutir a justiça temporal ou humana[29].

---

29. A esse respeito ver o capítulo 45 do segundo volume.

5
Negação da vontade

O querer incessante, no qual todos nós nos encontramos, tendo em vista que a vontade preenche a vida de todos os seres, pode, por sua vez, ser interrompido. Nesse caso, ao invés de querer, o indivíduo deixa de querer, pondo fim, assim, ao sofrimento. Aqui ocorre o oposto da afirmação da vontade, e Schopenhauer denomina tal estado de negação da vontade. Trata-se de uma ocasião de verdadeira liberdade, caracterizada não pela capacidade de satisfazer desejos, mas sim de renunciar a eles, alcançando um estado de tranquilidade e libertação do sofrimento inerente à existência humana.

A vontade de vida se manifesta no mundo sensível por meio das Ideias, entendidas por Schopenhauer no sentido platônico do termo, ou seja, como arquétipos de tudo o que existe na experiência. São elas que permitem que a essência una se multiplique em inúmeras aparências no mundo sensível. De outro modo, também podemos dizer que, por meio das Ideias, a vontade se objetiva, isto é, torna-se objeto neste mundo. Daí o termo schopenhaueriano *objetivação da vontade*, que não deve ser confundido com *objetidade da vontade*, isto é, o corpo tomado como objeto imediato da vontade. Assim como a vontade, as Ideias também estão fora do tempo e espaço e, portanto, não estão submetidas ao princípio de razão do devir. Entretanto, diferente da vontade, que nunca será conhecida, as Ideias podem, isoladamente, se tornar objeto de conhecimento para o puro sujeito, como ocorre, por exemplo, na contemplação estética. Elas podem também ser apreendidas em sua totalidade pelo asceta ou santo – esse é precisamente o fenômeno conhecido como negação da vontade. Neste último caso, o conhecimento das Ideias, ao invés de fomentar o querer da pessoa, aquieta-o. Logo, ela deixa de querer. Por isso, o autor denomina tal conhecimento não de motivo, mas sim de quietivo.

O conhecimento intuitivo que provoca a negação da vontade é considerado o espelho límpido da essência do mundo, pois tal permite que o mundo seja visto tal como ele realmente é, a saber: um sofrimento contínuo para todos os seres viventes. Então, se, por um lado, a essência íntima do mundo propriamente dita foge ao princípio de razão, não podendo, assim, ser conhecida; por outro lado, sua apreensão torna-se possível por meio das Ideias. E uma vez apreendida tal essência, por que o sujeito continuaria querendo esta vida? Pois querê-la significa continuar a abraçar a fonte de todo o sofrimento do mundo. Por isso, sua consequência não poderia ser outra, para o asceta, senão a supressão do seu querer e da sua ação, afinal, assim, suprime-se a própria vida.

Segundo Schopenhauer, o indivíduo cria a ilusão da multiplicidade e da individualidade no mundo sensível, em virtude do *principium individuationis* [princípio de individuação], tempo e espaço, que o delimita a um momento e um lugar neste mundo; e esse mesmo princípio é a base de todo egoísmo. Entrementes, sabemos que essa multiplicidade e individualidade é apenas aparente, visto que a vontade é indivisa.

A negação da vontade é, porém, um acontecimento extraordinário. A condição para que ela aconteça é *Besonnenheit der Vernunft* [clarividência da razão], mas esta não é proveniente de uma força de resolução; sua oportunidade, em verdade, excede o princípio de razão, por isso, Schopenhauer a compara à graça dos cristãos e diz que "ela chega subitamente, como que de fora, voando" (W I § 70). Há também um outro caminho que pode conduzir à renúncia da vontade, a saber, um sofrimento intenso trazido pelo destino, que leva o indivíduo ao desespero, fazendo-o retirar-se em si mesmo, renunciando a tudo o que antes queria. Vale lembrar que o ascetismo precisa sempre ser reconquistado, pois a vontade sempre irá lutar para aparecer novamente na realidade efetiva.

O mundo como vontade e representação, tomo I, § 56[30]

§ 56

Essa liberdade, essa onipotência, na condição de expressão e imagem das quais todo o mundo visível, seu fenômeno, se apresenta e se desenvolve progressivamente em conformidade com as regras, as quais a forma de conhecimento traz consigo – essa pode, pois, igualmente se expressar novamente, precisamente ali, onde para ela se tornou evidente o conhecimento adequado da totalidade de sua essência, na medida em que ela, nomeadamente, ou também nesse momento, sobre o cume da reflexão e da consciência de si mesmo, deseje o mesmo que ela desejava cegamente e ignorante de si mesma, onde então o conhecimento, tanto no detalhe como na totalidade, permanece sempre um *motivo* para ela; ou então também inversamente, esse conhecimento torna-se um *quietivo* para ela, o qual apazigua e abole todo querer. Ela constitui a afirmação e negação da vontade de viver, conforme já foi apresentado de maneira generalizada mais acima, as quais, na condição daquilo que diz respeito à mudança do indivíduo, é expressão generalizada e não individual da vontade, modifica sem causar distúrbio o desenvolvimento do caráter, nem encontra sua expressão em ações individuais; mas, seja tornando cada vez mais proeminente o modo agir precedente em sua totalidade, ou inversamente, por intermédio da abolição do mesmo, expressa vivamente a máxima que a vontade apreendeu livremente, de acordo com o conhecimento obtido a partir desse momento. – O desenvolvimento mais evidente de tudo isso, o assunto principal deste último livro, apresenta-se para nós agora parcialmente preparado e facilitado, por intermédio das considerações acerca da liberdade, da necessidade e do caráter que se colocaram entrementes: o desenvolvimento se tornará ainda mais evidente depois que nós, na medida em que adiamos aquelas discussões, tivermos orientado em primeiro lugar a nossa consideração à vida propriamente dita, cujo querer ou

---

30. SCHOPENHAUER, A. *O mundo como vontade e representação, tomo I*. Trad. L.G. Grzybowski. Petrópolis: Vozes. No prelo.

não querer constitui a grande questão, nomeadamente de tal forma que nós geralmente procuramos reconhecer aquilo que sucede à vontade propriamente dita. Esta constitui, sobretudo, a essência mais íntima dessa vida, por ocasião de sua afirmação, de que forma e em que medida tal afirmação satisfaz a vontade, com efeito, pode satisfazê-la; em suma, o que, de fato, deve ser considerado de maneira geral e essencialmente como sendo seu estado neste mundo que é seu e lhe pertence em todos os aspectos.

Em primeiríssimo lugar, é meu desejo que se recorde, nesse ponto, aquela consideração com a qual nós concluímos o segundo livro, motivada pelo questionamento ali apresentado, a respeito da finalidade e do objetivo da vontade; ao passo que em vez da sua resposta colocou-se diante de nossos olhos, como a vontade, em todas as etapas de seu fenômeno, do mais ínfimo ao mais elevado, completamente carente de um objetivo e um propósito final, sempre está a se esforçar, porque o esforço constitui a sua única essência, para a qual nenhum objetivo alcançado põe um fim, e que, portanto, não é capaz de qualquer satisfação final, podendo, do contrário, somente ser detida por meio de inibição, por si mesma, no entanto, indo ao infinito. Nós observamos isso no mais simples de todos os fenômenos naturais, na gravidade, a qual não cessa jamais de se esforçar e impelir em direção a um centro carente de qualquer extensão, ao qual chegar consistiria na aniquilação da própria gravidade e da matéria; gravidade que não cessa, mesmo que todo o universo já estivesse aglomerado. Nós constatamos isso nos outros fenômenos simples da natureza: aquilo que é sólido se esforça, seja por fusão ou por dissolução, em direção ao líquido em que somente suas forças químicas são libertadas: a rigidez constitui o seu cativeiro, no qual são retidos pelo frio. Aquilo que é líquido se esforça em direção à forma de vapor, forma para a qual passa imediatamente tão logo se liberte de toda a pressão. Nenhum corpo é desprovido de afinidade, ou seja, desprovido de esforço, ou desprovido de vício e desejo, como diria Jakob Böhme. A eletricidade extrapola o seu autodivórcio interior em direção ao infinito, ainda que a massa do globo terrestre absorva o efeito. O galvanismo constitui, enquanto a pilha vive, igualmente um ato carente de objetivo e perpetuamente renovado de autodivórcio e reconciliação. Precisamente um esforço incansável e jamais saciado de tal tipo constitui a existência da planta, um impulso incessante, por formas cada vez mais intensificadas, até que o ponto final, o grão da semente, torna-se novamente o ponto de partida: isso repetindo-se indefinidamente: em nenhum lugar um objetivo, em nenhum lugar satisfação final, em nenhum lugar um ponto de descanso. Ao mesmo tempo, nós iremos no lembrar com base no segundo livro que em toda parte as multifacetadas forças da natureza e as formas orgânicas competem entre si pela matéria sobre a qual elas querem emergir, na medida em que cada uma possui unicamente aquilo que arrebatou da outra e, desse modo, é sustentado um constante combate por vida ou morte, do qual, precisamente, emerge principalmente a resistência pela qual aquele esforço, que constitui a essência mais íntima de cada uma das coisas, é impedida por toda parte, procura em vão se impor, e ainda assim não é capaz de abandonar a sua essência, atormenta-se por completo, até que esse fenômeno desapareça, onde outros então assumem a sua posição e a sua matéria avidamente.

Há muito tempo nós já reconhecemos esse esforço, que constitui o núcleo e o em-si de cada uma das coisas, como a mesma coisa e o correspondente àquilo que em nós se chama *vontade*, em que se manifesta da maneira mais evidente à luz da consciência mais plenamente constituída. Então, nós denominamos a sua obstrução por um obstáculo, o qual se interpõe entre ela e seu objetivo previamente almejado, *sofrimento*; por outro lado, o seu alcançamento do objetivo denominamos *satisfação*, bem-estar, felicidade. Nós podemos também transferir essas designações para aqueles fenômenos do mundo desprovido de conhecimento, que são, em relação ao grau, mais fracos; em relação à sua essência, idênticos. Nós, por conseguinte, os vemos envoltos em constante sofrimento e carentes de felicidade duradoura, pois todo esforço tem sua origem a partir da carência, a partir da insatisfação com a própria condição e, portanto, é sofrimento enquanto não é satisfeito; todavia, nenhuma satisfação é permanente; ela é, antes, sempre somente o ponto de partida de um novo esforço. O esforço nós observamos em todos os lugares dificultado de muitas maneiras, batalhando em todos os lugares; por todo o tempo, consequentemente, sempre como sofrimento: nenhum objetivo final do esforço, portanto, nenhuma medida e objetivo do sofrimento.

Aquilo que nós descobrimos, no entanto, somente com atenção aguçada e com esforço em meio à natureza desprovida de conhecimento, se coloca diante de nós claramente na natureza conhecedora, na vida do reino animal, cujo sofrimento constante pode ser facilmente comprovado. Nós desejamos, no entanto, sem nos determos nesse estágio intermediário, nos voltar àquela direção em que, iluminados pelo conhecimento mais brilhante, tudo emerge mais evidentemente na vida humana, pois, da mesma forma que o fenômeno da vontade se torna mais perfeito, igualmente o sofrimento se torna cada vez mais manifesto. Na planta ainda não há nenhuma sensibilidade, portanto não há dor: certo nível bastante reduzido de sofrimento por ser encontrado entre os animais inferiores, os infusórios e radiários[31]: até mesmo nos insetos a capacidade de sentir e sofrer ainda é limitada: unicamente com o sistema nervoso mais desenvolvido dos vertebrados a sensibilidade aparece em elevado grau, e em grau cada vez mais elevado à medida que a inteligência se desenvolve. Na mesma medida, portanto, em que o conhecimento alcança a clareza, a consciência se desenvolve, incrementa-se igualmente o tormento, o qual, consequentemente, atinge seu nível mais elevado no ser humano, e neste, por sua vez, quanto mais evidentemente conhecedor, quanto mais inteligente o ser humano se apresenta: aquele, no qual reside o gênio, é o que possui o maior sofrimento. Nesse sentido, nomeadamente em relação ao grau de conhecimento em geral, e não ao mero conhecimento abstrato, entendo e emprego neste ponto aquele ditado de Koheleth "*Qui auget scientiam, auget et dolorem*"[32]. – Essa proporção precisa entre o grau da consciência e o grau de sofrimento

---

31. Protozoários de água doce e pólipos. Os termos empregados por Schopenhauer são hoje obsoletos [N.T.].

32. "Aquele que promove o conhecimento, promove da mesma forma a dor" (Ecl 1,18). O termo *Koheleth* é a forma judaica do livro sagrado do Eclesiastes, empregada por Schopenhauer [N.T.].

foi, sobretudo, lindamente expressa por meio de uma representação intuitiva e evidente de autoria do pintor filosófico, ou filósofo pintor, *Tischbein*. A metade superior de sua tela apresenta mulheres cujos filhos estão sendo sequestrados e que, em diferentes grupos e posicionamentos, expressam de múltiplas maneiras a profunda dor materna, a angústia, o desespero; a metade inferior da tela apresenta, exatamente no mesmo arranjo e agrupamento, ovelhas das quais os cordeiros estão sendo retirados: de modo que a cada cabeça humana, a cada posicionamento humano na metade superior da tela, corresponde um análogo animal na parte inferior. Assim, se torna possível observar claramente como a dor que é concebível na embotada consciência animal está relacionada ao extraordinário tormento que se tornou possível unicamente por intermédio da clareza do conhecimento, da clareza da consciência.

Em razão dessas coisas, nós queremos considerar o destino interior e essencial da vontade na *existência humana*. Todos encontrarão, por sua vez, facilmente *A mesma coisa* na vida dos animais, somente de modo mais débil, expresso em diferentes graus, e também poderão convencer-se suficientemente a partir do mundo animal sofredor de que essencialmente *toda a vida é sofrimento*.

O mundo como vontade e representação, tomo I, § 68[33]

§ 68

Após essa digressão a respeito da identidade do amor puro com a compaixão, o voltar-se novamente sobre o próprio indivíduo desta última, que possui na qualidade de sintoma o fenômeno do chorar, retomo o fio condutor de nossa interpretação do significado ético do agir, a fim de mostrar doravante como a partir da mesma fonte da qual brota toda a bondade, o amor, a virtude e a generosidade, também tem origem, em última instância, aquilo que eu denomino negação da vontade de viver.

---

33. SCHOPENHAUER, A. *O mundo como vontade e representação, tomo I*. Trad. L.G. Grzybowski. Petrópolis: Vozes. No prelo.

Da mesma forma como nós vimos anteriormente o ódio e a malícia estando condicionados pelo egoísmo, e este fundamentar-se no fato de o conhecimento estar atrelado ao *principium individuationis*; então, da mesma forma, nós encontramos na condição de origem e essência da justiça e, em seguida, quando esta vai além, na condição de origem do amor e da generosidade, até os graus mais elevados, a compreensão plena daquele *principium individuationis*, a qual unicamente, na medida em que ela abole a distinção entre o próprio indivíduo e o indivíduo alheio, torna possível e esclarece a perfeita bondade de disposição, até o ponto do amor mais desinteressado e do mais generoso sacrifício de si mesmo pelos outros.

Todavia, estando dada essa plena compreensão do *principium individuationis*, esse conhecimento imediato da identidade da vontade em todos os seus fenômenos, no elevado grau da clareza, então ele irá imediatamente apresentar uma influência ainda mais abrangente sobre a vontade. Quando, nomeadamente, aquele véu de Maya, o *principium individuationis*, é dissipado diante dos olhos de ser humano de tal maneira que ele já não faz mais a distinção egoísta entre sua própria pessoa e as pessoas alheias, mas, contrariamente, toma tanta parte nos sofrimentos dos outros indivíduos quanto em seu próprio – e, por intermédio disso, não é útil unicamente no mais elevado grau, mas se encontra até mesmo disposto a sacrificar seu próprio indivíduo –, tão logo, por meio desse sacrifício, diversos estranhos puderem ser salvos, então, segue-se automaticamente que um tal ser humano, que reconhece a si mesmo, seu eu mais íntimo e verdadeiro em todos os seres, deve igualmente considerar os sofrimentos infinitos de todas as coisas providas de vida como sendo os seus e, desse modo, apropriar-se da dor do mundo inteiro. A ele não há nenhum sofrimento que lhe seja estranho. Todos os tormentos dos outros que ele observa e tão raramente consegue aliviar, todos os tormentos dos quais ele possui conhecimento mediato, com efeito, que ele reconhece como apenas possíveis, causam efeito sobre seu espírito como os seus próprios tormentos. Já não se trata mais dos alternantes bem-estar e tristeza de sua pessoa que ele tem em mente, como é o caso dos seres humanos que ainda estão acorrentadas ao egoísmo; antes, visto que ele compreende plenamente o *principium individuationis*, tudo lhe é imediatamente evidente. Ele reconhece o todo, compreende a essência desse mesmo todo e o percebe envolto em constante decadência, em esforço fútil, em conflito interno e sofrimento constante. Ele vê, não importa em que direção ele olhe, a humanidade sofredora, a animalidade sofredora e um mundo esvanecendo. Esse todo, porém, se encontra tão evidente para ele nesse momento quanto para o egoísta se encontra somente a sua própria pessoa. Como poderia ele, pois, diante de tal conhecimento do mundo, afirmar precisamente esta vida por intermédio de constantes atos de vontade e precisamente por meio disso se conectar cada vez mais firmemente a ela, pressioná-la cada vez mais firmemente junto a seu próprio peito? Portanto, se aquele que ainda está acorrentado ao *principium individuationis*, ao egoísmo, reconhece somente as coisas singulares e a relação destas com sua pessoa, e estas, desse modo, se tornam *motivos* constantemente renovados de seu querer; então, por outro lado, aquele conhecimento descrito do todo, da essência das coisas em si, torna-se o *quietivo* de todo e qualquer querer. A vontade se afasta daí em diante da vida: nesse ponto, a vontade estremece diante dos prazeres da vida, nos quais ela reconhece a afirmação dessa mesma vida. O ser humano alcança o estado da renúncia voluntária, da resignação, da verdadeira serenidade e da total carência de qualquer vontade. – Quando de nós outros, que ainda estamos envoltos no véu de Maya e, às vezes, também no evento de um sofrimento próprio pesadamente experimentado, ou em sofrimento alheio vividamente reconhecido, aproxima-se o conhecimento da nulidade e da amargura da vida. Assim, nós, por intermédio da renúncia completa e eternamente decidida, removemos aos desejos o seu ferrão, bloqueamos a entrada para todo sofrimento, desejamos nos purificar e nos santificar; então, a ilusão do fenômeno logo nos envolve novamente e seus motivos colocam a vontade novamente em movimento: nós não somos capazes de nos desvencilhar. As tentações da esperança, a bajulação do presente, a doçura dos prazeres, o bem-estar que é concedido à nossa pessoa em meio à miséria de um mundo em sofrimento, disposto sob o governo do acaso e do equívoco, nos atraem novamente ao mundo e reforçam mais uma vez as amarras. Em função disso, afirma Jesus: "É mais fácil um camelo passar pelo furo de uma agulha do que um rico entrar no reino de Deus"[34].

Se nós compararmos a vida de uma órbita circular composta por carvões em brasa com alguns pontos frios, cuja órbita teríamos de percorrer incessantemente; então tais pontos frios em que se encontra momentaneamente, ou que divisa diante de si, confortam o homem aprisionado no delírio e ele continua a caminhar ao longo da trilha. Aquele, no entanto, que, compreendendo completamente o *principium individuationis*, reconhece a essência das coisas em si mesmas e, por intermédio disso, o todo já não é mais receptivo a tal consolo: ele se percebe em todos os lugares ao mesmo tempo e abandona a trilha. – Sua vontade se volta, não afirma mais sua própria essência, a qual se encontra refletindo-se no fenômeno, mas a nega. O fenômeno pelo qual isso se manifesta é a transição da virtude em direção ao *ascetismo*. Nomeadamente, já não lhe basta amar os outros como a si mesmo e realizar por eles tanto quanto por si mesmo; ao contrário, surge nele um desgosto pela essência, cuja expressão é seu próprio fenômeno, pela vontade de viver, pelo cerne e pela essência daquele mundo reconhecido como miserável. Ele nega, consequentemente, precisamente essa essência que aparece como fenômeno nele e já se expressa por meio de seu corpo, e suas ações agora evidenciam a mentira de seu fenômeno e entram em aberta contradição com esse mesmo fenômeno. Essencialmente nada mais do que fenômeno da vontade, ele deixa de querer qualquer coisa, cuida de não apegar sua vontade a qualquer coisa, procura estabelecer em si a maior indiferença para com todas as coisas. – Seu corpo, saudável e forte, expressa o impulso sexual por intermédio dos órgãos genitais; mas ele nega a vontade e evidencia a mentira do corpo: ele não quer nenhuma

---

34. Em alemão, Schopenhauer atualiza a parábola bíblica indicando ser mais fácil passar o cabo de uma âncora em um buraco de agulha que um rico entrar no reino dos céus. Na tradução, optou-se pela manutenção da parábola da Bíblia tal como é mais amplamente conhecida [N.T.].

satisfação sexual, sob qualquer condição. A castidade voluntária e perfeita é o primeiro passo no âmbito do ascetismo ou da negação da vontade de viver. O ascetismo nega, por meio disso, a afirmação da vontade que se estende para além da vida individual e oferece a indicação de que, com a vida deste corpo, igualmente a vontade, cuja manifestação ele constitui, é abolida. A natureza, sempre verdadeira e ingênua, nos afirma que, se essa máxima se generalizasse, o gênero humano extinguir-se-ia: e depois daquilo que é afirmado no segundo livro acerca da interconexão de todos os fenômenos da vontade, eu considero poder supor que, juntamente ao fenômeno da vontade mais elevado, também o reflexo mais fraco do mesmo fenômeno, a animalidade, desapareceria; da mesma maneira que a penumbra desaparece em face da plena luz. Com a abolição completa do conhecimento, o resto do mundo também desapareceria em direção ao nada; dado que sem sujeito não há objeto. Eu gostaria inclusive de me referir a uma passagem dos Vedas nesse sentido, que afirma que: "Da mesma maneira como neste mundo as crianças famintas se aglomeram em torno de suas mães, da mesma maneira todos os seres aguardam pelo sacrifício sagrado" (Colebrooke, v. 1, 1873, p. 88). Sacrifício significa resignação em geral, e o restante da natureza necessita esperar sua redenção por parte do ser humano, o qual constitui sacerdote e vítima ao mesmo tempo. Com efeito, é digno de ser apresentado como o mais notável, esse pensamento também foi expresso pelo admirável e incomensuravelmente profundo Angelus Silesius, no pequeno versículo intitulado "O ser humano traz todas as coisas a Deus"[35]; trata-se do seguinte: "*Mensch! Alles liebet dich; um dich ist sehr Gedrange:Es läuft dir Alles zu, dass es zu Gott gelange*"[36].

Contudo, um místico ainda mais excepcional, Mestre Eckhard, cujos maravilhosos escritos finalmente se tornaram acessíveis por intermédio da edição de Franz Pfeiffer, afirma a mesma coisa (p. 459), totalmente no sentido aqui discutido:

---

35. *Der Mensch bringt Alles zu Gott.*
36. "Ser humano! Todas as coisas te amam, em teu entorno há grande aglomeração; tudo concorre a teu favor, a fim de que alcances a Deus" (*Der Cherubinische Wandersmann*, I, 275) [N.T.].

> Eu certifico isso com Cristo, pois ele afirma: quando eu for elevado da terra, atrairei todas as coisas em minha direção. Desse modo, o ser humano bom deve elevar todas as coisas ao alto a Deus, para a sua origem primeira. Os mestres comprovam isso para nós, que todas as criaturas foram feitas em função da vontade do ser humano. Isso é comprovado em todas as criaturas, que uma criatura beneficia a outra: ao boi a grama, ao peixe a água, ao pássaro o ar, ao animal a floresta. Dessa forma, todas as criaturas beneficiam o ser humano bom: as criaturas conjuntamente, uma a uma, um ser humano bom leva a Deus (Jo 12,32).

Ele quer dizer: pelo fato de que o ser humano, em si mesmo e consigo mesmo, também redime aos animais, por isso ele faz uso deles nesta vida. – Até mesmo a difícil passagem da Bíblia de Romanos (8,21-24) me parece que deva ser interpretada nesse sentido.

Além disso, o ascetismo se manifesta em seguida na pobreza voluntária e intencional, a qual não surge somente *per accidens*, na medida em que a propriedade é doada a fim de aliviar o sofrimento alheio, mas, nesse caso, constitui já um fim em si mesma, deve operar como uma constante mortificação da vontade, a fim de que a satisfação dos desejos, a doçura da vida, não venha a excitar novamente a vontade, contra a qual o autoconhecimento determinou aversão. Aquele que alcançou esse ponto percebe, ainda, na qualidade de corpo vivo, como fenômeno concreto da vontade, a disposição para o querer de qualquer tipo: mas ele reprime tal disposição deliberadamente, visto que impõe a si mesmo não realizar nenhuma coisa de todas aquelas que ele certamente desejaria e contrariamente realizar todas as coisas que ele não desejaria, mesmo que isso não tenha qualquer outra finalidade senão precisamente esta, para servir à mortificação da vontade. [...]

6
Compaixão

Toda ação humana é motivada por uma destas três molas propulsoras: egoísmo, maldade ou compaixão. Em geral, nossas ações são motivadas pelo egoísmo no sentido estrito, quando o interesse do agente é seu próprio bem-estar. O egoísmo, no fundo, é essencial a todos nós, em virtude do princípio de individuação, que pluraliza em aparências a vontade una; e daí decorre a luta de todos contra todos. No caso da maldade, o agente não obtém nenhum proveito próprio com sua ação, seu objetivo é simplesmente prejudicar o outro. Ele pode chegar até mesmo à crueldade extrema, com o deleite do sofrimento alheio. Ambas são motivações antimorais, pois o critério para uma ação ser classificada como moral é a ausência de toda motivação egoísta, ou seja, é o desinteresse do próprio bem-estar. Schopenhauer diz que, na maldade, o indivíduo também age desinteressadamente, na medida em que o fim último de sua ação não é o seu próprio bem-estar. Contudo, ela está longe de ser considerada uma ação moral, tendo em vista que Schopenhauer atribui autêntico valor moral apenas às ações cuja fonte resulta em justiça voluntária, caridade e generosidade; e as ações maldosas, pelo contrário, visam o sofrimento alheio.

A compaixão, de acordo com a doutrina schopenhaueriana, é a única ação que possui o selo de valor moral, porque ela não quer o bem-estar do próprio agente, e sim de um outro. Ela é, pois, o autêntico fundamento da moral. Como esse tipo de ação contraria o egoísmo natural humano, ela é digna de espanto, e, por isso, o autor afirma que esse processo é certamente o grande mistério da ética. Assim como a negação da vontade, a compaixão também é um acontecimento extraordinário, um *Phaenomen* (fenômeno), que não resulta de uma deliberação do indivíduo, mas surge de repente, sem que consigamos explicar suas causas. Diante disso, Schopenhauer diz: "apenas a especulação metafísica pode arriscar um passo" (E, III, § 16). Aqui novamente entra em cena o conhecimento intuitivo semelhante à graça. Nesse caso, porém, ao contrário do asceta que suprime suas ações, o indivíduo age, produzindo ações morais, também chamadas de obras de amor, posto que, para o autor, "todo amor é compaixão" (W I, § 66). Embora nos cause perplexidade, Schopenhauer diz que a compaixão é um fenômeno diário e até os mais duros de coração, os mais egoístas, podem vivenciá-la. É o que vemos, por exemplo, quando uma pessoa, sem se dar conta, põe sua própria vida em risco para ajudar o outro.

A compaixão é uma participação imediata no sofrimento do outro, impedindo ou suprimindo o sofrimento alheio. Dela podem surgir a justiça e a caridade genuínas, que, na visão do autor, constituem diferentes graus de compaixão. O primeiro grau de compaixão consiste basicamente na inibição das potências antimorais que habitam em mim, impedindo que o meu egoísmo ou a minha maldade continuem a causar sofrimento aos outros. Desse primeiro grau surge a máxima *"neminem laede"* [não ofenda ninguém], identificada pelo filósofo como o princípio da justiça. No entanto, por causas inacessíveis ao entendimento, esse processo de compaixão pode se elevar a um grau mais alto. O segundo grau de compaixão é caracterizado por uma ação positiva, já que o sofrimento alheio é transformado no meu próprio e, assim, sou levado a agir tendo em vista o bem-estar alheio. Daí surge a caridade, caracterizada pela máxima: *"omnes, quantum potes, iuva"* [ajude, quando possível, a todos].

A condição para que o indivíduo saia de seu egoísmo e aja compassivamente é a visão que transpassa o *principium individuationis*, algo que, como vimos, semelhante ao que ocorre na negação da vontade, independe da decisão do próprio sujeito cognoscente. Só assim aquela diferença fundamental entre mim e *o outro*, na qual se fundamenta todo o meu egoísmo, é, enfim, suprimida. Como a ética schopenhaueriana da compaixão abrange também os animais, *o outro*, nesse caso, pode ser tanto uma pessoa quanto um animal. Sabemos, porém, que, devido à tese schopenhaueriana da imutabilidade do caráter do indivíduo, a verdadeira virtude não deve ser resultante de pregação, ela é inata. Ou seja, tratados ou manuais de ética não criam caracteres compassivos.

Sobre o fundamento da moral, § 16[37]

§ 16

Estabelecimento e prova do único móbil moral genuíno

Depois desses preparativos absolutamente necessários, chego à prova do verdadeiro móbil subjacente a todas as ações de genuíno valor moral; como tal, se apresentará um que, pela sua gravidade e indubitável realidade, dista bastante de todas as sutilezas, astúcias, sofismas, afirmações tomadas do vento e bolhas de sabão aprioristicas que os sistemas anteriores quiseram fazer de fonte do agir moral e de base da ética. Não quero *propor* esse móbil moral como uma suposição arbitrária, mas realmente prová-lo como o único possível. No entanto, essa prova requer a combinação de muitos pensamentos, de modo que anteponho algumas premissas, que são os pressupostos da argumentação e certamente podem ser consideradas *axiomas*, exceto as duas últimas, que se referem às discussões apresentadas acima.

1) Nenhuma ação pode ocorrer sem motivo suficiente, assim como uma pedra não pode se mover sem choque ou tração suficiente.

2) Tampouco pode deixar de ocorrer uma ação para a qual há motivo suficiente para o caráter do agente, a menos que um contramotivo mais forte torne necessária sua omissão.

3) O que move a vontade são unicamente o bem-estar e a dor em geral e tomados no sentido mais amplo da palavra; assim como, inversamente, bem-estar e dor significam "de acordo com a vontade, ou contra ela". Assim, todo motivo deve ter uma relação com o bem-estar e com a dor.

4) Consequentemente, toda ação se refere, como seu fim último, a um ser suscetível de bem-estar e dor.

5) Esse ser é ou o próprio agente, ou outro que participa então *passivamente* na ação, na medida em que ela ocorre em seu detrimento ou para seu benefício e vantagem.

---

37. SCHOPENHAUER, A. *Tratado sobre o fundamento da moral*. Trad. M. Camargo Mota. Petrópolis: Vozes, 2023, p. 149-159.

6) Toda ação que tem como fim último o bem-estar e dor do agente mesmo é *egoísta*.

7) Tudo o que foi dito aqui sobre ações também se aplica à omissão de tais ações, em presença de motivo e contramotivo.

8) Como resultado da discussão feita no parágrafo anterior, *o egoísmo e o valor moral* de uma ação excluem totalmente um ao outro. Se uma ação tem um fim egoísta como motivo, então não pode ter valor moral: para uma ação ter valor moral, nenhum fim egoísta, imediato ou mediato, próximo ou distante, pode ser seu motivo.

9) Como resultado da eliminação realizada no § 5 dos supostos deveres para conosco, a significação moral de uma ação só pode residir em sua relação com os outros: somente em relação a eles, ela pode ter valor moral ou condição repreensível e ser, portanto, uma ação de justiça ou de amor ao próximo, como também o contrário de ambas.

A partir dessas premissas, fica evidente o seguinte: o *bem-estar e a dor*, que (de acordo com a premissa 3) deve ser o objetivo final de toda ação ou omissão, é do próprio agente ou de algum outro participante passivo da ação. No *primeiro caso*, a ação é necessariamente egoísta, porque se baseia num motivo interessado. Esse não é apenas o caso de ações que empreendemos manifestamente para benefício e vantagem próprios, como são a maioria delas; mas ocorre também quando esperamos algum resultado distante de uma ação, seja neste ou em outro mundo; ou quando temos em vista nossa honra, nossa reputação perante as pessoas, a estima de alguém, a simpatia dos observadores etc.; e, igualmente, se por essa ação pretendemos manter uma máxima de cuja observância geral esperamos *eventualiter* uma vantagem para *nós mesmos*, como a da justiça, a do socorro mútuo geral etc. O mesmo caso se aplica quando julgamos oportuno cumprir algum mandamento absoluto, que emana de um poder desconhecido, mas obviamente superior, porque nada mais pode nos mover a isso senão o *medo* das consequências prejudiciais da desobediência, mesmo que sejam pensadas apenas em termos gerais e vagos. Da mesma forma, quando alguém pretender, por qualquer ação ou omissão, afirmar sua alta opinião de si mesmo, de seu valor ou dignidade, opinião percebida clara ou vagamente e da qual ele, se não fosse por isso, teria de abrir mão, vendo, por consequência, seu orgulho ferido; finalmente, se alguém, agindo assim, quiser trabalhar em sua própria perfeição de acordo com os princípios de Wolf. Em suma, não importa o que se ponha como motivação última de uma ação, sempre resultará que, por algum rodeio, o verdadeiro móbil é, em última análise, *o próprio bem-estar e dor do agente*, e que a ação é, consequentemente, egoísta e, portanto, *sem valor moral*. Há apenas um caso em que isso não ocorre: a saber, quando a motivação última de uma ação ou de uma omissão reside direta e exclusivamente no bem-estar e dor de algum *outro* participante passivo; ou seja, quando a parte ativa, em sua ação ou omissão, tem em vista o bem-estar ou dor do outro e não almeja outra coisa senão que o outro permaneça ileso, ou até mesmo receba ajuda, assistência e alívio. *Apenas esse fim* imprime numa ação ou omissão o selo do *valor moral*, que se baseia, portanto, exclusivamente no fato de que a ação é feita ou omitida em benefício e vantagem de *outrem*. Se não é esse o caso, então o bem-estar e dor que nos impulsiona a toda ação ou nos repelem dela só pode ser do próprio agente: mas então a ação ou omissão são sempre *egoístas* e, portanto, *sem valor moral*.

Mas se minha ação deve acontecer apenas *por causa do outro*, então *seu bem-estar e dor* devem ser *imediatamente meu motivo*, assim como todos os outros motivos são o *meu* bem-estar e dor. Isso traslada nosso problema para uma expressão mais estrita, a saber: como é possível que o bem-estar e dor de outra pessoa mova minha vontade imediatamente, isto é, tal como em outros casos apenas o meu bem-estar e dor move a minha; em outras palavras, como é possível que ele se torne meu motivo diretamente, e isso em tal grau que eu mais ou menos lhe dê preferência sobre meu próprio bem-estar e dor, que é a fonte única de meus motivos nos demais casos? Obviamente, apenas se essa outra pessoa se torna o *fim último* de minha vontade, assim como eu mesmo o sou nos demais casos: ou seja, pelo fato de que eu quero imediatamente *seu* bem-estar e não quero *sua* dor, e isso tão imediatamente como nos outros casos eu o faço apenas em relação ao *meu* bem-estar e dor. Mas isso necessariamente pressupõe que eu realmente compadeça de sua dor como tal, que sinta sua dor, tal como normalmente só sinto a minha, e que, portanto, eu queira imediatamente seu bem-estar, tal como só quero o meu nos demais casos. No entanto, isso requer que eu *me identifique* com ele de alguma forma, que essa completa diferença entre mim e qualquer outra pessoa, na qual meu egoísmo se baseia, seja suprimida pelo menos em certo grau.

Todavia, como não estou *na pele* do outro, é apenas pelo conhecimento que dele tenho, isto é, por sua representação em minha cabeça, que posso me identificar com ele a tal ponto que meu ato anuncie essa diferença como abolida. O processo aqui analisado, porém, não é algo sonhado ou colhido no ar, mas totalmente real, de modo nenhum raro: é o fenômeno cotidiano da *compaixão*, isto é, da *participação* – totalmente imediata e independente de todas as outras considerações – inicialmente no sofrimento do outro e, por meio disso, na prevenção ou cessação desse sofrimento, em que consistem por fim toda satisfação e todo bem-estar e felicidade. Somente essa compaixão é a base real de toda justiça *livre* e do genuíno amor ao próximo. Uma ação tem valor moral somente na medida em que surgiu dela: e qualquer ação que surja de qualquer outro motivo não tem nenhum. Assim que essa compaixão se movimenta, o bem-estar e a dor do outro falam imediatamente ao meu coração, totalmente da mesma maneira, embora nem sempre no mesmo grau, como apenas o meu bem-estar e dor nos demais casos: portanto, agora a diferença entre ele e mim não é mais absoluta.

Esse processo é certamente digno de espanto e até mesmo misterioso. É, na verdade, o grande mistério da ética, seu fenômeno originário, a baliza além da qual apenas a especulação metafísica pode arriscar um passo. Nesse processo, vemos suprimida a parede divisória que, segundo a luz da natureza (como os antigos teólogos chamam a razão) separa completamente um ser de outro ser, e vemos o não eu convertido, em certa medida, em eu. Mas, por ora, deixemos intocada a interpretação metafísica do fenômeno e vejamos primeiro se todas as ações de justiça espontânea e de genuíno amor ao próximo realmente decorrem desse processo. Então, nosso problema estará resolvido, pois teremos demonstrado o fundamento último da moralidade na própria natureza humana, fundamento esse que não pode ser ele próprio um problema de *ética*, mas, como tudo o que existe *como tal*, da metafísica. A interpretação metafísica do fenômeno ético originário já ultrapassa a questão formulada pela Sociedade Real, que visa ao fundamento da ética, e só pode ser acrescentada como um suplemento a ser dado e tomado opcionalmente. – Mas antes de prosseguir para derivar as virtudes cardeais do móbil fundamental estabelecido, ainda tenho duas observações importantes a fazer.

1) Para facilitar a compreensão, simplifiquei a precedente derivação da compaixão como a única fonte de ações de valor moral, ao propositalmente deixar de considerar a mola propulsora da maldade, que, desinteressada tal como a compaixão é, faz da *dor* alheia seu fim último. Mas agora, ao incluí-la, podemos resumir de forma mais completa e mais rigorosa a prova dada acima:

Existem apenas *três móbiles fundamentais* das ações humanas: e é somente pela excitação destes que atuam todos os motivos possíveis. São eles:

a) egoísmo, que quer o bem-estar próprio (é ilimitado);

b) maldade, que quer a dor alheia (chega à mais extrema crueldade);

c) compaixão, que quer o bem-estar dos outros (vai até a generosidade e a magnanimidade).

Toda ação humana deve ser reconduzida a um desses móbiles, embora dois deles possam atuar juntos. Como assumimos que ações de valor moral são faticamente dadas, então elas também devem provir de um desses móbiles fundamentais. Mas, pela premissa 8, eles não podem brotar do *primeiro* móbil, muito menos do *segundo*, já que todas as ações resultantes deles são moralmente condenáveis, enquanto o primeiro produz em parte ações moralmente indiferentes. Portanto, elas devem proceder do *terceiro* móbil: e isso receberá sua confirmação *a posteriori* no que se segue.

2) A simpatia direta pelo outro limita-se ao seu *sofrimento* e não é excitada, pelo menos não diretamente, também pelo seu bem-estar: este, em si e por si, nos deixa indiferentes. Isso é o que também diz J. J. Rousseau em *Emile* (livro IV): "*Première maxime: il n'est pas dans la coeur humain, de se mettre à la place des gens, qui sont plus heureux que nous, mais seulement de ceux, qui sont plus à plaindre etc*" [Primeira máxima: não é próprio do coração humano pôr-se no lugar de pessoas que são mais felizes que nós, mas somente daqueles que são mais dignos de pena etc.].

A razão disso é que a dor, o sofrimento – a que pertencem toda falta, privação, necessidade e até mesmo todo desejo – é *o positivo, o imediatamente sentido*. Por outro lado, a natureza da satisfação, do gozo, da felicidade consiste apenas no fato de que uma privação é suprimida, uma dor é aplacada. Portanto, estes atuam *negativamente*. A necessidade e o desejo são, pois, as condições de todo gozo. Platão já reconheceu isso e excluiu apenas as fragrâncias e as alegrias espirituais (*De Rep.*, IX, p. 264ss. Bp.). Voltaire também diz: "*Il n'est de vrais plaisirs, qu'avec de vrais besoins*" [Não há verdadeiros prazeres sem verdadeiras necessidades]. Assim, o positivo, o que se manifesta por si mesmo, é a dor: a satisfação e os prazeres são o negativo, a mera supressão da primeira. É nisso que se baseia, antes de tudo, o fato de que só o sofrimento, a falta, o perigo e o desamparo do outro suscitam diretamente e como tais nossa simpatia. A pessoa feliz e contente, como *tal*, nos deixa indiferentes; isso porque, na realidade, sua condição é negativa: a ausência de dor, desejo e necessidade. É verdade que podemos nos alegrar com a felicidade, o bem-estar e o prazer dos outros: mas isso é secundário e mediado pelo fato de que seu sofrimento e privação nos entristeceram anteriormente; ou nós também nos simpatizamos com a pessoa feliz e alegre, não *como tal*, mas na medida em que ela é nosso filho, pai, amigo, parente, serviçal, súdito e assim por diante. Mas a pessoa que tem felicidade e prazer não excita *puramente como tal* nossa simpatia imediata como a excita *puramente como tal* aquela pessoa que é sofredora, carente e infeliz. Mas até mesmo *para nós próprios*, somente nosso sofrimento – o qual inclui também toda falta, necessidade, desejo e até mesmo o tédio – estimula nossa atividade; enquanto um estado de contentamento e felicidade nos deixa inativos e em indolente tranquilidade: como isso não deveria ser precisamente assim em relação aos outros? Pois nossa simpatia se baseia numa identificação com eles. A visão da pessoa feliz e que tem prazer pode, *puramente como tal*, despertar com muita facilidade nossa inveja, que acima já encontrou seu lugar entre as potências antimorais e para a qual há disposição em todo ser humano.

Como resultado da precedente descrição da compaixão como um motivar-se imediatamente pelo sofrimento dos outros, devo também repreender o erro, depois repetido várias vezes, de Cassina (*Saggio analitico sulla compaixão*, 1788; versão alemã de Pockels, 1790), que pensa que a compaixão nasce por uma momentânea ilusão da fantasia, ao nos colocarmos no lugar do sofredor e crer, na imaginação, que sofremos *sua* dor em *nossa* pessoa. Não é assim de modo algum; ao contrário, permanece claro e presente para nós a cada momento que ele é o sofredor, não *nós*: e é precisamente em sua pessoa, não na nossa, que sentimos o sofrimento, e isso nos aflige. Sofremos *com* ele, portanto *nele*: sentimos a sua dor como sua e não imaginamos que seja nossa: sim, quanto mais feliz é a nossa própria condição e mais nossa consciência dela contrasta com a situação do outro, tanto mais receptivos somos para a compaixão. A explicação da possibilidade desse fenômeno tão importante, no entanto, não é tão fácil, nem alcançável por uma via puramente psicológica, como Cassina tentou. Só pode ser explicado pela metafísica, como tentarei fazer na última seção.

Mas agora prossigo para a derivação das ações de genuíno valor moral de sua fonte comprovada. No parágrafo anterior, já apresentei como máxima geral de tais ações e, consequentemente, como princípio supremo da ética, a regra: "Neminem laede; imo omnes, quantum potes, juva" [Não prejudiques ninguém; antes, ajuda a todos tanto quanto podes]. Como essa máxima contém duas proposições, as ações que correspondem a ela dividem-se, por si mesmas, em duas classes.

O mundo como vontade e representação, tomo I, § 67[38]

Doravante, em relação ao paradoxo mencionado anteriormente, é preciso que eu recorde que nós descobrimos primeiramente o sofrimento na qualidade de essencial à vida em sua totalidade e inseparável dela, e que nós compreendemos como todo desejo possui a sua origem a partir de uma necessidade, de uma carência, de um sofrimento. Consequentemente, toda satisfação consiste apenas em uma dor que é extirpada, não sendo de forma alguma uma felicidade positiva introduzida, que os prazeres, ainda que enganem o desejo, se apresentando como se fossem um bem positivo, consistem, em verdade, no entanto, somente em uma natureza negativa e são somente o término de um mal. Por conseguinte, aquilo que a bondade, o amor e a generosidade realizam pelos outros constitui sempre unicamente o alívio de seus sofrimentos e, portanto, aquilo que pode motivar boas ações e obras do amor é sempre apenas o *reconhecimento do sofrimento do outro*, compreensível imediatamente a partir do próprio sofrimento e igualado a este. No entanto, a partir disso decorre que o amor puro (αγαπη, *caritas*) constitui, de acordo com a sua própria natureza, compaixão; o sofrimento que ele alivia pode tanto ser um grande como um pequeno sofrimento, ao qual pertence cada desejo insatisfeito. Dessa maneira, nós não faremos nenhuma objeção (em oposição direta a Kant, que deseja reconhecer todo bem verdadeiro e toda virtude unicamente como tais, quando eles possuem a sua origem a partir da reflexão abstrata, nomeadamente, do conceito do dever e do imperativo categórico, e que declara que a compaixão sentida é fraqueza e de modo algum uma virtude) em afirmar, em contradição direta com Kant: o mero conceito é tão estéril para a virtude genuína quanto para a arte genuína: todo amor verdadeiro e puro é compaixão, e todo amor que não é compaixão constitui egoísmo. O egoísmo consiste no ερως; compaixão consiste no αγαπη. A combinação de ambos se observa com frequência. Até mesmo a verdadeira amizade constitui sempre uma

---

38. SCHOPENHAUER, A. *O mundo como vontade e representação, tomo I.* Trad. L.G. Grzybowski. Petrópolis: Vozes. No prelo.

combinação de egoísmo e compaixão: o primeiro consiste no sentimento de prazer diante da presença do amigo, cuja individualidade corresponde à nossa, e este quase sempre constitui a maior parte; a compaixão é demonstrada na sincera participação em seu bem-estar, assim como em sua aflição, e por meio dos sacrifícios altruístas que não são oferecidos em função destes. Até mesmo Espinosa afirma: "*Benevolentia nihil aliud est, quam cupiditas ex commiseratione orta*"[39] (Ética III, Propos. 27, Cor. 3, Scholium). Como confirmação de nossa proposição paradoxal, pode-se observar que o tom e as palavras do discurso e as carícias do amor puro coincidem inteiramente com o tom da compaixão: de passagem, igualmente, que em italiano compaixão e amor puro são denotados pela mesma palavra *pietà*.

---

39. "A benevolência não é nada mais que o desejo nascido a partir da compaixão" [N.T.].

7
O pior dos mundos possíveis

A existência humana, segundo Schopenhauer, porta o caráter de uma dívida, o que pode ser comprovado mediante uma simples reflexão sobre o nosso próprio decurso de vida. A simples busca pela satisfação de nossas necessidades básicas já revela o cerne da essência humana: pura carência. Por isso, a felicidade, no fundo, nada mais é do que o fim provisório de uma necessidade. Como a maior parte dos nossos fins não são satisfeitos, sentimos frustração, angústia, sentimento de injustiça, numa palavra: sofrimento. E essa é a história de vida de todo indivíduo. Por isso, para o filósofo, se fizéssemos um balanço entre os momentos de alegria e de sofrimento, veríamos que o sofrimento prevalece. Em verdade, na visão schopenhaueriana, a própria existência do mau no mundo[40] decide a questão, se é preferível existir a não ter nascido.

O mito do pecado original revela uma verdade metafísica aos olhos do autor de *O mundo...* De acordo com o filósofo, o poeta Calderon de la Barca exprime tal verdade do seguinte modo: *"Pues el delito mayor/ Del hombre es haber nacido"* [Pois o maior delito do ser humano é ter nascido] (W I, § 51 e 63). Mas, afinal, quando essa dívida foi contraída? Schopenhauer responde: na procriação. Com a morte, quita-se a dívida. Aliás, a morte, que todos temos em perspectiva, conscientiza-nos da *vanitas* [do latim: vazio ou vaidade] de todos os objetos da vontade. A certeza da morte nos traz, com efeito, angustiantes reflexões, sobretudo porque ela mexe com a nossa vaidade, visto que aponta para o fato de que tudo o que perseguimos durante toda a nossa vida foi em vão. Nós partiremos, mas os objetos da vontade, conquistados com tanto esforço, e muitos deles conquistados com árduo

---

40. Para *böse*, uso "mau", em termos morais.

suor e intenso sofrimento, ficarão. Tais objetos conquistados, diz Schopenhauer, dos quais os seres humanos tanto se orgulham, são, no fundo, vazios, aparências, *Nichtigkeit* [nulidade]. O autor usa, então, o termo latino *vanitas*, que significa originariamente vazio e nulidade, mas pode significar também vaidade, para aludir à famosa frase de abertura do Eclesisastes: "Vaidade das vaidades [...] vaidade das vaidades, tudo é vaidade" (Ecl 1,1-2).

Este mundo é um problema não só em termos práticos, mas também em termos teóricos, pois sua existência é um problema insolúvel. De outro modo, não podemos encontrar neste próprio mundo a sua explicação, ou o que é a vontade de vida, o princípio de nossa existência. Toda pessoa, em algum momento de sua vida, já se questionou e se angustiou sobre a falta de justificação acerca de sua própria existência; e, segundo o autor, quanto menos sentimos a nossa existência, mais felizes somos (W II, cap. 46). Aqui ecoa a frase de Eclesiastes: "muita sabedoria, muito desgosto; quanto mais conhecimento, mais sofrimento" (Ecl 1,18).

Mas este mundo não é apenas péssimo em virtude das razões apontadas acima, e sim o pior dos mundos possíveis. Tudo de péssimo que podemos imaginar como possível existe neste mundo. Para aquele que considera que coisas muito piores ainda poderiam existir aqui, Schopenhauer responde que, nesse caso, o mundo não seria mais possível de existir. Este mundo é, portanto, o pior de todos os possíveis, na medida exata de sua subsistência. Nesse ponto, Schopenhauer, certamente, pretende atacar aquele que ele considera o fundador do otimismo sistemático, Leibniz, pois se contrapõe à sua tese de que este mundo é o melhor dos mundos possíveis. Schopenhauer debocha do otimismo de Leibniz e afirma que a própria experiência prova precisamente o contrário da tese leibniziana.

O mundo como vontade e representação, tomo II, cap. 46[41]

Mas se agora fosse até mesmo acrescentado que o ser humano deveria em algum momento prestar contas de cada hora de sua vida; então ele estaria antes de tudo no direito de demandar uma prestação de contas pelo fato de que, partido para longe daquela calma, ele foi colocado em uma situação tão desgraçada, sombria, assustadora e embaraçosa. – Até aquele ponto, consequentemente, levam as perspectivas fundamentais equivocadas, pois a existência humana, muito longe de apresentar o caráter de um *presente*, possui absolutamente e inteiramente o caráter de uma *dívida* contraída. A cobrança dessa mesma dívida aparece na forma das necessidades que se impõem, desejos atormentadores e misérias sem fim apresentadas por aquela existência. No intuito do emolumento dessa dívida é empregada, via de regra, toda a vida: não obstante, com isso, são amortizadas unicamente os juros da dívida. O pagamento do capital devido ocorre por intermédio da morte. – E quando foi contraída essa dívida? – Em meio à concepção.

Se considerarmos, em conformidade com isso, o ser humano como um ser cuja existência é um castigo e uma penitência; – então se vislumbra esse ser humano sob uma luz já mais adequada. O mito da queda do homem (embora provavelmente, como todo o judaísmo, tenha sido apropriado do *Zend-Avesta: Bun-Dehesch*, 15) é a única coisa no Antigo Testamento à qual posso admitir uma verdade metafísica, mesmo que apenas alegórica; com efeito, trata-se desse mito somente, que me reconcilia com o Antigo Testamento. Nenhuma outra coisa qualquer se parece, nomeadamente, tanto com a nossa existência como o resultado de um passo em falso e de um desejo punível. O cristianismo neotestamentário, cujo espírito ético é aquele do bramanismo e do budismo, e em decorrência disso muito entranho ao espírito de resto otimista do Antigo Testamento, também se associou muito sabiamente àquele mito: com efeito, sem esse mito não teria encontrado nem mesmo um ponto de sustentação qualquer no judaísmo. – Se quiser-

---

41. SCHOPENHAUER, A. *O mundo como vontade e representação, tomo II*. Trad. L.G. Grzybowski. Petrópolis: Vozes. No prelo.

mos dimensionar o grau de culpa com o qual a nossa existência propriamente dita está associada, deve-se olhar para o sofrimento que está associado com essa mesma existência. Toda grande dor, independentemente se física ou espiritual, afirma aquilo que nós merecemos: pois ela não poderia chegar até nós se nós não a merecêssemos. Que igualmente o cristianismo considere a nossa existência sob essa luz comprova uma passagem do comentário de Lutero a respeito da carta aos Gálatas, capítulo 3, o qual tenho diante de mim somente em língua latina:

> Sumus autem nos omnes corporibus et rebus subjecti Diabolo, et hospites sumus in mundo, cujus ipse princeps et Deus est. Ideo panis, quem edimus, potus, quem bibimus, vestes, quibus utimur, imo aër et totum quo vivimus in carne, sub ipsius imperio est[42].

Emitiram-se altas vocalizações a respeito daquilo que é melancólico e desprovido de consolação em minha filosofia: entretanto, trata-se meramente do fato de que eu, em vez de fabular um inferno futuro como equivalente aos pecados, demonstrei que onde se encontra a culpa, no mundo, também já existe algo semelhante ao inferno: qualquer um que queira negar isso, todavia, pode facilmente em algum momento experimentá-lo.

A este mundo, a este parque de diversões de seres atormentados e assustados, os quais existem somente por meio do fato de que um consome o outro, onde, em decorrência disso, cada animal carnívoro é a sepultura viva de milhares de outros e a sua autopreservação é uma cadeia de assassinatos sob tormentos; onde, em seguida, também o conhecimento e a capacidade de percepção da dor crescem juntamente, percepção que, em decorrência disso, no ser humano atinge o seu grau mais elevado e um grau tanto maior quanto mais inteligente esse ser humano é – a este mundo procurou-se adaptar o sistema do *otimismo* e desejou-se

---

42. Nós somos, no entanto, todos em corpo e em ações sujeitos ao diabo, e somos estrangeiros no mundo, do qual este diabo é príncipe e deus. Da mesma forma, o pão que nós comemos, a bebida que nós bebemos, as roupas que nós utilizamos, com efeito, o ar e todas as coisas que nós experimentamos na carne está sob o império dele [N.T.].

demonstrá-lo a nós como o melhor mundo dentre os possíveis. A absurdidade é gritante. – Entrementes, um otimista me convoca a arregalar os olhos e direcionar meu olhar para o mundo, como seria ele tão belo, sob a luz solar, com as suas montanhas, seus vales, riachos, suas plantas, seus animais e assim por diante. – Mas por acaso seria o mundo como um *mondo nuovo*?[43] Certamente, essas coisas são lindas de se *ver*; mas *ser* elas é algo completamente diferente. – Então, vem um teólogo e me elogia a disposição sábia, em virtude do qual se garante que os planetas não compitam uns contra os outros cabeça a cabeça, que a terra e o mar não se misturam em um mingau, do contrário, que sejam mantidos separados um do outro belamente e, igualmente, que não se congelem todas as coisas em um gelo constante, bem como não sejam torradas pelo calor, e no mesmo sentido que, devido à obliquidade da eclíptica, não exista primavera eterna em que nada pudesse atingir a maturidade e outras coisas semelhantes a essas. – Mas isso e todas as coisas semelhantes são meras condições *sine quibus non*[44]. Se, nomeadamente, de maneira geral deva existir um mundo, se seus planetas devam existir pelo menos por tanto tempo quanto o raio de luz de uma estrela fixa distante leva para alcançá-los e não, como o filho de Lessing, devam partir novamente imediatamente após o nascimento – então esse mundo não poderia ser, certamente, construído de forma tão desajeitada que até mesmo sua estrutura básica corresse risco de desabamento. No entanto, quando se passa para os *resultados* da obra enaltecida, quando se olha para os *jogadores* que atuam sobre o palco que foi construído de forma tão permanente, e se percebe, *então*, como junto à sensibilidade, se encontra a dor e aumenta na mesma medida, como aquela sensibilidade se desenvolve em inteligência, como, em seguida, mantendo a mesma passada com esta, a ganância e o sofrimento entram em cena sempre mais intensamente e se incrementam, até que finalmente a vida humana não oferece

---

43. *Mondo nuovo* era um dispositivo semelhante à lanterna mágica, porém, em vez de projetar uma imagem para fora do dispositivo, o observador deveria olhar as imagens dentro de uma caixa [N.T.].

44. *Sine qua non*, indispensável [N.T.].

qualquer outro material além daquele para tragédias e comédias – então, aquele que não é um dissimulado dificilmente estará em disposição de cantar aleluias. A origem propriamente dita, todavia encoberta, dessas últimas foi, ademais, desvelada impiedosamente, mas com uma verdade triunfante, por David Hume em sua *Natural history of religion*, seções 6, 7, 8 e 13. Esse mesmo autor apresenta nos livros dez e onze dos seus *Dialogues on natural religion*, escancaradamente, com argumentos muito convincentes e, não obstante, completamente diferentes em relação aos meus, a natureza sombria deste mundo e a insustentabilidade de todo otimismo; de modo que ele ataca simultaneamente a esse otimismo em sua origem. Ambas as obras de Hume são, desse modo, dignas de serem lidas, posto que elas são desconhecidas na Alemanha nos dias atuais, onde, por outro lado, patrioticamente, encontra-se uma satisfação incrível nas baboseiras nojentas de cabeças ordinárias nacionais que se apresentam arrogantemente e são alardeadas como se fossem grandes homens. Aqueles *Dialogues*, no entanto, foram traduzidos por Hamann. Kant examinou a tradução e tentou persuadir o filho de Hamann a realizar a publicação dessa mesma tradução, mesmo quando ele já se encontrava com idade avançada, porque a de Platner não era suficiente para ele (veja-se a biografia de Kant por Schubert, F. W., p. 81, 165). – A partir de cada página de David Hume há mais para se aprender do que a partir de todas as obras filosóficas de Hegel, Herbart e Schleiermacher tomadas em conjunto.

O fundador do *otimismo* sistemático, por outro lado, é Leibniz, cujas contribuições em torno da filosofia eu não tenho intenção de negar, embora nunca tenha quisto suceder para mim adentrar propriamente no pensamento da monadologia, da harmonia pré-estabilizada e da *identitas indiscernibilium*. Seus *Nouveaux essays sur l'entendement*, no entanto, são meramente um excerto, com críticas minuciosas, com a intenção de melhoramento, não obstante fracas, da obra justamente famosa mundialmente de Locke, a quem ele se opõe nesse caso com precisamente tão pouco sucesso quanto ele se opõe a Newton com seus *Tentamen de motuum coelestium causa*, dirigidos contra o sistema gravitacional do físico. Contrariamente a essa filosofia leibnitz-wolfiana está orientada especificamente a *Crítica da razão pura* e esta tem com aquela uma relação polêmica, com efeito, destrutiva; da mesma maneira que em relação a Locke e Hume, uma relação de continuação e desenvolvimento subsequente. Que nos dias atuais os professores de filosofia se esforçam em todos os lugares por estabelecer novamente Leibniz, com os seus disparates, sobre suas pernas, com efeito, por glorificá-lo, e, por outro lado, por subestimar Kant tanto quanto possível e colocá-lo de lado, tem sua boa razão no *primum vivere*: *A crítica da razão pura* não permite, nomeadamente, que se apresente a mitologia judaica como sendo filosofia, nem permite, igualmente, que se fale sem quaisquer cerimônias da "alma" como uma realidade dada, como uma pessoa bem conhecida e cheia de credenciais, sem apresentar justificativa de como se chegou a esse conceito e que prerrogativa se tem para usá-lo cientificamente. Mas *primum vivere, deinde philosophari*! Abaixo Kant, *vivat* nosso *Leibniz*! – Para retornar mais uma vez, por conseguinte, a este último, não sou capaz de atribuir outro mérito à teodiceia, a esse desenvolvimento metódico e amplo do otimismo em tal característica do que o seguinte, que mais tarde deu origem ao imortal *Cândido* do grande Voltaire; por meio do qual, certamente, as insuficientes desculpas, tão frequentemente repetidas de Leibniz em função dos males do mundo, que, nomeadamente, aquilo que é mal eventualmente traz à tona o bem, recebeu evidências que lhe eram inesperadas. Até mesmo por intermédio do nome de seu herói indicava Voltaire, que somente sinceridade seria necessária, a fim de reconhecer o contraposto do otimismo. Na verdade, nesse terreno de exibições do pecado, do sofrimento e da morte, o otimismo assume uma figura tão estranha que ter-se-ia que considerá-lo como uma ironia se não se possuísse um esclarecimento suficiente de sua origem na fonte secreta desse mesmo otimismo (nomeadamente, a bajulação hipócrita, com uma confiança insultuosa em seu sucesso) tão deliciosamente revelada por Hume como mencionado acima.

No entanto, até mesmo as provas palpavelmente sofísticas de Leibniz de que este mundo seria o melhor de todos os possíveis, permite-se colocar séria e honestamente como contraponto a evidência de que ele é o *pior* dentre todos os possíveis, porque possível não significa o que um qualquer possa vir a fantasiar diante de seus olhos, do contrário aquilo que efetivamente pode existir e subsistir. Este mundo está, pois, configurado da maneira como ele deveria ser, a fim de subsistir com a mais precisa necessidade: se ele fosse, todavia, um pouco pior, então ele já não seria mais capaz de subsistir. Consequentemente, um mundo pior, uma vez que ele não poderia existir, não é de qualquer modo possível, e este é, portanto, o pior dentre os possíveis, pois não meramente se os planetas estivessem a competir uns contra os outros cabeça a cabeça, mas mesmo se dentre as efetivamente concorrentes perturbações no seu curso uma qualquer, em vez de ser gradualmente equilibrada por intermédio das demais, persistisse em seu incremento, o mundo em breve chegaria ao seu fim; os astrônomos sabem de quão aleatórias circunstâncias isso depende, nomeadamente, e principalmente, da relação irracional entre os períodos de translação uns para com os outros, e calculam a partir disso laboriosamente que as coisas continuarão a correr bem e que o mundo pode, portanto, permanecer precisamente como está e continuar sendo. Nós queremos esperar, embora Newton fosse da opinião oposta, que os astrônomos não tenham cometido um erro de cálculo e que, por conseguinte, o *perpetuum mobile* mecânico realizado em um sistema planetário desse tipo não venha a se encontrar finalmente em um estado paralisado, como os demais. – Embaixo da crosta sólida do planeta residem, por sua vez, as poderosas forças da natureza, as quais, tão logo o acaso lhes permita alguma margem de manobra, devem destruir àquela crosta com tudo o que vive sobre ela; da mesma maneira que isso já aconteceu no nosso planeta pelo menos três vezes e provavelmente acontecerá com mais frequência. Um terremoto em Lisboa, no Haiti, um soterramento em Pompeia são apenas pequenas e maliciosas alusões a essa possibilidade. – Uma pequena alteração química, nem mesmo passível de comprovação, na atmosfera causa cólera, febre amarela, peste negra e assim por diante; doenças que levam embora milhões de seres humanos: uma alteração um pouco maior eliminaria toda a vida. Um aumento muito moderado do calor secaria todos os rios e nascentes. – Os animais possuem, em termos de órgãos e forças, precisamente e na quantidade mínima quanto suficiente para a aquisição de sua subsistência e da alimentação da ninhada, sob esforços extremos; em decorrência disso, um animal, quando perde um membro ou até o uso perfeito dele, geralmente tem de perecer. Até mesmo na raça humana, independentemente de quão poderosas ferramentas tenha em compreensão e razão, nove décimos vivem numa luta constante contra a carência, sempre à beira da ruína, equilibrando-se sobre o precipício que esta representa, com dificuldades e esforço. Portanto, de maneira geral, da mesma maneira que para a manutenção da totalidade, assim também para a manutenção de cada um dos seres individuais são as condições dadas de forma restrita e escassa, mas nada além: em decorrência disso, a vida individual prossegue numa luta incessante pela própria existência; enquanto a cada passo a destruição se lhe coloca como ameaça. Precisamente porque essa ameaça é levada a cabo com tanta frequência era necessário garantir, por intermédio do excedente incrivelmente grande de germes, que a derrocada dos indivíduos não desse origem à das espécies, a única que se coloca seriamente como preocupação por parte da natureza. – O mundo é, consequentemente, tão mal quanto ele poderia possivelmente ser, se é que de modo geral ele ainda deva ser. *Quod erat demonstrandum.* – Os fósseis das espécies completamente diferentes de animais que outrora habitaram o planeta fornecem-nos, a título de amostra de cálculo, os documentos de mundos cuja existência já não era possível, que eram, portanto, ainda um pouco piores do que o pior dentre os possíveis.

O otimismo é, em seu fundamento, o autoelogio injustificado do originador do mundo propriamente dito, da vontade de viver, a qual se espelha benevolentemente na sua obra: e, em conformidade com isso, o otimismo não é somente uma doutrina equivocada, do contrário, é também perniciosa, pois o otimismo nos apresenta a vida como um estado digno de ser desejado e a felicidade do ser humano na qualidade de propósito dessa mesma vida. Partindo dessas considerações, cada um acredita, então, que tenha o direito mais justificado à felicidade e ao prazer: se eventualmente estes, pois, como geralmente acontece, não lhe são concedidos; então ele acredita que a ele esteja sendo feita uma injustiça, com efeito, que esteja se desviando do propósito de sua existência – enquanto seja muito mais adequado considerar o trabalho, a privação, as dificuldades e o sofrimento, coroados pela morte, como o propósito da nossa vida (como fazem o bramanismo e o budismo, e também o verdadeiro cristianismo); porque são estes que conduzem à negação da vontade de viver. No Novo Testamento o mundo é apresentado como um vale de lamentações, a vida como um processo de purificação e um instrumento utilizado para causar sofrimento constitui o símbolo do cristianismo. Em decorrência disso, quando Leibniz, Shaftsbury, Bolingbroke e Pope entraram em cena com o *otimismo*, a objeção geral estava assentada principalmente sobre o fato de que o otimismo seria incompatível com o cristianismo; da maneira como, a respeito disso, Voltaire apresenta relatos e esclarece no prefácio do seu excelente poema *Le désastre de Lisbonne*, o qual é igualmente dirigido expressamente contra o otimismo. Aquilo que coloca esse grande homem, a quem elogio tão prontamente diante dos insultos dos vendidos manchadores de papel alemães, definitivamente acima de Rousseau, na medida em que isso testemunha a maior profundidade do seu pensamento, são três intelecções, às quais ele havia chegado: 1) aquela a respeito da avassaladora dimensão do mal e a respeito da miséria da existência, a respeito do que ele se encontra profundamente permeado; 2) aquela a respeito da rigorosa necessidade dos atos da vontade; 3) aquela a respeito da verdade do princípio lockeano de que, segundo a possibilidade, aquilo que pensa teria a capacidade de ser igualmente material; enquanto Rousseau nega todas essas coisas por intermédio de declamações, em sua *Profession de fai du vicaire Savoyard*, uma filosofia de pastores protestantes bastante rasa; assim como, com precisamente esse espírito, ele então também polemizou contra o belo poema de Voltaire que acabamos de mencionar com um argumento torto, superficial e logicamente falso em favor do otimismo, em sua longa carta a Voltaire, datada de 18 de agosto de 1756, dedicada meramente a essa finalidade.

Com efeito, a característica básica e o πρῶτον ψεῦδος de toda a filosofia de Rousseau é o seguinte: que no lugar da doutrina cristã a respeito do pecado original e da depravação original da raça humana ele estabeleceu uma bondade original e uma perfectibilidade ilimitada dessa mesma raça humana, a qual teria recaído em desvios meramente por intermédio da civilização e de suas consequências, e fundamenta, pois, o seu otimismo e o seu humanismo sobre essas coisas.

Da mesma maneira que Voltaire, no *Cândido*, trava uma guerra contra o otimismo com seu jeito jocoso, assim também Byron o fez com seu jeito sério e trágico, em sua obra-prima imortal *Cain*, razão pela qual também ele foi glorificado pelas invectivas do obscurantista Friedrich Schlegel. – Por fim, para a acentuação da minha opinião, se eu desejasse colocar aqui as máximas de grandes espíritos de todos os tempos nesse sentido, que é o oposto ao do otimismo; então não haveria fim para as inserções; uma vez que quase cada um desses mesmos espíritos expressou o seu reconhecimento da miséria deste mundo em palavras fortes. Portanto, não para a confirmação, mas meramente para o embelezamento deste capítulo, pode-se ao final deste mesmo capítulo fazer com que algumas declarações desse tipo encontrem seu lugar.

Em primeiríssimo lugar, deve ser mencionado nesse ponto, que os gregos, independentemente de quão afastados eles também estivessem da visão de mundo cristã e daquela da Alta Ásia e do fato de se encontrarem firmemente sobre a perspectiva da afirmação da vontade, ainda assim eles estavam profundamente afetados pela miséria da existência. Em relação a isso comprova já a invenção da tragédia, a qual lhes pertence. Uma outra comprovação disso nos é dada pelo costume dos trácios, frequentemente mencionado mais tarde e contado pela primeira vez por Heródoto (V, 4), de recepcionar o recém-nascido com lamentações e enumerar todos os males que a partir desse momento virão de encontro a ele; contrariamente, de enterrar o morto com alegria e regozijo, porque ele escapou, a partir daquele momento, de tantos e tão grandes sofrimentos; o que soa da seguinte maneira, num belo verso preservado para nós por Plutarco (*De audiendis poetis in fine*):

> Τὸν φύντα θρηνεῖν, εἰς ὅσ᾽ ἔρχεται κακά
> Τὸν δ᾽ αὖ θανόντα καὶ πόνων πεπαυμένῳ
> Χαίροντας εὐφημοῦντας ἐκπέμπειν δόμων.
> [Lugere genitum, tanta qui intrarit mala:
> At morte si quis finiisset miserias,
> Hunc laude amicos atque laetitia exsequi][45].

Não se deve atribuir à afinidade histórica, mas sim à identidade moral da questão o fato de que os mexicanos acolhem o recém-nascido com as palavras: "Meu filho, você nasceu para suportar: portanto, suporte, sofra e fique em silêncio." E seguindo esse mesmo sentimento, Swift (como relata Walter Scott na biografia deste) desde bastante cedo teria adotado o hábito de comemorar seu aniversário não como um momento de alegria no tempo, mas de tristeza, e de ler nesse mesmo dia a passagem bíblica em que Jó lamenta e amaldiçoa o dia, no qual teria sido dito na casa de seu pai: nasceu um filho.

---

45. É preciso lamentar ao recém-nascido por tantos males em que adentra:
Mas a morte se acabar com as misérias de alguém,
Este os amigos despedem com louvores e alegria [N.T.].

8
Suicídio

Se este é o pior dos mundos possíveis, como defende Schopenhauer, não seria razoável da nossa parte colocarmos fim à nossa própria vida, pois, assim, eliminaríamos de uma vez por todas a nossa vontade, que é a verdadeira fonte de todo o nosso sofrimento? Realmente, para Schopenhauer, se o ser humano fosse um mero ser que conhece, então, a morte não apenas lhe seria indiferente, mas até mesmo bem-vinda, tendo em vista a miséria de nossa existência. Aliás, se acaso pudéssemos analisar friamente a vida, sem qualquer influência da vontade, o filósofo nos assegura de que jamais nos apegaríamos a ela. No entanto, sabemos que não somos apenas intelecto, mas também vontade de vida, que é irracional. E, na verdade, o suicida não nega sua vontade com o seu ato, pelo contrário, ele demonstra todo o seu amor pela vida, afirmando-a vigorosamente. Ele, no fundo, quer a vida, quer viver, quer afirmar o seu querer por meio de seus fins, porém, ele não sabe lidar com as frustrações dos desejos não satisfeitos. As circunstâncias do destino, aliadas a vários outros fatores, não lhe permitem a realização de seus desejos tal como gostaria, e isso lhe acarreta um intenso sofrimento. Esse sofrimento torna-se tão insuportável, a ponto de o indivíduo querer acabar, definitivamente, com ele.

É, porém, uma ilusão crer que o sofrimento será extinto com a morte, pois ele é intrínseco à vontade de vida; e esta é inextinguível. A doutrina schopenhaueriana da palingenesia defende que a vontade do indivíduo é perpetuada numa próxima vida, por isso, seu sofrimento continua em seu ser, embora no corpo de um novo indivíduo. Em outras palavras, o suicida transfere para a existência seguinte todo o seu sofrimento. Nenhuma morte destrói a essência, mas tão somente a aparência dela, o corpo do indivíduo, que é objetivação da vontade. Pelo fato de cada um se considerar o único indivíduo real no mundo, sua vontade, que é cega, teme sucumbir com a aniquilação de sua individuação. Mas, independentemente do que aconteça no mundo, a vontade sempre permanecerá a mesma, nenhuma morte jamais a afetará.

O sofrimento só é realmente extinto, de modo duradouro, na negação da vontade, por meio do conhecimento intuitivo. Diante disso, como vimos, o asceta simplesmente suprime o seu querer, não querendo mais nem as coisas boas, nem as ruins. Este é, aliás, o estado que verdadeiramente caracteriza a essência da negação da vontade: sobretudo o fato de os prazeres causarem repulsa. No suicídio, em contrapartida, o indivíduo não deixa de querer, ele continua querendo até seus últimos momentos. Mas, iludido pelo princípio de individuação, ele crê que suprimindo sua aparência, suprime também sua essência. Do ponto de vista de Schopenhauer, o suicídio é uma contradição da vontade consigo mesma, algo que pode perfeitamente ocorrer, tendo em vista que a vontade é autodiscordante em si mesma. O suicídio é, portanto, um ato de vontade, logo, uma afirmação da essência íntima do mundo.

Schopenhauer, por sua vez, tem dificuldades em distinguir a morte por suicídio da morte por inanição decorrente do extremo da ascese. O que dizer, por exemplo, no caso de um asceta que chega num grau tão alto e contínuo de supressão do próprio querer, que não quer mais se alimentar: sua morte por inanição não seria um tipo de suicídio? Schopenhauer esclarece que, com efeito, essa morte voluntária do asceta não deixa de ser um tipo de suicídio, ainda que não resulte da afirmação da vontade, e sim da negação da vontade, pois o asceta cessa de viver, simplesmente porque, antes, cessou por inteiro de querer. Um exemplo desse tipo é a morte por inanição, quando escolhida livremente.

O mundo como vontade e representação, tomo I, § 69[46]

§ 69

Da negação da vontade de viver, que até este momento foi apresentada adequadamente até os limites da nossa perspectiva de consideração, a qual constitui o único ato de sua liberdade que se manifesta em seu fenômeno e, consequentemente, conforme Asmus o define, trata-se da mudança transcendental, nada se diferencia mais do que a efetiva abolição de seus fenômenos individuais, o *suicídio*. Muito longe de se constituir uma negação da vontade, trata-se este de um fenômeno de forte afirmação da vontade, pois a negação possui a sua essência não no fato de se abominar os sofrimentos, mas sim em se em abominar os prazeres da vida. Aquele que comete o suicídio quer a vida e está meramente insatisfeito com as condições sob as quais essa vida chegou até ele. Em conformidade com isso, ele não abandona de forma alguma a vontade de viver, mas meramente a vida, na medida em que ele destrói o fenômeno individual. Ele quer a vida, quer a existência e afirmação desimpedidas do corpo; entretanto, o entrelaçamento das circunstâncias não permite isso e surge, assim, um grande sofrimento para ele. A vontade de viver propriamente dita encontra-se nesse fenômeno individual de tal maneira inibida, que ela não é capaz de desenvolver seu esforço. Consequentemente, a vontade decide em concordância com a sua essência em si, a qual se encontra fora das formações do princípio da razão e à qual, em decorrência disso, todo fenômeno individual é indiferente; na medida em que a essência propriamente dita permanece inalterada por todo o surgir e desaparecer e constitui o fundamental da vida de todas as coisas, pois aquela mesma certeza interior e firme, a qual faz com que nós todos vivamos sem constante desespero diante da morte, nomeadamente, a certeza de que para a vontade o seu fenômeno jamais pode faltar, é a certeza que também fundamenta o ato no caso do suicídio. A vontade de viver aparece, por conse-

---

46. SCHOPENHAUER, A. *O mundo como vontade e representação, tomo I*. Trad. L.G. Grzybowski. Petrópolis: Vozes. No prelo.

guinte, tanto neste matar-se a si mesmo (Shiva), como precisamente no bem-estar da autopreservação (Vishnu) e na volúpia da procriação (Brahma). Nisto consiste o significado fundamental da *unidade* do *trimurti*, segundo a qual cada ser humano é completo, embora ao longo do tempo ela enfatize ora uma, ora a outra das três cabeças. – Da mesma maneira como a coisa individual está relacionada com a ideia, assim também o suicídio está relacionado com a negação da vontade: aquele que comete o suicídio nega meramente o indivíduo, não a espécie. Mais acima nós já vimos que, porque a vida é sempre uma certeza para a vontade de viver e o sofrimento lhe é essencial, o suicídio, a destruição arbitrária de um fenômeno singular, em cuja ocasião a coisa-em-si permanece imperturbável, da mesma forma como o arco-íris permanece fixo, independentemente de quão rapidamente as gotas, as quais constituem seu portador por um momento, mudam, trata-se de uma ação completamente incoerente e estúpida. Mas ele é igualmente, além disso, a obra-prima de Maya, na condição de expressão mais flagrante da contradição da vontade de viver consigo mesma. Da mesma forma como nós já reconhecemos essa contradição mesmo nos fenômenos mais inferiores da vontade, na disputa constante de todas as expressões de forças naturais e de todos os indivíduos orgânicos em função da matéria, do tempo e do espaço, e da mesma forma como nós observamos esse conflito apresentar-se cada vez mais nos estágios crescentes da objetivação da vontade com escandalosa evidência; da mesma forma ela finalmente alcança, no nível mais elevado, a qual consiste na ideia do ser humano, aquele grau em que não meramente os indivíduos que apresentam a mesma ideia se destroem mutuamente entre si, mas até mesmo um mesmo indivíduo declara guerra contra si mesmo, e a violência com a qual esse indivíduo quer a vida e luta contra a sua inibição, o sofrimento, leva-o ao ponto de destruir a si mesmo, de modo que a vontade individual, por intermédio de um ato de vontade, abole o corpo, o qual consiste somente a sua própria manifestação, antes que o sofrimento venha a quebrar a vontade. Precisamente porque aquele que comete o suicídio não é capaz de deixar de querer, ele deixa de viver, e a vontade se afirma nesse caso precisamente pela abolição de seu fenômeno, porque ela já não é capaz mais de se afirmar de outro modo. Mas porque se tratava precisamente o sofrimento, do qual o suicida escapa dessa maneira, o qual, na qualidade de mortificação da vontade, poderia tê-lo levado à negação de si mesmo assim como à redenção; então, a este respeito, aquele que comete o suicídio é como um doente que não permite que se conclua uma dolorosa operação após esta ter sido iniciada, a qual poderia curá-lo completamente, mas prefere manter a doença. O sofrimento se aproxima e como tal abre a possibilidade para a negação da vontade; mas o suicida aparta isso de si, na medida em que ele destrói o fenômeno da vontade, o corpo, a fim de que a vontade permaneça intacta. – Isso constitui o fundamento, porque quase a totalidade das éticas, tanto as filosóficas quanto as religiosas, condenam o suicídio; embora elas mesmas não sejam capazes de oferecer quaisquer fundamentos para isso, se não os de caráter sofístico e mirabolante. No entanto, se um ser humano alguma vez tivesse se refreado de cometer o suicídio com base em motivações puramente morais, então o significado mais fundamental dessa superação pessoal (quaisquer que sejam os conceitos com os quais a sua razão o tenha revestido) foi este: "Eu não quero me despojar do sofrimento, a fim de que ele possa contribuir para a abolição da vontade de viver – cujo fenômeno é tão lamentável –, na medida em que ele fortalece de tal forma o conhecimento que já estou adquirindo da essência do mundo propriamente dita, de modo que ele se torna o quietivo final da minha vontade e me redime para sempre".

Sabidamente, de tempos em tempos ocorrem casos em que o suicídio se estende também aos filhos: o pai mata os filhos, a quem muito ama, e em seguida mata a si mesmo. Consideremos que a consciência, a religião e todos os conceitos que nos foram legados de tempos passados o fazem reconhecer no assassinato o mais grave dentre os crimes, mas que ele, no entanto, o comete na hora de sua própria morte, nomeadamente sem ser capaz de apresentar qualquer motivo egoísta para fazê-lo; desse modo, a ação somente pode se explicar pelo fato de que, nesse caso, a vontade do indivíduo se reconhece novamente imediatamente nas crianças, no entanto, capturada no delírio, que toma o fenômeno pela essência em si, e em meio a isso profundamente comovida pelo conhecimento da miséria de toda a vida, considera nesse momento, que abole juntamente o fenômeno e a essência propriamente dita e, portanto, deseja resgatar a si mesmo e às crianças, nas quais imediatamente percebe a si mesmo vivendo novamente, da existência e de sua miséria. – Tratar-se-ia de um caminho equivocado bastante análogo a esse, se alguém considerasse poder alcançar o mesmo objetivo que a castidade voluntária o faz, por intermédio da frustração dos desígnios da natureza no evento da fecundação, ou ainda, na medida em que se promovesse a morte dos recém-nascidos, em face dos inevitáveis sofrimentos da vida, em vez de, antes, fazer de tudo, a fim de garantir a vida para todos aqueles, que tomam impulso em direção à vida. Pois quando a vontade de viver pode ser encontrada, então nenhuma força é capaz de quebrá-la, na condição de única coisa metafísica ou a coisa-em-si, mas, contrariamente, essa força é capaz meramente de destruir seu fenômeno neste lugar, neste momento. A vontade propriamente dita não pode ser abolida por coisa alguma, exceto por intermédio do *conhecimento*. Em decorrência disso, o único caminho para a salvação consiste no seguinte: que a vontade apareça sem impedimentos, a fim de que possa *conhecer* a sua própria essência nesse fenômeno. Unicamente como resultado desse conhecimento a vontade é capaz de abolir a si mesma e, com isso, por um fim igualmente ao sofrimento, o qual é inseparável de seu fenômeno: todavia, isso não é possível por intermédio da violência física, como a destruição do germe, ou o assassinato do recém-nascido, ou ainda o suicídio. A natureza conduz precisamente a vontade para a luz, porque ela é capaz de encontrar a redenção somente à luz. Consequentemente, os objetivos da natureza devem ser promovidos de todas as maneiras, tão logo a vontade de viver, que constitui sua essência interior, tenha se decidido.

Do suicídio comezinho completamente distinto parece ser uma forma extraordinária do mesmo, a qual, no entanto, eventualmente ainda não tenha sido suficientemente estabelecida. Trata-se da morte por inanição, escolhida voluntariamente a partir do mais elevado grau de ascetismo, cujo fenômeno, todavia, foi acompanhada a todo tempo por excessivo entusiasmo religioso e até mesmo superstição, tornando-se assim irreconhecível. Ao que tudo indica, no entanto, a negação completa da vontade poderia alcançar o ponto em que até mesmo a vontade necessária para a manutenção vegetativa do corpo está ausente, por meio da remoção da nutrição. Muito longe do fato de que esse tipo de suicídio teria a sua origem a partir da vontade de viver, um asceta completamente resignado desse tipo deixa meramente de viver, em função de que parou total e completamente de querer. Uma outra forma de morte que aquela por meio da fome não é certamente concebível nesse caso (a menos que ela tivesse sua origem a partir de uma superstição singular); porque a intenção de abreviar o tormento já seria efetivamente um grau de afirmação da vontade. Os dogmas que preenchem a razão de um penitente de tal tipo trazem em meio a isso diante de seus olhos a insanidade, que um ser de tipo superior, ao qual sua inclinação interior o orienta, o teria ordenado a jejuar. Exemplos mais antigos disso podem ser encontrados no *Breslauer Sammlung von Natur- und Medicin-Geschichten*, setembro de 1799 (p. 363) e seguintes; em "Nouvelles de la république des lettres", de Bayle, fevereiro de 1685 (p. 189ss. em Zimmermann, *Ueber die Einsamkeit* (v. 1, p. 182); um relato de Houttuyn na "Histoire de l'académie des sciences", de 1764; esse mesmo relatório é repetido na *Sammlung für praktische Aerzte* (v. 1, p. 69). Relatos posteriores podem ser encontrados no "Journal für praktische Heilkunde", de Hufeland (v. 10, p. 18; v. 48, p. 95); também na "Zeitschrift für psychische Aerzte", de Nasse (n. 3, p. 460, 1819); no "Edinburgh Medical and Surgical Journal" (v. 5, p. 319, 1809). No ano de 1833 todos os jornais noticiaram que o historiador inglês Dr. Lingard, em janeiro, em Dover, teria morrido voluntariamente de inanição; de acordo com relatos posteriores, não teria sido o próprio Dr. Lingard, mas um parente seu. No entanto, em notícias desse tipo os indivíduos são na maior parte das vezes retratados como loucos e não se permite mais determinar até que ponto isso pode ter sido realmente o caso. Todavia, eu quero apresentar nesse ponto uma notícia recente desse tipo, ainda que fosse somente a fim da preservação segura de um dos bastante raros exemplos do fenômeno impressionante e extraordinário da natureza humana a que nos referimos, o qual, pelo menos de acordo com as aparências, pertence àquele local onde eu gostaria de colocá-lo, e que, além disso, seria bastante difícil de se explicar. A notícia mais recente mencionada pode ser encontrada no "Nürnberger Korrespondenten" de 29 de julho de 1813, com as seguintes palavras:

> Desde Berna, é relatado que próximo a Thurnen, em uma floresta densa, uma pequena cabana foi encontrada e nela um cadáver masculino que se achava em decomposição há cerca de um mês, em roupas que poderiam dar poucas informações sobre o *status* de seu dono. Junto a estas roupas encontravam-se duas camisas muito elegantes. O item mais importante consistia em uma bíblia com páginas brancas anexadas, algumas das quais foram escritas pelo falecido. Nessas páginas ele relata o dia de sua partida de casa (mas sua terra natal não é mencionada), e então ele afirma: ele teria sido conduzido pelo Espírito de Deus a um deserto a fim de orar e de jejuar. Ele já havia jejuado por sete dias em sua jornada até aquele ponto e, então, ele havia se alimentado novamente. Depois disso, ele já havia começado a jejuar novamente, após ter se estabelecido nesse local, por tantos dias. Cada dia é marcado, pois, com um traço, e se encontram cinco destes traços, após a decorrência dos quais o peregrino provavelmente morreu. Além disso, encontrou-se igualmente uma carta dirigida a um pastor acerca de um sermão, o qual o falecido havia ouvido deste mesmo pastor; todavia, também nesse caso faltava um endereço.

Entre essa morte voluntária decorrente do extremo do ascetismo e aquela oriunda do desespero comezinho, pode haver uma infinidade de estágios intermediários e misturas, o que, nomeadamente, é difícil de esclarecer; contudo, a mente humana apresenta profundidades, obscuridades e complexidades, as quais iluminar e revelar constitui a mais extrema dificuldade.

Aforismos para a sabedoria de vida, cap. II[47]

[...] por mais que a saúde contribua para a jovialidade, que é tão essencial para nossa felicidade, esta não depende exclusivamente daquela: pois também em perfeita saúde pode haver um temperamento melancólico e uma disposição predominantemente triste. O fundamento último disso está, sem dúvida, na constituição original, portanto, imutável do organismo, e principalmente na relação mais ou menos normal da sensibilidade com a irritabilidade e a força de reprodução. Um excesso anormal de sensibilidade resultará em desequilíbrio na disposição, a períodos de jovialidade excessiva e melancolia predominante. Ora, como o gênio também é condicionado pelo excesso de força nervosa, então, de sensibilidade, Aristóteles observa com toda razão que todas as pessoas notáveis e superiores são melancólicas: Πάντες οἷοι περίττοι γέγονασιν ἄνδρες, ἢ κατὰ φιλοσοφίαν, ἢ πολιτικήν, ἢ ποίησιν, ἢ τέχνας, φαίνονται μελαγχολικοὶ ὄντες [Todos aqueles que se destacaram como seres humanos, seja na filosofia, na política, na poesia ou nas artes, parecem ser melancólicos] *(Probl. 30, 1)*. Sem dúvida, esta é a passagem que Cícero tinha em mente, em seu relato frequentemente citado: *Aristóteles ait, omnes ingeniosos melancholicos esse* [Aristóteles diz que todos os engenhosos são melancólicos] *(Tusc. I, 33)*. Sobre a grande diversidade inata de disposição de ânimo fundamental, aqui considerada, SHAKESPEARE a descreveu muito habilmente:

> Nature has fram'd strange fellows in her time:
> Some that will evermore peep through their eyes,
> And laugh, like parrots, at a bag-piper;
> And others of such vinegar aspect,
> That they'll not show their teeth in way of smile,
> Though Nestor swear the jest be laughable.
> [A natureza fabricou criaturas estranhas em seu tempo:
> Alguns que sempre espreitarão através de seus olhos,
> E rirão, como papagaios, de um tocador de gaita;
> E outros de aspecto tão azedo,
> Que não mostrarão seus dentes em forma de sorriso,
> Ainda que Nestor jure que a piada é hilária] (Merch. of Ven. Sc. 1).

---

47. SCHOPENHAUER, A. "Aphorismen zur Lebensweisheit". *In*: SCHOPENHAUER, A. *Parerga und Paralipomena II*. Zurique: Haffmans, 1988 [trad. de Gleisy Picoli].

É exatamente essa diferença que PLATÃO designa com as expressões δύσκολος [de disposição ruim] e εύκολος [de disposição boa]. Isso pode ser atribuído à suscetibilidade muito diferente de pessoas diferentes às impressões agradáveis e desagradáveis, em consequência das quais alguém ainda ri do que quase leva o outro ao desespero. Mais precisamente, a suscetibilidade para as impressões agradáveis tende a ser mais fraca quanto mais forte ela é para as desagradáveis, e vice-versa. Com igual possibilidade de um desfecho feliz ou infeliz em uma questão, o δύσκολος se irritará ou se afligirá, mas não se alegrará com o desfecho feliz; o εύκολος, em contrapartida, não ficará irritado, nem se afligirá com o desfecho triste, mas se alegrará com o feliz. Contudo, como dificilmente há um mal sem nenhuma compensação, segue-se também aqui que os δύσκολοι, ou seja, os caracteres sombrios e temerosos, em geral, terão de suportar acidentes e sofrimentos mais imaginários, e menos reais, do que os suportados pelos joviais e despreocupados, pois quem vê tudo negro sempre teme o pior e, portanto, toma as suas precauções. Assim, não se enganará com tanta frequência quanto aquele, quem sempre empresta cor e perspectivas alegres às coisas. Quando, no entanto, uma afecção patológica do sistema nervoso ou do aparelho digestivo colabora com a δυσκολία [disposição ruim] inata, então, ela pode alcançar o grau elevado, no qual um mal-estar contínuo gera o fastio pela vida e, consequentemente, surge a tendência para o suicídio. Até mesmo as menores contrariedades podem ser capazes de provocá-lo; sim, nos graus mais elevados do mal-estar, elas nem mesmo são necessárias. O suicídio é decidido simplesmente em razão do desgosto persistente e, em seguida, executado com tamanha frieza de pensamento e firme determinação, que a pessoa doente, geralmente já sob supervisão, sempre com a intenção de fazê-lo, aproveita o primeiro momento sem vigilância para, sem hesitação, luta e recuo, agarrar aquele meio de alívio que agora lhe é natural e bem-vindo. Descrições detalhadas dessa condição são fornecidas em *Esquirol, des maladies mentales*. Entretanto, de acordo com as circunstâncias, mesmo a pessoa mais saudável e talvez até a mais jovial pode se decidir pelo suicídio, a saber, quando a magnitude do sofrimento ou a iminência inevitável da desgraça domina os horrores da morte. A diferença está unicamente na intensidade diversa da causa exigida para isso, a qual está inversamente relacionada à δυσκολία. Quanto maior for esta, menor pode ser aquela, podendo chegar a zero no final. Em contrapartida, quanto maior a ευκολία [disposição boa] e a saúde que a sustenta, tanto mais forte deve ser a causa que provoca o suicídio. Então, há inúmeras gradações de casos entre os dois extremos do suicídio, a saber: aquele que surge puramente de um aumento patológico da δυσκολία inata e aquele da pessoa saudável e jovial, inteiramente por razões objetivas.

9
O gênio

De modo menos duradouro do que a negação da vontade, a contemplação estética também nos liberta do ímpeto da vontade. Por isso, ela dá uma trégua para a nossa dor, já que o nosso querer gera inevitavelmente sofrimento. Embora alcancemos muitos de nossos objetos de desejo ao longo de nossa vida, a satisfação ou felicidade em obtê-los passa muito rapidamente. Tão logo os satisfazemos, surgem-nos novos desejos. O filósofo compara, então, a nossa condição humana de escravos do querer às personagens da mitologia grega Íxion, Danaides e Tântalo. Os três foram condenados a castigos repetitivos e eternos, mais precisamente, a um esforço infindável, cujo resultado nunca é proveitoso: Íxion gira eternamente uma roda flamejante; as Danaides enchem de água tonéis sem fundo; e Tântalo sente sede e fome eternas diante de água e alimentos que estão à sua frente, mas que não pode alcançar. Assim é a vida de todos nós: do começo ao fim, buscamos desenfreadamente a realização de desejos, que, na verdade, nunca nos satisfazem plenamente.

Pode ocorrer, no entanto, de o nosso conhecimento, que está a serviço da vontade, libertar-se da escravidão em que se encontra, ocasionando, então, um estado de supressão da individualidade e, por conseguinte, do nosso querer. Vimos como isso é possível na negação da vontade, quando as Ideias, em sua totalidade, são apreendidas. Agora, na contemplação estética, um fixo e determinado grau de objetivação da vontade, isto é, uma única Ideia é apreendida, mediante o conhecimento intuitivo. Ora, como cada Ideia corresponde a uma determinada espécie da natureza, representando assim a objetividade mais perfeita da vontade, na medida em que a Ideia é o parâmetro fixo e imutável de tudo o que existe no mundo, a consequência de tal contemplação é o esquecimento de nossa subjetividade. Durante o momento de contemplação estética, passamos, pois, a considerar as coisas de modo puramente objetivo.

Aquele que consegue apreender a Ideia num grau e duração tão elevados, despindo-se por um momento de sua personalidade, é o gênio. Diferente do asceta, que nada produz, o gênio repete a Ideia que "viu" em estado de contemplação em uma obra de arte. Por isso, para Schopenhauer, tanto faz dizer gênio ou artista. Uma verdadeira obra de arte deve, portanto, ser fruto necessário da contemplação da Ideia: só assim ela tem, de fato, um valor eterno para a humanidade. E, da mesma forma que o artista contempla aquilo que é eterno e repete a Ideia contemplada em forma de arte; o espectador, ao contemplar uma obra de arte, também pode apreender a mesma Ideia, fazendo uso de sua faculdade de gênio. Por isso, Schopenhauer diz que o artista nos empresta os seus olhos, permitindo-nos uma união com o todo do mundo.

Na verdade, esse modo de conhecer puro, isto é, independente do princípio de razão encontra-se em todos nós, caso contrário, não seríamos capazes de fruir uma obra de arte, nem teríamos receptividade para o belo e o sublime. Porém, o indivíduo comum, que Schopenhauer denomina de produto de fábrica da natureza (e iguais a ele são produzidos milhares todos os dias), segue o conhecimento vulgar, originariamente voltado ao serviço da vontade e, desse modo, vive preso à roda de Íxion. O gênio, por sua vez, faz a roda parar por instantes. Ele apresenta excesso de intelecto, mais do que é exigido para o serviço de uma vontade individual. Segundo Schopenhauer, o gênio possui 2/3 de intelecto e 1/3 de vontade, enquanto a pessoa comum possui 1/3 de intelecto e 2/3 de vontade (W II, cap. 31). Por ter mais intelecto que vontade, o gênio liberta-se, por instantes, do ímpeto da vontade mais facilmente, conhecendo, assim, as coisas de modo puro e independente do princípio de razão. Para Schopenhauer, a genialidade é tão inata quanto a virtude, por isso, professores de estética são tão incapazes de produzir gênios, quanto os professores de ética de produzir virtuosos.

O mundo como vontade e representação, tomo I, § 36[48]

§ 36

A história acompanha o fio dos acontecimentos. Ela é pragmática na medida em que ela deduz os acontecimentos segundo a lei da motivação, lei essa que determina a vontade que aparece ali no lugar em que ela é iluminada pelo conhecimento. A partir dos níveis mais baixos de sua objetidade, no lugar em que a vontade ainda trabalha na ausência de conhecimento, a ciência natural considera as leis da mudança em seus fenômenos como etiologia, e aquilo que neles permanece como morfologia, as quais simplificam seu tema quase infinito com a ajuda de conceitos, resumindo aquilo que é genérico, a fim de derivar algo especial a partir disso. Por fim, a matemática considera as meras formas nas quais, para o conhecimento do sujeito na qualidade de indivíduo, as ideias aparecem desmembradas na multiplicidade, ou seja, no tempo e no espaço. Todos esses campos, cujo nome compartilhado é o da ciência, acompanham o princípio da razão em suas diversas formas, e seu tema permanece sendo o fenômeno, suas leis, suas conexões e as relações decorrentes disso. – Mas que tipo de conhecimento, pois, considera aquilo que existe distante e independentemente de toda relação, aquilo que constitui a única parte verdadeiramente essencial do mundo, o verdadeiro conteúdo de seus fenômenos, aquilo que é conhecido e não está sujeito a qualquer mudança e é, portanto, conhecido em todos os tempos com a mesma verdade, numa palavra, as ideias, as quais constituem a objetidade imediata e adequada da coisa-em-si, da vontade? – Trata-se da ARTE, a obra do gênio. Ela repercute as ideias eternas que são apreendidas pela pura contemplação, o essencial e duradouro de todos os fenômenos do mundo, e dependendo do que constitui material no qual ela repercute, trata-se de arte plástica, poesia ou música. Sua única origem é o conhecimento das ideias. Seu único objetivo é a comunicação desse conhecimento. – En-

---

48. SCHOPENHAUER, A. *O mundo como vontade e representação, tomo I*. Trad. L.G. Grzybowski. Petrópolis: Vozes. No prelo.

quanto a ciência, seguindo o fluxo inquieto e inconsistente de fundamentos e consequências formados de muitas maneiras, é sempre direcionada para mais adiante a cada objetivo alcançado e jamais pode encontrar nem um objetivo final, nem uma satisfação completa, tampouco quanto se chega ao ponto em que as nuvens tocam o horizonte por meio de caminhadas; a arte, por outro lado, encontra-se em seu objetivo em todos os lugares, pois ela arrebata o objeto de sua contemplação a partir da torrente do fluxo do mundo e o tem isolado diante de si. E essa coisa individual, que naquela torrente constituía uma parte ínfima desfalecendo-se, torna-se para ela um representante do todo, um equivalente no espaço e no tempo do infinitamente muitos. Ela permanece, portanto, nessa coisa individual. A roda do tempo a detém. As relações desaparecem na arte. Apenas o essencial, a ideia, constitui seu objeto. – Podemos, portanto, descrevê-la diretamente *como a forma de considerar as coisas independentemente dos princípios da razão*, em contraste com a consideração que acompanha precisamente esse princípio, a qual constitui o caminho da experiência e da ciência. Este último tipo de consideração deve ser comparado a uma linha infinita que corre horizontalmente; o primeiro tipo, no entanto, deve ser comparado à perpendicular que a intercepta de maneira arbitrária em qualquer ponto. A maneira de considerar as coisas que se orienta pelo princípio da razão é a maneira racional, a qual, tanto na vida prática, bem como na ciência, constitui-se como a única que é válida e útil: a maneira de considerar as coisas que desvia o olhar do conteúdo desse princípio é a maneira genial, a qual constitui-se a única válida e útil na arte. A primeira é a maneira de Aristóteles considerar as coisas; a segunda é, em sua totalidade, a de Platão. A primeira se assemelha à poderosa tempestade que avança sem começo nem objetivo, a tudo dobra, move e arranca para longe; a segunda maneira se assemelha ao tranquilo raio de sol, o qual atravessa o caminho dessa tempestade, completamente indiferente a ela. A primeira assemelha-se às inumeráveis gotas violentamente agitadas da cachoeira, que estão sempre mudando, sem descansar por nenhum momento: a segunda maneira assemelha-se ao arco-íris que descansa imóvel sobre este tumulto furioso. – Somente por meio da contemplação pura, que se dissolve completamente no objeto, conforme descrito mais acima, podem as ideias ser apreendidas, e a essência do *gênio* consiste precisamente na capacidade predominante para tal contemplação: uma vez que isso exige, pois, um completo esquecer-se da própria pessoa e de suas relações; por conseguinte, a *genialidade* nada mais é do que a *objetividade* mais perfeita, ou seja, a orientação objetiva do espírito, colocada em oposição à orientação subjetiva, que se orienta em direção à própria pessoa, ou seja, à vontade. De acordo com isso, a genialidade constitui a capacidade de se comportar de maneira puramente intuitiva, de se perder na intuição e de remover o conhecimento, que originalmente existe unicamente para o serviço da vontade, justamente desse serviço, ou seja, perder completamente de vista seu interesse, sua vontade, seu propósito e, desse modo, despojar-se completamente da sua personalidade por um determinado tempo, a fim de permanecer como um *sujeito puramente conhecedor*, um claro olho cósmico. E isso não por um momento; mas tão persistentemente e com tanta clareza de sentidos quanto for necessário, a fim de repetir aquilo que foi apreendido por meio de uma arte deliberada e "aquilo que paira em aparências vacilantes fixar em pensamentos duradouros"[49]. – Ocorre como se, a fim de que o gênio pudesse surgir em um indivíduo, este devesse ter recebido certa quantidade de poder cognitivo, o qual excede em muito a quantidade necessária para o serviço de uma vontade individual; excedente de conhecimento tornado livre esse que, transformado agora em sujeito de pura vontade, constitui-se um espelho brilhante da essência do mundo. – Disso se explica a vivacidade que tende à inquietação em indivíduos geniais, na medida em que o presente raramente pode lhes satisfazer, porque ela não preenche sua consciência: isso lhes confere aquele esforçar-se sem descanso, aquela busca incessante de novos objetos dignos de consideração, e igualmente também aquele desejo quase nunca satisfeito por seres como eles, que estejam à sua altura, com os quais eles poderiam se comunicar. Inver-

---

49. GOETHE, J. W. *Fausto*, I, p. 348-349. O trecho foi levemente alterado por Schopenhauer [N.T.].

samente, o filho da terra comum, completamente preenchido e satisfeito pelo presente comum, dissolve-se neste presente, e encontrando igualmente seu semelhante em toda parte, apresenta aquele conforto especial na vida cotidiana, o qual é negado ao gênio. – Reconheceu-se a fantasia como um componente essencial da genialidade, e até mesmo, às vezes, considerou esta como idêntica àquela; sendo o primeiro correto, já o segundo um equívoco. Uma vez que os objetos do gênio como tais constituem as ideias eternas, as formas essenciais duradouras do mundo e todos os seus fenômenos, mas o conhecimento da ideia é necessariamente intuitivo, e não abstrato; por conseguinte, o conhecimento do gênio estaria limitado às ideias dos objetos efetivamente presentes para a sua pessoa e seria dependente do encadeamento das circunstâncias, as quais apresentaram tais objetos a ele, caso a fantasia não expandisse seu horizonte para muito além da realidade de sua experiência pessoal e lhe colocasse em condição de construir todo o restante a partir daquele pouco que chegou à sua percepção efetiva e, desse modo, deixar passar diante de si quase todas as imagens possíveis da vida. Além disso, os objetos efetivos são quase sempre apenas exemplares muito deficitários da ideia que se apresenta neles: por essa razão o gênio depende da fantasia para ver nas coisas não aquilo que a natureza efetivamente formou, mas aquilo que a natureza se esforçou para formar, mas que, em virtude da disputa entre suas formas, mencionada no livro anterior, não veio a se concretizar. Nós voltaremos a isso mais abaixo quando da consideração da escultura. A fantasia, portanto, expande o campo de visão do gênio para além dos objetos que se apresentam à sua pessoa efetivamente, tanto no que tange a qualidade quanto no que tange a quantidade. Por essa razão, pois, uma capacidade incomum de fantasia constitui uma companheira, efetivamente uma condição, da genialidade. Inversamente, no entanto, a fantasia não constitui testemunha da genialidade. Pelo contrário, mesmo as pessoas mais desprovidas de genialidade podem ter grande imaginação, pois assim como se pode considerar um objeto efetivo de duas maneiras dispostas em oposição: de maneira puramente objetiva, genial, apreendendo a ideia dele; ou de maneira comum, meramente em suas relações com outros objetos e com sua própria vontade, em conformidade com o princípio da razão; da mesma forma, pois, pode-se intuir precisamente assim um fantasma de ambas as maneiras: considerado de acordo com a primeira forma, ele constitui um meio para o conhecimento da ideia de que a obra de arte é a comunicação: no segundo caso, o fantasma é empregado para construir castelos aéreos, que afagam o egoísmo e a própria disposição, que enganam e trazem prazer momentaneamente; embora dos fantasmas conectados dessa maneira se reconhecem, efetivamente, sempre somente as suas relações. A pessoa que joga esse jogo é um fantasista: ele misturará facilmente as imagens com as quais ele sozinho tem prazer com a realidade e, por meio disso, tornar-se-á inadequado para essa realidade. Ele eventualmente irá registrar os malabarismos de sua fantasia, onde eles serão encontrados nos romances comuns de todos os gêneros, os quais entretêm seus pares e o público em geral, na medida em que os leitores sonham tomar o lugar do herói e consideram a apresentação muito "prazerosa".

O homem comum, este produto manufaturado da natureza, um desses ela produz todos aos milhares os dias, é, como já afirmado, de todo incapaz de uma observação completamente desinteressada em todos os seus sentidos, o que constitui a contemplação propriamente dita. Ele é capaz de direcionar a sua atenção para as coisas somente na medida em que elas apresentam alguma relação, ainda que muito indireta, com sua vontade. Uma vez que, nesse sentido, o qual exige constantemente apenas o conhecimento das relações, o conceito abstrato da coisa é suficiente e na maioria das vezes é ele próprio o mais adequado; então, o homem comum não se demora muito na mera intuição; não prende seu olhar, portanto, sobre um objeto por muito tempo. Contrariamente, procura, entre todas as coisas que se lhe apresentam, somente de maneira rápida o conceito sob o qual deve ser colocado, assim como o preguiçoso procura uma cadeira, e então esta já não lhe desperta nenhum interesse a mais. Em decorrência disso ele se cansa tão rapidamente de todas as coisas, das obras de arte, dos belos objetos naturais e da aparência efetivamente sobretudo significativa da vida em todos os seus cenários. Ele, no entanto, não se demora. Somente o seu caminho na vida é o que ele procura, de qualquer modo, ao menos, também tudo aquilo que em algum momento poderia se tornar seu caminho, isto é, notas topográficas no sentido mais amplo. Na consideração da própria vida como tal ele não perde nenhum tempo. O homem genial, por outro lado, cujo poder de cognição, por sua predominância, escapa ao serviço de sua vontade por uma parte de seu tempo, demora-se na contemplação da vida propriamente dita. Ele se esforça por apreender a ideia de cada coisa, não as relações dessas com outras coisas. Em virtude disso, ele frequentemente negligencia a contemplação de seu próprio caminho na vida e, portanto, geralmente percorre este de maneira bastante desajeitada. Enquanto para o homem comum sua faculdade cognitiva constitui a lanterna que ilumina seu caminho, para o homem genial ela constitui o sol que torna o mundo manifesto. Esse modo tão diferente de olhar para a vida acaba logo se tornando visível até mesmo na aparência externa de ambos. O olhar do ser humano no qual reside e opera o gênio facilmente o distingue, na medida em que ele, ao mesmo tempo de maneira vívida e firme, apresenta o caráter da apreciação, da contemplação, dado que podemos observar pelos retratos das poucas mentes brilhantes, as quais a natureza trouxe à tona uma vez por outra em meio aos inumeráveis milhões. Por outro lado, no olhar dos outros seres humanos, quando este não é, como geralmente acontece, embotado ou insípido, torna-se visível o verdadeiro oposto da contemplação, o espreitar. Consequentemente, a "expressão brilhante" de uma mente consiste no fato de que nela é visível uma decidida predominância do conhecer sobre o querer. Consequentemente, se expressa nisso também um conhecer sem qualquer referência a um querer, ou seja, um *conhecer puro*. Por outro lado, no caso das mentes, tais como elas costumeiramente são, a expressão do querer é predominante e é possível observar que o conhecer entra em ação sempre somente quando é impelido pelo querer, ou seja, que ele é dirigido meramente por motivos.

Uma vez que o conhecimento genial, ou conhecimento da ideia, trata-se daquele conhecimento que não segue o princípio da razão, e, por outro lado, aquele conhecimento que o segue confere prudência e razoabilidade na vida, promove o surgimento do conhecimento científico; então, consequentemente, os indivíduos geniais serão afligidos com as deficiências que a negligência da última maneira de conhecimento acarreta. No entanto, é preciso apontar nesse caso a limitação de que aquilo que eu irei apresentar a esse respeito só se aplica a esses indivíduos geniais na medida e enquanto eles são realmente apreendidos na maneira genial de conhecimento, o que não é de modo algum o caso em todos os momentos de sua vida, uma vez que a grande, embora espontânea, tensão, a qual constitui-se indispensável para a livre apreensão das ideias, necessariamente diminui novamente e apresenta grandes intervalos, nos quais aqueles indivíduos geniais, tanto em relação a vantagens quanto a defeitos, são bastante semelhantes ao ser humano comum. Em virtude disso, considerou-se a ação do gênio como uma inspiração, com efeito, como o próprio nome indica, considerou-se como a obra de um ser sobre-humano, diferente do próprio indivíduo, ser este que só periodicamente se apodera do indivíduo. A relutância dos indivíduos geniais em dirigir a sua atenção para o conteúdo do princípio de razão irá se mostrar primeiramente em relação à razão de ser, como uma relutância em relação à matemática, cuja consideração se coloca sobre as formas mais gerais do fenômeno, espaço e tempo, os quais em si constituem apenas as formações do princípio de razão, e constituem, portanto, o completo oposto daquela consideração que busca apenas o conteúdo do fenômeno, a ideia que se expressa nele, desconsiderando todas as relações. Além disso, o tratamento lógico da matemática irá resistir ao gênio, uma vez que este, obstruindo a intelecção propriamente dita, não é satisfatório, mas um mero encadeamento de conclusões apresentadas em concordância com o princípio da razão do conhecimento, que dentre todas as faculdades mentais, demanda primeiramente a memória, a fim de que todos os princípios anteriores, aos quais é feita referência, estejam, nomeadamente, sempre presentes. A experiência também confirmou que os grandes gênios no campo das artes não possuem qualquer capacidade para a matemática: em momento algum houve um ser humano excelente em ambos ao mesmo tempo. Alfieri relata que ele jamais foi capaz de entender nem mesmo o quarto teorema de Euclides. A Goethe lhe foi criticada exaustivamente a sua falta de conhecimento matemático por parte dos ignorantes oponentes de sua teoria das cores: nesse caso, evidentemente, onde não se tratava de calcular e medir de acordo com dados hipotéticos, mas, contrariamente, de conhecimento intelectual imediato de causa e efeito, foi essa censura tão completamente atravessada e mal colocada, que aqueles que a fizeram, precisamente por essa razão mostraram sua total incapacidade de julgamento tão gritantemente, quanto por seus demais ditos de Midas. Que ainda hoje, quase meio século após o aparecimento da teoria das cores de Goethe, até mesmo na Alemanha, os absurdos newtonianos permaneçam imperturbáveis na posse das cátedras educacionais e que se continue a falar muito seriamente das sete luzes homogêneas e suas múltiplas refrangibilidades – isso será um dia enumerado entre as grandes características intelectuais da humanidade em geral e da alemanidade em particular. – A partir do mesmo fundamento apresentado acima explica-se precisamente desse modo o conhecido fato de que, inversamente, os excelentes matemáticos possuem pouca receptividade às obras de belas artes, o que se expressa de modo particularmente ingênuo na conhecida anedota daquele matemático francês que, depois de ter lido a Ifigenia de Racine encolhendo os ombros perguntou: *Qu'est-ce-que cela prouve?* –Visto que, além disso, uma compreensão aguda das relações em conformidade com a lei da causalidade e da motivação constitui efetivamente a prudência, e que o conhecimento genial, no entanto, não visa as relações; segue-se, por conseguinte, que um homem prudente, tão logo e enquanto o for, não será genial, e um homem genial, tão logo e enquanto o for, não será prudente. – Finalmente, o conhecimento intuitivo, no domínio do qual a ideia se encontra inteiramente, está colocado de modo geral justamente em oposição ao conhecimento racional ou abstrato, o qual é orientado pelo princípio da razão do conhecimento. Além disso, como é bem sabido, raramente se encontra grande genialidade juntamente à razoabilidade predominante; pelo contrário, indivíduos geniais estão frequentemente sujeitos a emoções violentas e paixões desarrazoadas. O fundamento para isso não é, no entanto, uma fraqueza da razão, mas em parte a energia extraordinária da manifestação da vontade em sua totalidade, que constitui o indivíduo genial e a qual se expressa por meio da ferocidade de todos os atos de vontade, em parte a preponderância do conhecimento intuitivo por meio dos sentidos e do intelecto sobre a orientação abstrata e, portanto decidida, sobre aquilo que é intuitivo, cuja impressão extremamente enérgica ofusca de tal maneira os conceitos carentes de coloração, que não estes últimos, mas aquele primeiro, que orienta a ação, a qual justamente por isso se torna desarrazoada. Em decorrência disso, a impressão do presente é muito poderosa sobre eles, leva-os em direção à imprudência, ao afeto, à paixão. Por conseguinte, e igualmente em geral – porque seu conhecimento se retirou parcialmente do serviço da vontade – eles não pensarão ao mesmo tempo na pessoa para quem estão falando, mas muito mais na coisa sobre a qual estão falando, a qual se coloca diante de suas mentes de maneira vívida. Por esse motivo eles irão julgar de forma demasiadamente objetiva em razão de seus interesses, ou irão expressar, em vez de silenciar, aquilo que seria mais prudente permanecer não dito, e assim por diante. Portanto, finalmente, eles são propensos a monólogos e podem sobretudo demonstrar várias fraquezas que realmente se aproximam da loucura. Que a genialidade e a loucura apresentam um lado, no qual eles se tocam, efetivamente, até mesmo se confundem, foi notado repetidas vezes e inclusive o entusiasmo poético tem sido considerado uma espécie de loucura: Horácio chama a genialidade *amabilis insania*[50] (*Odes* III, 4) e *holder Wahnsinn*[51] afirma Wieland na introdução ao "*Oberon*". Até mesmo Aristóteles teria dito, de acordo com a exposição de Seneca (*De tranquilitate animi*, 15, 16): "Nullum magnum ingenium sine mixtura dementiae fuit"[52]. Platão o expressa no mito da caverna escura acima mencionado (*De Republica* 7) na medida em que ele afirma: aqueles que viram

---

50. Loucura amável [N.T.].
51. Doce loucura [N.T.].
52. Jamais existiu grande genialidade sem uma porção de loucura [N.T.].

a verdadeira luz do sol e as coisas que efetivamente existem (as ideias) do lado de fora da caverna não são posteriormente mais capazes de ver na caverna, porque seus olhos são desacostumados à escuridão, não são mais capazes de reconhecer corretamente as sombras lá embaixo e, por essa razão, são ridicularizados, em virtude de seus equívocos, por parte dos demais, os quais jamais se distanciaram dessa caverna e dessas sombras. Ele também afirma justamente no *Fedro* (p. 317) que sem uma certa insanidade não pode haver verdadeiro poeta, com efeito (p. 327) que qualquer um que reconhece as ideias permanentes nas coisas transitórias, surge como insano. Cícero também introduz: "Negat enim, sine furore, Democritus, quemquam poëtam magnum esse posse; quod idem dicit Plato"[53] (*De divinatione* I, 37). E finalmente Pope afirma: "Great wits to madness sure are near allied, / And thin partitions do their bounds divide"[54].

---

53. Demócrito nega, pois, que possa existir qualquer grande poeta desprovido de loucura; o que igualmente afirma Platão [N.T.].

54. O grande espírito é associado da loucura / e apenas uma parede fina separa os dois [N.T.].

10
Belo e sublime

O sentimento despertado pela intuição da Ideia é o do belo, diz Schopenhauer, ressoando a doutrina platônica. A pura objetividade com a qual a natureza se apresenta ao gênio é a plena beleza. E é só quando a coisa isolada, que o indivíduo enquanto tal conhece, se eleva à Ideia, que aparece a objetivação perfeita da vontade. Sem reflexão, e de um só golpe, a coisa singular se torna a Ideia de sua espécie; e o indivíduo que intui se torna o puro sujeito do conhecimento.

Pode ocorrer, porém, do objeto contemplado provocar uma hostilidade à vontade humana em geral, pelo fato de ele ser de uma grandiosidade incomensurável: esse é o sentimento do sublime. É o que acontece, por exemplo, quando contemplamos a luta revoltosa das forças da natureza, nas tempestades, nos vulcões em erupção, nos oceanos em fúria etc. Na presença de um espetáculo tão majestoso da natureza, a vontade se sente ameaçada, reduzida a nada. Essa relação hostil, no entanto, não impede o estado do conhecimento puro, conquistado *com consciência* pelo contemplador, porque a vontade (não a individual, mas a geral) sempre é lembrada, visto que ela, durante todo o momento de contemplação, se sente ameaçada. O sentimento do sublime não só é obtido com consciência, mas também mantido com consciência. No entanto, aqui não cabe falar de uma vontade particular, porque, como no caso do belo, trata-se de um estado de pura contemplação, logo, aqui também o indivíduo se torna puro sujeito do conhecimento e, por conseguinte, toda sua subjetividade é esquecida. Por isso, o autor usa o termo *Erhebung* [elevação] para dizer que o indivíduo se eleva sobre si mesmo. Entretanto, uma vez que qualquer aflição pessoal entre em cena, a vontade pessoal volta a ser excitada e, então, perde-se a impressão do sublime.

A diferença fundamental entre o belo e o sublime consiste, portanto, no fato de que no belo o conhecimento puro é obtido sem conflito algum com a vontade. Do objeto contemplado segue-se à apreensão da Ideia, de modo imperturbável, sem nenhum resquício da vontade para provocar conflito nesse estado de contemplação. No sublime, por sua vez, há uma luta interna contra o objeto de contemplação, pois nos sentimos ameaçados por ele. Neste último caso, há uma duplicidade de consciência: ao mesmo tempo em que o espectador sente que ele pode ser facilmente aniquilado pelo objeto sublime, ele também se sente sereno, repousando, assim, na tranquila contemplação, livre de todo querer e sofrimento. O elevar-se sobre a relação hostil do objeto com a vontade é chamado por Schopenhauer de elemento adicional em relação ao belo, e daí surgem variadas gradações entre belo e sublime, conforme esse elemento adicional seja mais forte e impositivo, ou mais fraco e distante.

Há duas formas diferentes de experimentar o sentimento do sublime, e ambas envolvem uma sensação de grandeza e admiração diante do poder ou da grandeza do objeto contemplado. O sublime dinâmico ocorre quando contemplamos algo potente em atividade, como nos casos dos fenômenos naturais citados acima. O sublime matemático, por outro lado, está relacionado à contemplação de vastidões espaciais que podem ser encontradas na arquitetura, como a catedral de São Pedro em Roma; e na natureza, como o céu estrelado. A sensação de sentir-se pequeno diante da magnitude desses eventos desperta, ao mesmo tempo, um sentimento de espanto e de reverência diante do universo.

O mundo como vontade e representação, tomo I, § 38-39[55]

§ 38

Nós encontramos na maneira de consideração de caráter estético *dois componentes inseparáveis*: o conhecimento do objeto, não na qualidade de coisa individual, mas como ideia platônica, ou seja, como forma permanente de toda essa espécie de coisas; em seguida a autoconsciência daquele que conhece, não na qualidade de indivíduo, mas como um *sujeito do conhecimento, puro e sem vontade*. A condição, sob a qual ambos os componentes sempre ocorrem conjuntamente constituiu o abandono da maneira de conhecimento vinculada ao princípio da razão, a qual, por outro lado, constitui a única adequada para o serviço da vontade, assim como para o conhecimento científico. – Igualmente, a *satisfação*, que é estimulada pela contemplação daquilo que é belo, nós iremos observar surgir a partir daqueles dois componentes, e, com efeito, por vezes mais a partir de um, por vezes mais a partir de outro, em conformidade com aquilo que se constituir o objeto de contemplação estética.

Todo o *querer* surge a partir de necessidade, ou seja, a partir de carência, ou seja, a partir de sofrimento. O saciamento põe um fim a esse sofrimento; no entanto, contrariamente a um desejo, que é saciado, permanecem pelo menos dez insatisfeitos. Além disso, o desejo dura muito tempo, as demandas se estendem até o infinito; o saciamento é curto e escassamente dimensionado. Até mesmo a satisfação final é, no entanto, ela mesma apenas aparente: o desejo satisfeito dá lugar imediatamente a um novo: o primeiro constitui um equívoco reconhecido, o segundo ainda não reconhecido. Uma satisfação duradoura, que não mais se esgota nenhum objeto de vontade alcançado pode oferecer: contrariamente, ele se comporta sempre somente como a esmola lançada ao mendigo, sustentando a sua vida hoje para prolongar seu tormento até amanhã. – Em vistas disso, pois, enquanto nossa consciência for

---

55. SCHOPENHAUER, A. *O mundo como vontade e representação, tomo I*. Trad. L.G. Grzybowski. Petrópolis: Vozes. No prelo.

satisfeita pela nossa vontade, enquanto estivermos entregues ao impulso dos desejos, com seu constante anelar e temer, enquanto constituirmos sujeitos do querer, jamais haverá para nós felicidade duradoura, nem descanso. Se nós perseguimos ou se fugimos, se tememos o infortúnio ou se nos esforçamos pelo prazer, isso é essencialmente o mesmo: o cuidado com a vontade sempre exigente, independentemente de que forma, preenche e move constantemente a consciência; na ausência de descanso, no entanto, nenhum verdadeiro bem-estar é plenamente possível. Desse modo, o sujeito do querer encontra-se constantemente na roda de Íxion que está sempre a girar, encontra-se sempre depositando água no tonel das Danaides, é o Tântalo eternamente privado de satisfação.

Contudo, quando uma ocasião externa, ou uma disposição interior, subitamente nos eleva do fluxo interminável do querer, arrebata o conhecimento do trabalho escravo da vontade, a atenção, pois, não é mais direcionada aos motivos do querer, mas percebe as coisas independentemente de sua relação com o querer, ou seja, sem interesse, sem subjetividade, considerando-os de maneira puramente objetiva, completamente entregue a eles, tão logo sejam meras representações, mas não motivos: então a tranquilidade que sempre é buscada naquele primeiro caminho do querer, mas que está sempre escapando, entra em cena de repente por vontade própria, e a nós tudo se satisfaz completamente. É o estado carente de todo sofrimento que Epicuro louvou como o bem supremo e como o estado dos deuses: pois nós somos, por aquele instante, libertos do vil impulso da vontade, nós celebramos o *shabbat* dos trabalhos forçados da vontade, a roda de Ixion cessa seu movimento.

No entanto, esse estado constitui precisamente aquele, o qual eu descrevi acima como sendo necessário para o conhecimento da ideia, na qualidade de pura contemplação para a absorção na intuição, para a perda de si no objeto, para o esquecimento de toda individualidade, para a abolição da maneira de conhecimento que segue o princípio da razão e só apreende as relações, em que, ao mesmo tempo e inseparavelmente, a coisa singular intuída torna-se a ideia de sua espécie, o indivíduo cognoscente eleva-se ao ponto do puro sujeito do saber desprovido de vontade, e ambos, pois, em tal condição, não se encontram mais no fluxo do tempo e de todas as demais relações. Então já não importa se o crepúsculo é observado a partir do calabouço ou do palácio.

A disposição de caráter interna, a predominância do conhecer sobre o querer, isso pode produzir essa condição em qualquer ambiente. Isso nos mostram aqueles excelentes holandeses, os quais direcionavam uma intuição de tal maneira puramente objetiva aos objetos mais insignificantes e estabeleceram um monumento duradouro à sua objetividade e tranquilidade de espírito nas *naturezas-mortas*[56], monumento que o espectador estético não considera sem comoção, uma vez que este lhe presentifica o estado de espírito calmo, quieto, desprovido de vontade do artista, o qual era necessário, a fim de que coisas tão insignificantes fossem intuídas tão objetivamente, fossem consideradas tão atenciosamente e que essa intuição fosse reproduzida tão disciplinadamente: e na medida em que a imagem desafia também ele a tomar parte em tal estado, sua comoção é muitas vezes multiplicada pelo contraste com seu próprio estado de espírito inquieto, obscurecido pelo querer violento, no qual ele por hora se encontra. No mesmo espírito, os pintores de paisagens, especialmente Ruisdael, muitas vezes pintaram os mais insignificantes objetos da paisagem e, por meio disso, produziram o mesmo efeito de maneira ainda mais gratificante.

Tudo isso realiza completamente sozinha a força interior de uma mente artística: no entanto, aquela disposição de caráter puramente objetiva é facilitada e conduzida a partir do exterior por meio de objetos que vêm em seu encontro, por meio da abundância da bela natureza que convida à sua intuição e até mesmo a impõe. À natureza torna-se possível, tão logo ela se expõe subitamente ao nosso olhar, quase sempre arrancar-nos, mesmo que apenas por um piscar de olhos, da subjetividade, do serviço escravo da vontade, e dispor-nos no estado do puro conhecer. É em razão disso que aquele que é atormentado por paixões, ou por necessidade e preocupação, é tão repentinamente revigorado, animado e recomposto por meio de um único olhar desprendido em direção à natureza: a tempestade das paixões, a urgência do desejo

---

56. Gênero de representação nas artes plásticas, sobretudo pintura e fotografia [N.T.].

e do temor e todo o tormento do querer são então imediatamente apaziguados de uma maneira maravilhosa, pois no instante em que nós, apartados do querer, nos entregamos ao conhecimento puro e desprovido de vontade, adentramos quase que em outro mundo, onde tudo o que move nossa vontade e por meio disso nos abala tão violentamente já não existe mais. Aquele tornar-se livre do conhecimento nos eleva de tudo, com efeito, de tal maneira e tão completamente, quanto o sono e os sonhos. A felicidade e a infelicidade desapareceram. Já não somos mais o indivíduo, ele é esquecido, mas somos somente puro sujeito do conhecimento. Nós existimos unicamente como o olho cósmico *uno*, que observa a partir de todos os seres conhecedores, mas somente no homem pode tornar-se completamente livre do serviço da vontade, por meio do que toda a diferenciação da individualidade desaparece tão completamente que nessa ocasião é indiferente se o olho observador pertence a um rei poderoso, ou a um mendigo atormentado, pois tanto a felicidade como a tristeza não são levadas juntamente para além daquela fronteira. Tão proximamente encontra-se um domínio, estando no qual escapamos inteiramente de toda a nossa miséria; mas quem possui a força para permanecer ali por muito tempo? No momento em que uma relação qualquer com a nossa vontade, com a nossa pessoa, precisamente daqueles objetos que são puramente intuídos, o feitiço encontra seu fim. Nós recaímos no conhecimento, o qual é dominado pelo princípio da razão, não reconhecemos, pois, mais a ideia, mas a coisa particular, o elo de uma corrente à qual também nós pertencemos, e somos entregues novamente a toda a nossa miséria. – A maioria dos seres humanos permanece quase sempre sobre essa perspectiva, pois lhes falta completamente a objetividade, ou seja, a genialidade. Por essa razão, eles não gostam de ficar sozinhos com a natureza: eles necessitam de companhia, pelo menos de um livro, porque sua cognição permanece a serviço da vontade. Por conseguinte, eles procuram nos objetos somente uma possível relação com sua vontade, e diante de tudo aquilo que não possui tal relação, sua em seu íntimo, como se fosse um baixo contínuo, um constante e desconsolado "Não me ajuda em nada". Por meio disso, mesmo os mais belos ambientes assumem para eles, na solidão, um aspecto desolado, sombrio, estranho, hostil.

Finalmente, aquela bem-aventurança do intuir desprovido de vontade constitui também a que espalha uma magia tão maravilhosa sobre o passado e a distância e os apresenta a nós em uma luz tão embelezadora, por meio da autoilusão, pois na medida em que tornamos presentes diante de nós dias passados há muito tempo, vividos em um lugar distante, são somente os objetos que nossa imaginação traz à tona, não o sujeito da vontade, o qual da mesma maneira carregava seus sofrimentos incuráveis consigo naquele momento como no agora. Porém, esses são desconsiderados, porque desde então já deram lugar muitas vezes a outros. Por conseguinte, a intuição objetiva age na recordação precisamente da mesma maneira como a presente agiria, se nós fôssemos capazes de nos impor, que nos dedicássemos a ela desprovidos de vontade. É em decorrência disso que, sobretudo quando alguma angústia nos aflige mais do que o habitual, a súbita recordação de imagens do passado e da distância pairam diante de nós como um paraíso perdido. Meramente aquilo que é o objetivo, não aquilo que é individual-subjetivo, evoca a imaginação de volta à tona, e nós nos convencemos de que aquilo que é objetivo se colocava diante de nós, com efeito, de maneira tão pura, sem estar obscurecido por qualquer relação com a vontade, como neste momento a sua imagem na imaginação. Embora, efetivamente, a relação dos objetos com o nosso querer tenha criado sofrimento para nós naquela situação, tanto quanto no presente. Nós podemos escapar de todo sofrimento por meio dos objetos presentes, com efeito, tão bem quanto por objetos distantes, tão logo nós nos elevamos à contemplação puramente objetiva deles, e nos tornamos capazes, desse modo, de criar a ilusão de que unicamente aqueles objetos, e não nós mesmos, estariam presentes. Por conseguinte, nós nos tornaremos, desquitados do si-mesmo sofredor, na qualidade de puro sujeito de cognição, completamente unos com aqueles objetos, e tão estranha quanto lhes é a nossa angústia, igualmente estranha ela é, em tais momentos, para nós mesmos. Então é o mundo como representação tudo o que permanece, e o mundo como vontade desapareceu.

Por meio de todas essas considerações, é minha intenção ter deixado claro qual o tipo e qual a dimensão constitui a participação que a condição subjetiva da satisfação estética possui nessa mesma satisfação, nomeadamente, a liberação do conhecer do serviço da vontade, o esquecer-se de si mesmo na condição de indivíduo e a elevação da consciência ao patamar de sujeito de cognição puro, desprovido de vontade, atemporal, independente de todas as relações. Com esse aspecto subjetivo da contemplação estética, entra necessariamente em cena sempre simultaneamente como correlato o aspecto objetivo dela mesma, a apreensão intuitiva da ideia platônica. Antes de nós nos voltarmos, no entanto, à consideração mais minuciosa desse aspecto objetivo e às contribuições da arte em relação a esse mesmo aspecto, é mais conveniente determo-nos um pouco mais junto ao aspecto subjetivo da satisfação estética, a fim de completar a sua consideração por meio da discussão da impressão daquilo que é *sublime* que é dependente unicamente desse aspecto e que surge por meio de uma modificação desse mesmo. Posteriormente, a nossa investigação da satisfação estética irá alcançar a sua total completude por meio da consideração do aspecto objetivo dela mesma.

Antes de prosseguirmos, no entanto, as seguintes observações pertencem ainda ao que foi dito. Dentre as coisas, a luz é aquela que concede maior felicidade: ela se tornou o símbolo de tudo aquilo que é bom e que promove o bem. Em todas as religiões a luz denota a salvação eterna, enquanto a escuridão denota a condenação. Ormuzd habita na luz mais pura, Ahriman na noite eterna. No "Paraíso" de Dante a aparência é algo como aquela do Vauxhall em Londres, na medida em que todos os espíritos abençoados aparecem ali como pontos de luz que se unem para formar figuras regulares. A ausência de luz faz com que nós imediatamente fiquemos tristes; seu retorno faz com que nos alegremos: as cores despertam imediatamente um deleite vívido, o qual, quando as cores são transparentes, atinge o mais elevado grau. Tudo isso provém unicamente do fato de que a luz constitui o correlato e a condição do modo intuitivo mais perfeito de conhecimento, do único modo que de modo algum afeta imediatamente à vontade, pois o ver não é de modo algum, como a afecção dos outros sentidos, em si mesmo, imediatamente e por meio de seu efeito sensorial, capaz de uma agradabilidade ou daquilo que é desagradável da *sensação* no órgão, ou seja, ele não possui conexão imediata com a vontade: mas, do contrário, somente a intuição que surge no entendimento pode ter tal conexão, a qual, por conseguinte, reside na relação do objeto com a vontade. Isso já é diferente quando se trata da audição. Tons podem provocar dor imediatamente e podem também ser imediatamente agradáveis aos sentidos, sem qualquer relação com a harmonia ou a melodia. [...]

§ 39

A todas essas considerações, pois, que se destinam a dar destaque para a parte subjetiva do aprazimento estético, ou seja, esse aprazimento – na medida em que ele constitui alegria sobre o mero conhecimento intuitivo propriamente dito, em contraste com a vontade – conecta-se, na condição de explicação imediatamente associada a isso, a seguinte explicação daquela disposição, a qual foi denominada de sentimento do *sublime*.

Já foi observado anteriormente que a transferência para o estado da intuição pura ocorre mais facilmente quando os objetos vão ao encontro desse estado, ou seja, por meio de sua forma multifacetada e ao mesmo tempo definida e evidente, eles facilmente se tornam representantes de suas ideias, onde precisamente reside a beleza, em seu sentido objetivo. Acima de tudo, possui essa qualidade a bela natureza e, por meio disso, adquire pelo menos um aprazimento estético fugaz até mesmo daquele que é mais insensível: efetivamente, é tão impressionante como o universo vegetal em particular desafia a uma consideração estética e, por assim dizer, quase impõe tal consideração em relação a si mesma, de modo que queira afirmar, que esse "vir ao encontro de" estaria ligado a isso, que esses seres orgânicos não são eles mesmos, como os corpos animais, o objeto imediato do conhecimento, e por essa razão eles dependem do indivíduo estranho e compreensivo, a fim de, afastando-se do universo do querer cego, adentrar no mundo das representações, razão pela qual eles, por assim dizer, ansiavam por essa introdução, a fim de alcançar ao menos de maneira mediata aquilo que lhes é negado imediatamente. Ademais, eu deixarei esse pensamento ousado, que talvez se aproxime do fanatismo, completamente abandonado, uma vez que somente uma consideração muito íntima e devotada da natureza pode despertá-lo ou justificá-lo[57]. Enquanto, pois, esse "vir ao encontro de" da natureza, a significação e a clareza de suas formas, a partir das quais as ideias que são nelas individualizadas facilmente se dirigem a nós, for aquilo que nos desloca do conhecimento das meras relações que se encontram a serviço da vontade em direção à contemplação estética e, justamente por isso, eleva-nos ao patamar de sujeito de conhecimento libertado da vontade: enquanto for esse o caso é meramente o *belo* que causa efeito sobre nós, e sentimento de beleza aquilo que é despertado. Mas, ora, se precisamente esses objetos, no entanto, cujas formas significativas nos convidam à sua pura contemplação, apresentam uma relação hostil à vontade humana em geral, da maneira como ela se apresenta em sua objetividade, o corpo humano, se lhe são opostos, se o ameaçam por meio de seu poder superior, que elimina toda resistência, ou se o reduzem a nada diante de seu tamanho imensurável; se o espectador, no entanto, não dirige ainda assim a sua atenção para essa relação impositiva e hostil à sua vontade; mas, embora percebendo-a e reconhecendo-a, conscientemente se afasta dela, na medida em que se desvencilha violentamente de sua vontade e das relações dessa, e dedicando-se unicamente ao conhecimento, contempla em silêncio precisamente aqueles objetos que são terríveis para a vontade como sujeitos puros do saber e desprovidos de vontade, apreendendo somente a sua ideia alheia a todas as relações, por conseguinte, demorando-se alegremente em sua

---

57. Causa-me ainda mais alegria e surpresa nesse momento, 40 anos depois de eu ter escrito os pensamentos acima com tanta timidez e hesitação, a descoberta de que Santo Agostinho já o havia expressado: *Arbusta formas suas varias, quibus mundi hujus visibilis structura formosa est, sentiendas sensibus praebent; ut, pro eo quod nosse non possunt, quasi innotescere velle videantur.* (*De civitate Dei*, XI, 27) – [As árvores oferecem para serem experimentadas pelos sentidos as suas múltiplas formas, por meio das quais o edifício desse mundo é embelezado, de modo que, em virtude do fato de não poderem conhecer, parece como se quisessem ser conhecidas (N.T.)].

consideração, consequentemente é elevado precisamente por isso acima de si mesmo, de sua pessoa, de seu querer e de todo querer: – então é ele enchido com o sentimento do *sublime*, ele se encontra em estado de exaltação, e é por isso que também se nomeia *sublime* o objeto causador de tal estado. Por conseguinte, aquilo que distingue o sentimento do sublime daquele do belo é o seguinte: no caso do belo, o conhecer puro atingiu a posição vantajosa sem luta, na medida em que a beleza do objeto, ou seja, a sua constituição, a qual facilita o conhecimento de sua ideia, removeu da consciência a vontade e o conhecimento das relações que se colocavam ao seu serviço, sem qualquer resistência e, por esse motivo, imperceptivelmente e deixou a consciência na qualidade de puro sujeito de conhecimento, de modo que inclusive memória alguma da vontade permanece: por outro lado, no caso do sublime, aquele estado do conhecimento puro é primeiramente obtido por meio de uma ruptura consciente e violenta das relações reconhecidas como desfavoráveis entre o mesmo objeto e a vontade, por uma elevação livre e acompanhada pela consciência acima da vontade e do conhecimento que se relaciona com esta. Essa elevação deve não somente ser conquistada conscientemente, mas deve também ser mantida, e é, em virtude disso, acompanhada de uma constante lembrança da vontade, ainda que não de um querer único e individual, como o medo ou o desejo, mas do querer humano de modo geral, na medida em que é expresso em termos gerais por meio de sua objetidade, o corpo humano. Se um ato de vontade real e individual viesse à consciência por meio de angústia e perigo real e pessoal do objeto, então a vontade individual efetivamente movimentada ganharia imediatamente a vantagem, a tranquilidade da contemplação se tornaria impossível, a impressão do sublime seria perdida, na medida em que daria lugar ao poder do medo, sob o qual o esforço do indivíduo para se salvar elimina todos os demais pensamentos. – Alguns exemplos serão de grande ajuda a fim de tornar clara essa teoria do esteticamente-sublime e eliminar quaisquer dúvidas; ao mesmo tempo eles apresentarão a multiplicidade dos graus desse sentimento do sublime, pois uma vez que o sentimento do sublime constitui-se uno com o sentimento do belo em sua definição principal, com o conhecer puro, destituído de vontade e com a ocorrência do conhecimento – que necessariamente surge com o mesmo sentimento do sublime – das ideias que se encontram alheias a toda relação determinada pelo princípio de razão; e somente por um acréscimo, nomeadamente a elevação acima da conhecida relação hostil – precisamente do objeto contemplado à condição de vontade de modo geral – o sentimento do sublime difere do sentimento do belo; desse modo, conforme esse acréscimo se mostre forte, ruidoso, urgente, próximo, ou somente fraco, distante, meramente sugerido, então surgem diversos graus do sublime, com efeito, transições do belo ao sublime. Eu considero mais apropriado para essa apresentação, colocar diante dos olhos essas transições e, sobretudo, os graus mais fracos da impressão do sublime, primeiramente por meio de exemplos, embora aqueles cuja sensibilidade estética não seja de modo algum muito desenvolvida e cuja imaginação não seja vívida, compreenderão meramente os exemplos que seguirão posteriormente, relativos aos graus mais elevados e mais claros daquela impressão, por meio dos quais somente eles deverão, por esse motivo, se orientar, e os exemplos dos graus muito fracos da referida impressão deverão deixar de lado.

# 11
Mística

Schopenhauer discorre sobre a mística (ou misticismo) [*Mystik*], de modo mais explícito, no capítulo 48 do tomo II de *O Mundo...*, definindo-a, no sentido mais amplo do termo, como toda orientação para o sentimento imediato daquilo que não é alcançado pela intuição empírica, nem pelo conceito, logo, por conhecimento algum. Nessa perspectiva tanto a contemplação estética quanto a negação da vontade podem ser consideradas fenômenos místicos, porque, em ambos os casos, o mundo empírico desaparece. No primeiro caso, sujeito e objeto (Ideia) tornam-se um e, assim, deixamos de ser indivíduos para nos tornarmos puro sujeito do conhecer, existindo tão somente como olho cósmico. Já na negação da vontade, a apreensão da essência do mundo ocasiona a supressão da própria essência e, por conseguinte, do mundo.

Schopenhauer não nega, portanto, a mística, pois tanto a contemplação estética quanto a negação da vontade provam-nos que o autor está nos dizendo que é possível experienciá-la, ainda que não seja possível dizer o que ela é. Descrever o que se "vê" na experiência mística é impossível, porque o mundo empírico desaparece para o sujeito, e, então, o princípio de razão não pode alcançá-lo. Por isso, o autor diz que esse é o ponto em que todo conhecimento necessariamente cessa. Afinal, lembremos: sem intuição empírica, não há conceito, nem pensamento. Logo, não há discurso filosófico.

A partir do ponto em que o filósofo para com suas investigações, o místico procede com o seu conhecimento positivo. O autor distingue, então, o filósofo do místico. No primeiro caso, podemos verificar a validade e autenticidade de seus raciocínios, porque o filósofo só aceita os dados que se encontram na intuição do mundo, nas formas constitutivas de nosso intelecto. Ou seja, o filósofo trabalha com conceitos. O místico, por sua vez, comunica a sua experiência sem base conceitual alguma. Diferente do filósofo, o místico não pode, portanto, persuadir. Por isso, resta-nos simplesmente acreditar em suas afirmações. E, na verdade, segundo Schopenhauer, o místico se contrapõe ao filósofo, porque o primeiro quer espelhar conhecimento positivo do que é eternamente inacessível a todo conhecimento e, no máximo, pode ser descrito por uma negação.

Eis, pois, o motivo pelo qual Schopenhauer conclui sua obra capital com a negação da vontade: como ele é um filósofo, jamais poderia proceder à maneira dos místicos, espelhando conhecimento positivo daquilo que permanece para sempre inatingível ao nosso conhecimento. Por isso, o autor diz que a sua doutrina, quando chega ao seu ponto culminante, só pode falar daquilo que é negado, suprimido, mas sobre vantagens obtidas, ela é forçada a denominar (no final do quarto livro) de "nada". Em razão disso, Schopenhauer encerra a sua obra capital com a palavra *Nichts* [nada]. Entrementes, vale ressaltar que se trata aqui de um nada relativo, não absoluto, isto é, Schopenhauer não está dizendo que a essência do mundo não é nada, mas sim que ele, como filósofo, não pode dizer nada sobre o que ela é. Segundo o próprio autor, a sua filosofia apenas fornece a exegese do que é dado no mundo exterior e na consciência de si. Não devemos esperar, portanto, que ela tire conclusão alguma sobre o que existe para além de toda experiência possível.

Schopenhauer, por outro lado, indica uma série de suplementos místicos, bem como biografias de místicos (por eles mesmos, e não por comentários de segunda mão), para quem deseja ir além do conhecimento só negativo do fenômeno místico, dado por sua filosofia. Ou seja, o fato dele ter diferenciado o filósofo do místico não significa que ele despreza o segundo, pois ele mesmo afirma que o tema do quietismo (abandono de toda volição), do ascetismo (a supressão da própria vontade) e do misticismo (a consciência da identidade do próprio ser com o de todas as coisas) estão na mais exata conexão, por isso, não devem ser deixados de lado por nenhuma filosofia. Assim, conclui o autor, quem professa um deles é gradualmente levado a aceitar os outros, mesmo contra sua intenção, porque são idênticos ao de toda metafísica e ética em sua essência.

O mundo como vontade e representação, tomo II, cap. 48[58]

A individualidade é inerente, com efeito, inicialmente ao intelecto, o qual, espelhando o fenômeno, pertence ao fenômeno, o qual apresenta o *principium individuationis* enquanto sua forma. Não obstante, ela também é inerente à vontade, na medida em que o caráter é individual: este é ele mesmo, todavia, abolido na negação da vontade. A individualidade é inerente à vontade, por conseguinte, unicamente na sua afirmação, mas não na sua negação. Até mesmo a santidade, a qual está associada a toda ação puramente moral, fundamenta-se sobre o fato de que uma ação desse tipo surge, em última análise, a partir do conhecimento imediato da identidade numérica da essência interior de todas as coisas vivas[59]. Essa identidade está, no entanto, propriamente presente apenas no estado de negação da vontade (*nirvana*), uma vez que a sua afirmação (*sansara*) assume enquanto sua forma o fenômeno dessa mesma vontade na multiplicidade. A afirmação da vontade de viver, o mundo fenomênico, a diversidade de todos os seres, a individualidade, o egoísmo, o ódio e a malícia surgem de *uma* raiz; e precisamente da mesma maneira, por outro lado, o mundo da coisa-em-si, a identidade de todos os seres, a justiça, o amor à humanidade e a negação da vontade de viver. Se, pois, conforme eu já demonstrei suficientemente, até mesmo as virtudes morais surgem a partir da percepção dessa identidade de todos os seres, esta, todavia, não reside no fenômeno, mas unicamente na coisa-em-si, na raiz de todos os seres; então a ação virtuosa é uma passagem momentânea pelo ponto ao qual o retorno permanente constitui a negação da vontade de viver.

Um corolário daquilo que foi afirmado é que nós não temos qualquer fundamento para supor que existam inteligências ainda mais perfeitas do que a inteligência humana, pois nós vemos que já essa é suficiente para conceder à vontade aquele conheci-

---

58. SCHOPENHAUER, A. *O mundo como vontade e representação, tomo II*. Trad. L.G. Grzybowski. Petrópolis: Vozes. No prelo.

59. Compare-se *Os dois problemas fundamentais da ética*, p. 274. (2. ed. p. 271).

mento, em decorrência do qual ela nega a si mesma e se anula, com o que desaparece a individualidade e, consequentemente, a inteligência, que como tal é meramente uma ferramenta da natureza individual e, por conseguinte, animal. Isso nos parecerá menos ofensivo se nós considerarmos que, com efeito, não somos capazes de pensar, até mesmo as inteligências mais perfeitas que podemos assumir provisoriamente para esse propósito, como existindo ao longo de um período interminável de tempo, tempo este que, nomeadamente como tal, seria demasiado pobre, a fim de oferecer para aquelas inteligências objetos constantemente novos e dignos de si, porque nomeadamente a essência de todas as coisas é fundamentalmente una, então todo conhecimento dessa mesma essência é necessariamente tautológico: tendo sido uma vez apreendido, da maneira como logo seria apreendido por aquelas inteligências mais perfeitas; o que permaneceria então restante para elas, senão mera repetição e tédio, ao longo de um período interminável de tempo? Também por essa perspectiva, portanto, nos é indicado que o propósito de toda inteligência pode ser somente a reação a uma vontade: no entanto, porque todo querer é um equívoco; então, o último trabalho da inteligência continua a ser a abolição do querer, ao que ela até aquele momento havia servido para os seus propósitos. Em conformidade com isso, mesmo a inteligência mais perfeita possível somente é capaz de ser um estágio de transição para aquilo que nem mesmo um conhecimento qualquer pode jamais ser suficiente: com efeito, um conhecimento desse tipo é capaz na essência das coisas de assumir somente o lugar do piscar de olhos da intelecção alcançada mais perfeita.

Em concordância com todas essas considerações e com a origem do conhecimento a partir da vontade, como demonstrado no segundo livro, vontade esta que o conhecimento, na medida em que ele é útil aos propósitos daquela, espelha precisamente por meio disso na afirmação da vontade, enquanto a verdadeira salvação reside na sua negação, vemos todas as religiões, cada qual em seu ponto mais elevado, desandar no misticismo e nos mistérios, quer dizer, na escuridão e no ocultismo, os quais na verdade meramente indicam uma mancha vazia para o conhecimento, nomeadamente o ponto em que todo o conhecimento necessariamente termina; em decorrência disso, esse mesmo ponto pode ser expresso para o pensamento somente por intermédio de negações, para a intuição sensorial, no entanto, é significado por sinais simbólicos, enquanto nos templos pela escuridão e pelo silêncio, e no bramanismo até mesmo pela cessação necessária de todo pensamento e intuição, para o propósito da mais profunda introjeção no fundamento de si mesmo, sob a expressão mental do misterioso *oum*. – O misticismo, no sentido mais amplo, é toda instrução para a introjeção imediata daquilo para o que nem a intuição, nem o conceito, ou seja, nenhum conhecimento, são suficientes. O místico contrasta com o filósofo por meio do fato de que ele começa de dentro, mas o filósofo parte de fora. O místico, nomeadamente, parte de sua experiência interior, positiva, individual, na qual ele se encontra como o ser eterno, único, e assim por diante. Mas não há nada comunicável a respeito disso, além precisamente de afirmações, nas quais se deve acreditar em função de suas palavras: consequentemente, ele não é capaz de convencer. O filósofo, por outro lado, parte daquilo que é comum a todos, do fenômeno objetivo, que está presente a todos, e dos fatos da autoconsciência, tal como eles são encontrados em cada um. O seu método é, em decorrência disso, uma reflexão a respeito de todas essas coisas e a combinação dos dados contidos ali: em função disso ele é capaz de convencer. Ele deve, em decorrência disso, se furtar de sucumbir à maneira dos místicos e eventualmente, por intermédio da afirmação de intuições intelectuais, ou de supostas percepções imediatas da razão, desejar transparecer ter um conhecimento positivo daquilo que, eternamente inacessível a todo conhecimento, na melhor das hipóteses pode ser descrito por uma negação. A filosofia possui o seu valor e a sua dignidade no fato de que ela despreza todos os pressupostos que não podem ser justificados e inclui nos seus dados somente aquilo que se permite comprovar seguramente no mundo exterior intuitivamente dado, nas formas que constituem o nosso intelecto para compreender esse mesmo mundo exterior e na consciência comum a todos a respeito do próprio si mesmo. Por essa razão, ela necessita permanecer cosmologia e não pode tornar-se teologia. O seu tema deve limitar-se ao mundo: declarar por toda parte *o que* esse mundo *seja*, o que *seja* no íntimo mais profundo, é tudo o que a filosofia pode honestamente realizar. – A isto corresponde, pois, que a minha doutrina, uma vez tendo alcançado o seu apogeu, assume um caráter *negativo*, e, portanto, termina com uma negação. Ela é capaz, nesse ponto, de falar, nomeadamente, apenas daquilo que é negado, daquilo que é abandonado: aquilo que é alcançado em contrapartida a isso, no entanto, ela se vê forçada a descrever (no final do quarto livro) como coisa alguma, e pode meramente acrescentar o consolo de que é apenas um "coisa alguma" relativo, não um absoluto. Porque se alguma coisa não é nada de tudo aquilo que nós conhecemos; então se trata, de todo modo, de maneira geral de coisa alguma para nós. Não obstante, ainda não se segue daí, que seja absolutamente coisa alguma, que deveria, nomeadamente, ser coisa alguma a partir de todas as perspectivas possíveis e em todos os sentidos possíveis; mas unicamente que nós estamos limitados a um conhecimento completamente negativo dessa mesma coisa; o que pode muito bem ser devido às limitações do nosso ponto de vista. – É precisamente aqui, pois, que o místico procede positivamente, e a partir de onde, em decorrência disso, não resta coisa alguma senão o misticismo. Aquele que, entrementes, deseje esse tipo de suplemento ao conhecimento negativo, para o qual unicamente a filosofia é capaz de conduzi-lo, este a encontra em sua forma mais bela e abundante no *Oupnekhat*, em seguida nas *Enéades* de Plotino, em Scotus Erigena, em algumas passagens de Jakob Böhme, especialmente, todavia, na maravilhosa obra de Guyon, *Les torrens*, e em Angelus Silesius, e finalmente ainda nos poemas do sufismo, dos quais Tholuk nos presenteou com uma compilação em tradução para a língua latina e outra em tradução para a língua alemã, e também ainda em muitas outras obras. Os *sufitas* são os gnósticos do Islã; em decorrência disso, igualmente, Sadi também os descreve por meio de uma única palavra, a qual é traduzida como "repletos de intelecção". O teísmo, calculado em função da capacidade da multidão, estabelece a fonte primordial da existência fora de nós, como um objeto: todo o misticismo, e o mesmo acontece com o sufismo, gradualmente atrai essa fonte primordial novamente de maneira gradual para dentro de nós, nos vários estágios de sua consagração, na condição de sujeitos, e o adepto finalmente reconhece, com maravilhamento e alegria, que ele mesmo é esta fonte. Esse processo, comum a todo o misticismo, nós encontramos expresso por Mestre Eckhard, o patrono do misticismo alemão, não somente na forma de uma prescrição declarada para o asceta, "de que ele não deve procurar Deus fora de si mesmo" (*Eckhards Werke*, editadas por Pfeiffer, v. 1, p. 626); mas também apresentada de forma muito ingénua pelo fato de que a filha espiritual de Eckhard, depois que ela experimentou aquela transformação em si mesma, o procura para anunciar com júbilo em sua direção: "Senhor, alegra-te comigo, tornei-me Deus!" (p. 465). Precisamente em conformidade com esse espírito, o misticismo dos SUFISTAS se expressa consistentemente também principalmente como um embriagar-se na consciência de que nós mesmos somos o centro do mundo e a fonte de toda a existência, para a qual todas as coisas retornam. Certamente, introduz-se também frequentemente em meio a isso o apelo à renúncia a todo o querer, como aquilo por meio do que unicamente a libertação da existência individual e do seu sofrimento seria possível, não obstante, de maneira subordinada e exigido como algo fácil. No misticismo dos hindus, por outro lado, esse último lado entra em cena com muito mais força, e no misticismo cristão esse mesmo lado é completamente predominante, de modo que aquela consciência panteísta, que é essencial a todo o misticismo, entra em cena nesse caso somente secundariamente, como resultado da renúncia de todo o querer, na condição de união com Deus. Em conformidade com essa diferença de concepção, o misticismo maometano apresenta um carácter muito alegre, o misticismo cristão tem um carácter sombrio e doloroso, e o misticismo dos hindus, que se encontra acima de ambos, também em relação a esse aspecto apresenta uma posição intermediária.

Quietismo, isto é, a desistência de todo queres, ascetismo, isto é, o assassinato da vontade própria, e misticismo, isto é, a consciência da identidade sua própria essência com a essência de todas as coisas, ou com o cerne do mundo, encontram-se na conexão mais precisa; de modo que aquele que professa algum destes será gradualmente conduzido igualmente à aceitação dos demais, mesmo em contraposição à sua determinação. – Coisa alguma é capaz de ser mais surpreendente do que a concordância uns com os outros entre os escritores que apresentam esses ensinamentos, diante da grande diversidade das suas épocas, países e religiões, acompanhado pela certeza sólida e pela profunda confiança com que apresentam a substância da sua experiência interior. Eles não constituem, eventualmente, uma *seita* que sustenta, defende e propaga um dogma teoricamente preferencial e outrora adotado; em vez disso, a maior parte deles não tem conhecimento um do outro; com efeito, os místicos, os quietistas e os ascetas indianos, cristãos, maometanos são heterogêneos entre si em relação a todas as coisas, exceto no significado interno e no espírito de seus ensinamentos. Um exemplo especialmente notável a esse respeito é fornecido pela comparação de *Torrens* de Guyon com o ensinamento dos Vedas, nomeadamente com a passagem em *Oupnekhat* (v. 1, p. 63), a qual possui o conteúdo daquele escrito francês na maior brevidade, mas precisamente e até mesmo com as mesmas imagens, e ainda assim não poderia ter sido conhecido pela Senhora de Guyon, por volta de 1680. Na "Teologia Alemã" (única edição não corrompida, Stuttgart, 1851), diz-se, nos capítulos 2 e 3, que tanto a queda do diabo quanto a de Adão teria consistido no fato de que tanto um, como o outro, teria acrescentado ao eu e o me, o meu e o a mim; e na página 89 consta: "No amor verdadeiro não permanece nem eu nem me, meu, a mim, tu, teu e coisas semelhantes a essas". Correspondentemente a isso, pois, consta no "*Kural*", traduzido do tâmil por Graul, página 8: "A paixão que se estende para fora do meu e a paixão que vai para dentro do eu cessam" (cf. versículo 346). E no *Manual of Buddhism by Spence Hardy* (p. 258), Buda declara: "Meus alunos rejeitam a ideia de que isto sou eu ou que isto é meu". De maneira geral, se desconsiderarem-se as formas, as quais as circunstâncias externas introduzem em cena, e se for ao fundamento das questões, então descobrir-se-á que Schakia Muni e Mestre Eckhard ensinam a mesma coisa; apenas que àquele primeiro era permitido expressar os seus pensamentos, enquanto este segundo era forçado a travesti-los com a roupagem do mito cristão e a adaptar as suas expressões a esse mito. No entanto, com isso se vai tão longe, que em Mestre Eckhard o mito cristão é quase como apenas uma linguagem imagética, praticamente como o mito helênico para os neoplatônicos: ele o toma de maneira inteiramente alegórica. Nesse mesmo aspecto, vale a pena destacar que a transição de São Francisco da opulência para a uma vida de mendicância é muito semelhante ao caminho ainda muito maior do Buda Shakia Muni de príncipe a mendigo, e que correspondentemente a isso, a vida de Francisco, assim como a sua fundação, era precisamente apenas uma espécie de prática *sannyasa*. Com efeito, mostra-se digno de ser mencionado que seu parentesco com o espírito indiano também entra em cena em seu grande amor pelos animais e na sua interação frequente com eles, em meio ao que ele os chama consistentemente de irmãos e irmãs; da mesma maneira como, então, seu belo *Cantico*, por intermédio do louvor ao sol, à lua, às estrelas, ao vento, à água, ao fogo, à terra, testemunha a respeito de seu espírito indiano inato[60].

Até mesmo os quietistas cristãos muitas vezes tinham pouco ou nenhum conhecimento uns dos outros, por exemplo Molinos e a Guyon a respeito de Taulern e da "Teologia Alemã", ou Gichtel a respeito daqueles primeiros. Da mesma forma, a grande diferença na sua educação, na medida em que alguns, como Molinos, foram instruídos, outros, como Gichtel e muitos mais, eram ignorantes, não tem qualquer influência significativa nos seus ensinamentos. Tanto mais comprovam a sua grande concordância interior, diante da firmeza e da segurança das suas afirmações, eles que falam a partir de uma experiência interior efetiva, uma experiência que certamente não é acessível a todos, mas

---

60. S. Bonaventurae vita S. Francisci, capítulo 8. – K. Hase, Franz von Assisi, capítulo 10. – I cantici di S. Francesco, editi da Schlosser e Steinle. Francofort s. M. 1842.

é partilhada somente por alguns favorecidos, em decorrência do que essa experiência recebeu o nome de efeito da graça, cuja efetividade não pode ser posta em dúvida pelas razões acima. A fim de compreender todas essas coisas, é preciso, contudo, lê-los nós mesmos e não nos contentarmos com relatos de segunda mão: porque cada um deles tem que ser apreendido por si mesmo, antes que se julgue a seu respeito. Para familiarização com o quietismo, por conseguinte, eu recomendo particularmente Mestre Eckhard, a Teologia Alemã, o Tauler, a Guyon, a Antoinette Bourignon, o inglês Bunyan, o Molinos[61], o Gichtel: ao mesmo tempo, na qualidade de comprovantes práticos e exemplos da profunda seriedade do ascetismo, têm-se a vida de Pascal publicada por Reuchlin, com a história de Port-royal desse mesmo autor, assim como são de leitura grandemente valiosa a *Histoire de Sainte Elisabeth par le comte*, de Montalembert, e *La vie de Rancé*, de Châteaubriand, com o que, no entanto, de forma alguma se esgota tudo o que é significativo nesse gênero. Aquele que tenha lido tais escritos e comparado o seu espírito com o do ascetismo e do quietismo, da maneira como ele permeia todas as obras do bramanismo e do budismo e expressa a partir de todas as páginas, admitirá que toda filosofia que precisa rejeitar consistentemente aquele modo de pensar em sua totalidade, o que somente pode acontecer na medida em que ela declara os representantes dessas mesmas formas de pensar como estelionatários ou malucos, deve estar, somente por essa razão, necessariamente equivocada. Nessa situação, não obstante, encontram-se, pois, todos os sistemas europeus, com exceção do meu. Verdadeiramente seria necessário tratar-se de ser uma estranha loucura que, sob as possivelmente mais diversas circunstâncias e pessoas, se expressasse com tanta prepotência e, diante disso, fosse elevada à condição de uma doutrina principal da sua re-

---

61. *Michaelis de Molinos manuductio spiritualis*: hispanice 1675, italice 1680, latine 1687, gallice in libro non adeo raro, cui titulus: *Recueil de diverses pièces concernant le quiétisme, ou Molinos et ses disciples*. Amsterdã, 1688 [Miguel de Molinos. *Manual espiritual*: em espanhol 1675, italiano 1680, latim 1687, em francês em um livro, com efeito, não raro, cujo título é *Coleção de diversas obras referentes ao quietismo, ou Molinos e seus discípulos*. Amsterdã, 1688 (N.T.)].

ligião por parte dos mais antigos e numerosos povos da terra, nomeadamente por cerca de três quartos de todos os habitantes da Ásia. Contudo, nenhuma filosofia deve deixar como dado a ser ignorado o tema do quietismo e do ascetismo quando a questão lhe é apresentada; porque, no que tange ao seu conteúdo, esse mesmo tema é idêntico ao de toda a metafísica e ética. Portanto, aqui está um ponto em que espero e exijo de toda filosofia, com o seu otimismo, que ela fale e declare a esse respeito. E se, no julgamento dos contemporâneos, a concordância paradoxal e sem precedentes da minha filosofia com o quietismo e o ascetismo aparece como uma evidente pedra de tropeço; então, por outro lado, eu considero isso como uma prova de sua correção e verdade únicas, bem como uma razão de esclarecimento para o esperto ignorar e segregar dessa mesma filosofia nas universidades *protestantes*.

Não somente as religiões do Oriente, mas, do contrário, também o verdadeiro cristianismo possuem aquele carácter ascético fundamental que a minha filosofia evidencia na qualidade de negação da vontade de viver; mesmo que o protestantismo, especialmente na sua conformação atual, tente descaracterizar isso. Com efeito, inclusive os inimigos declarados do cristianismo que têm surgido nos tempos mais recentes demonstraram-lhe os ensinamentos de renúncia, abnegação, castidade completa e, de maneira geral, modificação da vontade, os quais eles definem com grande correção por meio do nome de "*tendência anticósmica*" e apresentaram minuciosamente que ensinamentos como estes são essencialmente próprios ao cristianismo original e genuíno. Nisso eles estão inegavelmente certos. Que eles, no entanto, fazem valer precisamente isso como uma acusação que se encontra às claras e é evidente contra o cristianismo, embora seja precisamente aí que resida a sua verdade mais profunda, o seu valor mais elevado e o seu caráter sublime, isso testemunha a respeito de um obscurecimento do espírito, o qual somente pode ser explicado pelo fato de que essas mentes, como infelizmente milhares de outras na Alemanha nos dias atuais, estão completamente corrompidas e para sempre distorcidas pelo miserável hegelismo, essa escola de estupidez, esse viveiro de incompreensão e ignorância, essa sabedoria anal putrefaciente à cabeça, a qual nesse momento se começa finalmente a reconhecer como tal, e a veneração dessa mesma em breve será deixada exclusivamente à Academia Dinamarquesa, aos olhos de quem, com efeito, aquele charlatão grotesco se coloca como um *summus philosophus*, por quem ela entra em campanha:

> *Car ils suivront la créance et étude,*
> *De l'ignorante et sotte multitude,*
> *Dont le plus lourd sera reçu pur juge*[62].
> Rabelais.

---

[62]. Pois eles seguirão a crença e estudo,
Da ignorante e estúpida multidão,
Em que o mais estúpido será escolhido como juiz [N.T.].

12
Silêncio

O filósofo, na verdade, vive um verdadeiro drama diante da negação da vontade, visto que ele se vê destituído de linguagem conceitual para dizer o que gostaria de dizer, ou seja, o que é o mundo. E a tarefa do filósofo, segundo o próprio Schopenhauer, consiste justamente em trazer as verdades filosóficas *in concreto*, das quais todos nós estamos conscientes (já que a nossa essência coincide com a essência íntima do mundo), para o saber *in abstracto*. Contudo, o inefável é inexprimível. O filósofo pode vivenciá-lo, nunca, porém, descrevê-lo. À vista disso, Schopenhauer afirma que a solução verdadeira e positiva do enigma do mundo deve ser algo que o intelecto humano é totalmente incapaz de compreender e pensar, porque mesmo na eventualidade de que "um ser de um tipo mais elevado chegasse até nós e fizesse todos os esforços para ensiná-la, seríamos totalmente incapazes de entender qualquer coisa de suas revelações" (W II, cap. 17).

De outro modo, podemos dizer que o *quê* do *como* do mundo não pode ser dito pela filosofia. *Como* o mundo é, ou *como* o mundo funciona, ou *por que* as coisas são do jeito que são, diz respeito ao mundo empírico, que é objeto de estudo das ciências, pois suas investigações versam sobre as relações das aparências entre si. Mas esse *como* das aparências está subordinado ao *quê*, de onde as coisas surgem. E é este *quê* o verdadeiro objeto de investigação da filosofia. Por isso, a união mística, ou seja, quando a plena essência do mundo se torna um límpido espelho, aflige tanto o filósofo: a linguagem conceitual não a alcança. Por outro lado, embora não possa ser dita, a experiência mística pode ser sentida, ou apreendida pelo silêncio. Isso explica por que, para Schopenhauer, alguns religiosos se recolhem ao silêncio, com o intuito de apreender o *quê* do *como* do mundo, como é o caso de budistas e brâmanes; e estes últimos, em especial, buscam a apreensão do *quê* recitando *Om*. No mesmo sentido, Wittgenstein está de acordo com o pensamento schopenhaueriano, quando indica o silêncio no último aforismo do *Tractatus*: "sobre aquilo que não se pode falar, deve-se silenciar" (T. L. P. 7).

O próprio Schopenhauer nota que a sua descrição da negação da vontade de vida é meramente abstrata, geral e, por conseguinte, fria. O que realmente revela que se trata de um fenômeno da negação da vontade, segundo o autor, não são palavras, mas atos e condutas. Assim, para se compreender exatamente o que é a negação da vontade, é preciso recorrer à biografia de santos e ascetas, pois, desse modo, conhece-se exemplos de pessoas que negaram, de fato, a vontade de vida e se recolheram ao silêncio e à não ação, como é o caso de Guyon e São Francisco de Assis. Tais condutas, para o filósofo, constituem o conhecimento vívido e não abstrato, nem por dogmas do que é a negação da vontade.

Era de se esperar, portanto, pelo silêncio do autor no final do livro IV de *O Mundo...* No entanto, não é isso o que realmente acontece. Após sua fria exposição da negação da vontade, aparecem uma série de dogmas cristãos em seu discurso filosófico, tais como: renascimento, graça, pecado original, Adão etc. (W I, § 70). E qual teria sido o propósito do autor ao recorrer a tais dogmas? Conforme a nossa interpretação, as alegorias religiosas assemelham-se às alegorias poéticas e, assim, cumprem o verdadeiro propósito de toda arte, a saber: *mostrar* o *quê* do *como* do mundo. Basta lembrarmos dos poemas do sufismo, indicados pelo autor como capazes de nos reconduzir a nós mesmos, isto é, à fonte de toda existência. Então, Schopenhauer recorre aos dogmas cristãos, envoltos na roupagem da alegoria, para, pelo menos, *mostrar* a quem o lê aquilo que ele não pode dizer. A sua preferência pelos dogmas cristãos se deve ao fato de que, segundo ele mesmo, é o cristianismo que ensina a grande verdade da afirmação e da negação da Vontade de vida, respectivamente, pelo pecado original de Adão, que nos faz partícipes do sofrimento e da morte, e da redenção por meio de Cristo, que nos liberta.

O mundo como vontade e representação, tomo I, § 70-71[63]

Uma vez que, pois, como nós vimos, aquela *autoabolição da vontade* procede do conhecimento, no entanto, todo conhecimento e intelecção como tais são independentes da arbitrariedade; então, da mesma forma, aquela negação do querer, aquela entrada na liberdade, não pode ser obtida à força por meio de uma intenção, mas tem sua origem a partir da relação mais íntima do conhecer com o querer no ser humano, consequentemente, vem repentinamente e como se voando a partir de fora. Em decorrência disso, precisamente, a igreja a denominou de *efeito da graça*: mas assim como ela ainda permite que este dependa da aceitação da graça, da mesma forma o efeito do quietivo constitui igualmente, em última análise, um ato de liberdade da vontade. E porque, como resultado de tal efeito da graça, toda a essência do ser humano é fundamentalmente mudada e invertida, de modo que ele já não quer mais nada de tudo aquilo que até esse momento desejava tão ardentemente, ou seja, efetivamente quase que um novo ser humano se coloca no lugar do antigo, ela denominou essa consequência do efeito da graça de *renascimento*, pois aquilo que ela denomina *ser humano natural*, a quem ela nega qualquer capacidade para a bondade, isso é precisamente a vontade de viver, a qual precisa ser negada se a redenção de uma existência, como se apresenta a nossa, quiser ser alcançada. Por trás da nossa existência existe, nomeadamente, alguma outra coisa, a qual se torna acessível a nós somente por intermédio de nosso descarte do mundo.

Não considerando os indivíduos, em conformidade com o princípio da razão, mas a ideia do ser humano em sua unidade, a doutrina religiosa cristã simboliza a *natureza*, a *afirmação da vontade de viver, em Adão*, cujo pecado, transmitido a nós hereditariamente, ou seja, a nossa unidade com ele na ideia, a qual se apresenta no tempo pelo vínculo da procriação, torna-nos todos participantes do sofrimento e da morte eterna: contrariamente, ela simboliza a *graça*, a *negação da vontade, a redenção*, na figu-

---

63. SCHOPENHAUER, A. *O mundo como vontade e representação, tomo I*. Trad. L.G. Grzybowski. Petrópolis: Vozes. No prelo.

ra do Deus que se fez ser humano, o qual, na condição de livre de toda pecaminosidade, ou seja, de toda vontade de viver, não é capaz igualmente de, como nós, ter tido sua origem a partir da afirmação mais decisiva da vontade, nem é capaz de possuir, como nós o podemos, um corpo, o qual constitui-se inteira e completamente apenas vontade concreta, fenômeno da vontade; mas, contrariamente, nascido da virgem pura, possui igualmente apenas um corpo aparente. Este último aspecto, nomeadamente, em concordância com os docetas, isto é, alguns Padres da Igreja que são muito consistentes a esse respeito. Isso ensinou, particularmente, Apeles, contra o qual Tertuliano e seus sucessores se revoltaram. Contudo, até mesmo o próprio Agostinho comenta a passagem de Rm 8,3: "Deus filium suum misit in similitudinem carnis peccati"[64], ou seja: "Non enim caro peccati erat, quae non de carnali delectatione nata erat: sed tamen inerat ei similitudo carnis peccati, quia mortalis caro erat"[65] (*Liber 83 quaestiones*. quaestio 66). O mesmo Agostinho ensina em sua obra, chamada *Opus imperfectum*, I, 47, que o pecado original é pecado e castigo ao mesmo tempo. Ele já se pode ser encontrado nas crianças recém-nascidas, mas só se manifesta quando elas crescem. No entanto, ainda assim a origem desse pecado deve ser derivada da vontade do pecador. Esse pecador teria sido Adão; mas nele todos nós teríamos existido: a Adão acometeu a infelicidade e nele todos nós nos tornamos infelizes. – Efetivamente, a doutrina do pecado original (afirmação da vontade) e da redenção (negação da vontade) descreve a grande verdade que constitui o âmago do cristianismo: enquanto o restante consiste na maior parte apenas em coberturas e revestimentos, ou elementos secundários. De acordo com o exposto, Jesus Cristo deve ser sempre tomado de maneira generalizada como o símbolo, ou a personificação, da negação da vontade de viver; mas não individualmente, seja segundo sua história mítica nos evangelhos ou em concordância com a história presumidamente verdadeira que lhe serve de fundamento, porque nem uma

---

64. Deus enviou o seu Filho em semelhança da carne do pecado [N.T.].

65. Não era, portanto, carne do pecado, pois não era carne nascida do deleite carnal: mas ainda assim havia nela semelhança à carne do pecado, pois era carne mental [N.T.].

coisa, nem a outra satisfarão facilmente de maneira completa. Trata-se apenas do veículo daquela primeira concepção, para o povo, o qual em sua condição requer constantemente algo factual. – O fato de que nos últimos tempos o cristianismo tenha esquecido seu verdadeiro significado e tenha degenerado em um otimismo simplório não nos interessa aqui.

Constitui, além disso, uma doutrina original e evangélica do cristianismo, a qual Agostinho, com o consentimento dos líderes da Igreja, defendeu contra as ingenuidades estúpidas dos pelagianos, e a qual purificar de equívocos e novamente alçar a um ponto de destaque Lutero constituiu como principal objetivo de seu esforço, como ele o declara expressamente em seu livro "*De servo arbítrio*" – nomeadamente, a doutrina de que a *vontade não é livre*, mas está originalmente sujeita à inclinação para o mal; consequentemente, suas obras são sempre pecaminosas e imperfeitas e não são jamais capazes de satisfazer suficientemente a justiça; que assim sendo, finalmente, não são de forma alguma essas obras que santificam, mas somente a fé; que essa fé propriamente dita não surge, no entanto, por intenção e a partir do livre arbítrio, mas por intermédio do *efeito da graça*, sem a nossa intervenção, como se viesse até nós de fora. – Não apenas os dogmas mencionados anteriormente, mas igualmente este último dogma genuinamente evangélico pertence àqueles que nos dias atuais uma perspectiva grosseira e simplista rejeita como absurda, ou a encobre, na medida em que ela, apesar de Agostinho e Lutero, dedicada ao raciocínio de senso comum de caráter pelagiano, que constitui precisamente o racionalismo atual, declara antiquados precisamente esses dogmas profundos, que são peculiares e essenciais ao cristianismo no sentido mais estrito, e em vez disso retém unicamente o dogma originado e preservado a partir do judaísmo e que só está atrelado[66] ao cristianismo por meio de sua trajetória

---

66. O quanto isso constitui o caso, por se esclarecer a partir do fato de que todas as contradições e incompreensibilidades contidas na dogmática cristã consistentemente sistematizada por Agostinho, as quais levaram precisamente à ignorância pelagiana diametralmente oposta àquela, desaparecem, assim que se abstrai do dogma fundamental judaico e reconhece que ser humano não é obra de uma vontade alheia, mas sim de sua própria vontade. Então tudo fica imediatamente esclarecido e correto:

histórica e o torna o elemento principal. – Nós reconhecemos, no entanto, na doutrina mencionada acima, a verdade que coincide plenamente com o resultado de nossas considerações. Nós observamos, nomeadamente, que a verdadeira virtude e santidade da disposição possui a sua origem fundamental, não na escolha deliberada (nas obras), mas no conhecimento (na fé): precisamente da mesma forma como nós também o desenvolvemos a partir de nosso pensamento principal. Fossem as obras, as quais brotam a partir de motivos e da intenção deliberada, que levassem à bem-aventurança; então a virtude seria sempre somente um egoísmo

---

então não há necessidade de liberdade no *operari*: porque ela está no *esse*, e precisamente aí se encontra igualmente o pecado, na qualidade de pecado original: o efeito da graça, no entanto, é nosso próprio. – Na perspectiva racionalista dos dias atuais, por outro lado, muitas doutrinas da dogmática agostiniana fundamentadas no Novo Testamento parecem completamente insustentáveis, com efeito, até ultrajantes, por exemplo a doutrina da predestinação. Consequentemente, rejeita-se aquilo que é cristão propriamente e retorna-se ao judaísmo grosseiro. Contudo, o erro de cálculo, ou a deficiência original da dogmática cristã, encontra-se ali onde não se procura por ela jamais, nomeadamente, precisamente naquilo que se removeu de todo exame, sendo considerado como de comum acordo e certeza. Tendo se removido isso, toda dogmática é racional: pois aquele dogma contamina, assim como todas as outras ciências, igualmente a teologia. Se a teologia agostiniana, nomeadamente, for estudada nos livros *De civitate Dei* (especialmente no livro 14), então algo análogo será experimentado, como quando se procura colocar de pé um corpo, cujo centro de gravidade se encontra fora dele: independentemente de como ele seja posicionado e girado, ele se desequilibra sempre novamente. Da mesma forma, nomeadamente, também no presente caso toda a culpa do mundo assim como o seu tormento, apesar de todos os esforços e sofismas de Agostinho, recaem constantemente sobre o Deus que fez todas as coisas e em todas as coisas tudo e, além disso, estava consciente de como as coisas iriam decorrer. Que o próprio Agostinho se tornou consciente da dificuldade e ficou intrigado com ela eu já demonstrei em meu ensaio premiado acerca da liberdade da vontade (1. ed.; 2. ed.; cap. 4, p. 66-68). – Da mesma forma, a contradição entre a bondade de Deus e a miséria do mundo, assim como entre a liberdade da vontade e a presciência de Deus, constitui o tema inesgotável de uma controvérsia quase centenária entre os cartesianos, Malebranche, Leibniz, Bayle, Klarke, Arnauld entre muitos outros, ainda que o único dogma estabelecido entre os contendores é a existência de Deus, com seus atributos, e todos eles se revolvem incessantemente em círculos, na medida em que eles procuram reconciliar aquelas coisas, ou seja, resolver um exemplo de cálculo, o qual de maneira alguma jamais se soluciona perfeitamente, mas cujo resto reaparece aqui, outras vezes ali novamente, depois de ter sido obscurecido em outro lugar. Que, no entanto, deva ser procurada no pressuposto fundamental a fonte da discrepância, precisamente isso não ocorre a ninguém, embora isso se imponha violentamente. Meramente Bayle permite-nos perceber que ele o percebeu.

inteligente, metódico e perspicaz; não importa como se queira manipular esse fato. – A fé, contudo, segundo a qual a Igreja cristã promete a bem-aventurança, consiste na seguinte: que, da mesma forma como nós, por intermédio do pecado original do primeiro ser humano, nos tornamos todos partícipes do pecado e fomos entregues à morte e ao decaimento, igualmente todos nós unicamente por intermédio da graça e a contração de nossa imensurável culpa, por parte do mediador divino, somos redimidos, e isso, com efeito, inteiramente sem nosso mérito (da pessoa); uma vez que aquilo que é capaz de proceder da ação intencional (determinada por intermédio de motivos) da pessoa, as obras, não é capaz de nos justificar de maneira alguma, absolutamente e por sua própria natureza, justamente porque é *intencional*, ação introduzida por meio de motivos, *opus operatum*. Nessa crença encontra-se, por conseguinte, antes de tudo, que nossa condição é originária e essencialmente carente de esperança, em relação à qual nós necessitamos de *redenção*; disso decorre que nós mesmos pertencemos essencialmente ao mal e estamos tão firmemente atrelados a ele que nossas obras, em concordância com a lei e a ordenança, ou seja, de acordo com os motivos, não são jamais capazes de suficientemente fazer justiça, nem de nos redimir; contrariamente, a salvação somente pode ser alcançada por intermédio da fé, isto é, por meio de um modo de conhecimento mudado, e esta fé propriamente somente pode vir por intermédio da graça, ou seja, como se viesse de fora: isso significa que a bem-aventurança é algo completamente alheio à nossa pessoa, e aponta para uma negação e abolição precisamente dessa pessoa, que é necessária para a salvação dela mesma. As obras, a observância da lei como tal, não são capazes jamais de justificar, porque elas são sempre uma ação em face de motivos. Lutero exige (no livro *De libertate Christiana*) que, depois de ter a fé entrado em cena, a partir dela emerjam as boas obras completamente por si mesmas, na condição de sintomas, como frutos dessa mesma fé; mas de forma alguma como fazendo em si uma reivindicação por mérito, justificação ou recompensa, mas como algo inteiramente voluntário e gratuito. – Desse modo, também nós permitiríamos, a partir da completa compreensão cada vez mais clara do *principium individuationis*, emergir primeiramente somente a justiça livre, em seguida o amor, até a completa abolição do egoísmo e, finalmente, a resignação ou a negação da vontade.

Eu introduzi nesse ponto esses dogmas da fé cristã, os quais em si mesmos são estranhos à filosofia, unicamente no intuito de demonstrar que a ética que procede da totalidade de nossa consideração corresponde minuciosamente a todas as partes e está atrelada a essa mesma ética, e mesmo que pareça nova em e inédita segundo a sua expressão, de acordo com a sua essência, ela de forma alguma o é; ao contrário, ela concorda completamente com os dogmas particularmente cristãos, e se encontrava até mesmo contida e presente nesses próprios dogmas, de acordo com o essencial; da mesma forma como ela concorda, pois, exatamente com as doutrinas e regulamentos éticos dos livros sagrados da Índia, que são, por sua vez, apresentados em formas completamente diferentes. Ao mesmo tempo, a lembrança dos dogmas da Igreja Cristã serviu para o esclarecimento e a explicação da aparente contradição entre a necessidade de todas as expressões do caráter quando motivos são dados (o reino da natureza) por um lado, e a liberdade da vontade em si, de negar a si mesma e abolir o caráter, juntamente à toda a necessidade dos motivos que se fundamentam a partir dele (reino da graça), por outro lado.

§ 71

Na medida em que eu encerro nesse momento os fundamentos da ética, e com eles o desenvolvimento daquele único pensamento como um todo, cuja comunicação constituiu o meu propósito, eu não desejo de forma alguma calar-me diante de uma reprovação que diz respeito a esta última parte da apresentação; do contrário, antes desejo demonstrar que tal reprovação se encontra na essência da matéria e é absolutamente impossível remediá-la. Trata-se do seguinte: que, depois que nossa consideração, alcançou finalmente o ponto em que temos diante de nossos olhos na perfeita bem-aventurança a negação e a abolição de todo querer e, precisamente por intermédio disso, a redenção de um mundo cuja existência em sua totalidade se apresentou a nós como sofrimento, precisamente isso nos aparece, pois, como uma transição para o *nada* vazio.

A esse respeito eu preciso, em primeiro lugar, observar que o conceito do *nada* é essencialmente relativo e sempre se refere unicamente a alguma coisa específica, a qual ele nega. Essa propriedade foi atribuída (particularmente por Kant) somente ao *nihil privativum* – o qual consiste naquilo que, em contraste com um +, é denotado por -, - este, que poderia se tornar + diante de uma perspectiva invertida –, e em contraste com esse *nihil privativum* foi estabelecido o *nihil negativum*, o qual não seria absolutamente nada em todos os aspectos, para o que se utiliza a contradição lógica como exemplo, que invalida a si mesma. Considerando mais de perto, no entanto, não existe um nada absoluto, nenhum *nihil negativum* propriamente dito, nem mesmo meramente concebível; contrariamente, cada negativo desse tipo, considerado a partir de um ponto de vista mais elevado, ou subsumido sob um conceito mais amplo, é sempre, e novamente, apenas um *nihil privativum*. Cada nada é um tal unicamente quando pensado em relação a alguma outra coisa, e pressupõe essa relação e, portanto, também essa outra coisa. Até mesmo uma contradição lógica constitui um nada apenas relativo. Não se trata de um pensamento da razão; mas nem por isso, por conseguinte, constitui um nada absoluto. Trata-se nesse caso de uma palavra composta, de um exemplo do impensável, o qual se faz necessário na lógica, a fim de demonstrar as leis do pensamento: em decorrência disso, se para essa finalidade nós partirmos de um exemplo desse tipo, fixaremos o ilógico na condição de positivo, o qual se está precisamente procurando, e o lógico[67], na qualidade de negativo, será ignorado. Desse modo, cada *nihil negativum*, ou nada absoluto, quando subordinado a um conceito mais elevado, aparecerá como um mero *nihil privativum*, ou um nada relativo, o qual, igualmente, pode sempre trocar os

---

67. No alemão, Schopenhauer realiza nessa passagem um jogo de palavras entre *Unsinn* (absurdo/ilógico) e *Sinn* (lógico/sentido positivo/racional). Ainda no alemão, o emprego da gramática nesse trecho, embora adequado, é bastante obscuro, o que dificulta o reconhecimento do jogo de palavras empregado, algo que notamos refletido em traduções anteriores da obra. Procuramos, nesta tradução, recuperar o sentido do jogo de palavras do texto alemão [N.T.].

signos com aquilo, que eles negam, de modo que então o primeiro se tornaria uma negação, em si mesmo, no entanto, teria sido pensado como uma proposição. Com isso concorda plenamente, da mesma forma, o resultado da difícil investigação dialética acerca do nada, a qual Platão empreende no "*Sofista*" [p. 277-287, Bipont (ed.)]: Την του έτερου φυσιν αποδειξαντες ουσαν τε, και κατακεκερματισμενην επι παντα τα οντα προς αλληλα, το προς το ον καστον μοριον αυτης αντιτιθεμενον, ετολμησαμευ ειπειν, ώς αυτο τουτο εστιν ουτως το μη ον. (Cum enim ostenderemus, alterius ipsius naturam esse, perque omnia entia divisam atque dispersam invicem; tunc partem ejus oppsitam ei, quod cujusque ens est, esse ipsum revera non ens asseruimus)[68].

Aquilo que é geralmente admitido como positivo, o que nós denominamos de *ser*[69] e cuja negação é expressa em seu significado mais generalizado pelo conceito *nada*, isso constitui precisamente o mundo da representação, o qual eu demonstrei na qualidade de objetidade da vontade, como seu espelho. Essa vontade e esse mundo consistem precisamente também em nós mesmos, e a representação pertence a ela absolutamente na condição de uma de suas perspectivas: a forma dessa representação constitui o espaço e o tempo, consequentemente, tudo aquilo que existe para essa perspectiva necessita estar em algum lugar e em algum ponto. A negação, a abolição, a reorientação da vontade é também a abolição e o desaparecimento do mundo, seu espelho. Se já não vemos mais a vontade neste espelho, então nós perguntamos inutilmente para onde ela se dirigiu, e nos queixamos em seguida, uma vez que ela já não possui mais nenhum onde e quando, que ela tenha se perdido no nada.

---

68. À medida, pois, que demonstramos, que a natureza *do outro* existe e está dividida e dispersa *reciprocamente* por todos os existentes; então a parte deles oposta a ele, que cada existente é, assertamos que esse mesmo em verdade é o *não existente* [N.T.]

69. Em alemão, *Seiende*, uma germanização do *ens/entis* latino, conceito fundamental da filosofia sobretudo tomista (e. g. *De ente et essentia*). No português, literalmente, tratar-se-ia do particípio de ser – *sendo/existindo*. Dentre as variações em uso na filosofia (ser/ente optou-se por aquela que tem o menor potencial de confusão com a filosofia escolástica [N.T]

Uma perspectiva invertida, se ela fosse possível para nós, permitiria que os signos fossem trocados, e mostraria aquilo que para nós é o ser na condição de nada e esse nada na condição do ser. Todavia, enquanto formos nós mesmos a vontade de viver, aquele último pode somente ser reconhecido e descrito por nós negativamente, porque a velha máxima de Empédocles, que o semelhante só pode ser reconhecido pelo semelhante, precisamente nesse caso nos subtrai todo o conhecimento, da mesma forma como inversamente precisamente sobre ela repousa, finalmente, a possibilidade de todo o nosso conhecimento efetivo, ou seja o mundo como representação, ou a objetidade da vontade, pois o mundo é o autoconhecimento da vontade.

No entanto, se se insistisse absolutamente no fato de se obter de alguma maneira um conhecimento positivo a partir daquilo que a filosofia é capaz somente de expressar negativamente, como negação da vontade; então não nos restaria absolutamente nada, senão nos referir ao estado, que foi experimentado por todos aqueles que chegaram à perfeita negação da vontade, e que foi designado pelos nomes de êxtase, arrebatamento, iluminação, união com Deus, e assim por diante; estado o qual, no entanto, não deve ser chamado de conhecimento propriamente dito, porque ele já não possui mais a forma de sujeito e objeto e, incidentalmente, só é acessível à própria experiência, que não pode ser comunicada a outrem.

Nós, contudo, que permanecemos nós mesmos inteiramente na perspectiva da filosofia, precisamos nos contentar aqui com o conhecimento negativo, satisfeitos por termos alcançado a última marca de fronteira do positivo. Assim, tendo nós reconhecido a essência do mundo como vontade, e em todos os seus fenômenos apenas sua objetidade, e tendo a perseguido desde o impulso desprovido de conhecimento das forças naturais obscuras até a ação mais plena de consciência do ser humano; então, de forma alguma nós nos desviamos da consequência de que com a livre negação, com a desistência da vontade, todos aqueles fenômenos, pois, são igualmente eliminados, aquele constante impulso e estímulo desprovido de objetivo e desprovido de descanso, em todas as etapas da objetidade, no qual e pelo qual o mundo existe, são abolidas a multiplicidade de formas que se seguem gradualmente, a vontade e o seu fenômeno em sua totalidade são abolidos juntos, e finalmente também as formas gerais deste, o tempo e espaço, e igualmente a forma básica última dele, o sujeito e objeto. Sem vontade: sem representação, sem mundo.

Diante de nós permanece, no entanto, somente o nada. Mas aquilo que resiste a essa dissolução no nada, a nossa natureza, é, com efeito, precisamente apenas a vontade de viver, que nós mesmos somos, assim como ela é o nosso mundo. O fato de abominarmos de tal maneira o nada, isso nada mais é do que uma outra expressão do fato de que queremos tanto a vida e que não somos nada além dessa vontade, e que não sabemos nada além precisamente dela. – No entanto, se nós voltarmos o olhar de nossa própria carência e aprisionamento em direção àqueles que superaram o mundo, nos quais a vontade, tendo alcançado o pleno conhecimento de si, se encontrou novamente em todas as coisas e em seguida negou a si mesma livremente, e os quais então apenas esperam unicamente ainda para ver seu último traço, junto ao corpo, que o anima, desaparecer; então se mostra para nós, em vez do impulso inquieto e do estímulo, em vez da constante transição do desejo ao temor e da alegria ao sofrimento, em vez da esperança nunca satisfeita e que nunca morre, no que consiste o sonho de vida do ser humano que quer; então se mostra para nós aquela paz, que é superior a toda a razão, aquela completa calmaria oceânica do espírito, aquele sossego profundo, confiança e serenidade inabaláveis, cujo mero reflexo no semblante, assim como Rafael e Correggio o retrataram, constitui um evangelho completo e seguro: somente o conhecimento permaneceu, a vontade desapareceu. Então, nós olhamos com um desejo profundo e doloroso para essa condição, ao lado da qual o miserável e o carente de esperança de nossa própria condição, pelo contraste, aparece em plena luz. Ainda assim, essa consideração é a única que pode nos oferecer constantemente consolo, quando nós, por um lado, reconhecemos o sofrimento incurável e a miséria sem fim como essencial ao fenômeno da vontade, ao mundo, e, por outro lado, tendo sido abolida a vontade, vemos o mundo diluir-se e mantemos diante de nós somente o nada vazio. Ou seja, dessa maneira, por intermédio da consideração da vida da conduta dos santos, com os quais, com efeito, raramente temos o privilégio de nos deparar em nossa própria experiência, mas os quais a sua história registrada e, atestada com o selo da verdade interior, a arte coloca diante de nossos olhos, nós devemos afastar a impressão sombria daquele nada, que paira na qualidade de objetivo final por trás de toda virtude e santidade, e que nós tememos, assim como as crianças temem a escuridão; em vez de contorná-lo nós mesmos, como os indianos, por intermédio de mitos e palavras desprovidas de significado, como a reabsorção no *brahma*, ou *nirvana* dos budistas. Em vez disso, nós reconhecemos livremente: aquilo que permanece após a abolição completa da vontade é para todos aqueles, que ainda estão repletos de vontade, efetivamente o nada. Mas também inversamente é, para aqueles em quem a vontade se modificou e se negou, este nosso mundo muito real com todos os seus sóis e vias lácteas – Nada[70].

---

70. Este também é precisamente o *Pradschna-Paramita* dos budistas, o "além de todo conhecimento", ou seja, o ponto em que sujeito e objeto não existem mais (cf. SCHMIDT, J. J. *über das Mahajana und Pradschna-Parannta*).

13
O artista racional

Schopenhauer condena a presença de alegoria nas artes em geral, mas, no caso da poesia, ele a considera indispensável. Lembremos que o propósito de toda arte é a comunicação da Ideia platônica, a qual é alcançada via intuição estética e, portanto, de modo imediato, puro e sem necessidade da intermediação de qualquer "algo outro". Entretanto, a arte alegórica possui esse "algo outro" (a alegoria), que é representado pelo conceito. O grande problema, nesse caso, é que há um desvio da atenção do espectador da Ideia para o conceito indicado. E obviamente que a passagem da Ideia para o conceito é sempre uma queda, já que é a comunicação da Ideia o substancial numa obra de arte: é ela que lhe confere valor artístico. Por esse motivo, Schopenhauer recrimina tanto a presença das alegorias na pintura.

Na poesia, porém, acontece o inverso: é precisamente a alegoria (o conceito) que conduz o leitor à intuição da Ideia. Isso ocorre, porque formamos uma imagem do conceito dado. Por isso, na poesia, o conceito indicado pela alegoria não prejudica a contemplação daquilo que é o verdadeiro objeto de uma obra de arte, a Ideia; mas, pelo contrário, é precisamente em virtude da alegoria que chegamos à contemplação da Ideia. Os conceitos, na verdade, consistem no material fundamental de trabalho do poeta, já que são eles os verdadeiros responsáveis por conduzir o leitor à apreensão da Ideia. Sendo assim, podemos dizer que o material de trabalho do poeta coincide com o do filósofo, porque, segundo Schopenhauer, o filósofo tem como tarefa repetir a natureza íntima do mundo de maneira abstrata, logo, por conceitos. Essa proximidade entre a filosofia e a arte já aparece nos *Primeiros Manuscritos* de Schopenhauer, quando ele denomina o filósofo de artista racional (*Vernunftkünstler*) e diz claramente que "o objeto da filosofia, da arte cujo mero material são os conceitos, é somente a Ideia (platônica). Portanto, o filósofo apreende as Ideias" (HN I, p.117). Ao dizer que sua filosofia não é ciência, mas sim arte, Schopenhauer aponta para o erro dos sistemas anteriores: "há tanto tempo, foram feitas tentativas vãs e infrutíferas na filosofia porque a procuraram no caminho da ciência, em vez da arte" (HN I, p. 154).

Embora a arte não seja racional para Schopenhauer, e sim intuitiva, ele chama o filósofo de artista racional, pelo fato de ele necessitar dos conceitos para transformar a Ideia apreendida em arte. "Sua arte é esta", diz o autor,

> REPRODUZIR para a RAZÃO o mundo inteiro, isto é, todas as representações e também o que se encontra dentro do nosso interior (não como representação, mas como consciência), combinando CONCEITOS correspondentes a tudo isso, e então REPETINDO FIELMENTE O MUNDO E A CONSCIÊNCIA *in abstracto*" (HN I, p. 117).

Como defende Schopenhauer, os conceitos não são intuíveis em si mesmos e imediatamente, porém, eles podem ser frequentemente trazidos à intuição mediante um exemplo particular, isto é, por meio de uma expressão figurada, metáfora, comparação, parábola ou alegoria. E, na visão do autor, é exatamente isso o que faz Platão quando expressa um dogma altamente abstrato pela alegoria da caverna.

No fundo, todo artista, diante de sua obra de arte, faz isto: aponta para ela e diz: "vejam, isto é o que é a vida!", pois, diz Schopenhauer: "cada obra de arte responde àquela questão ["o que é a vida?"], cada pintura, cada estátua, cada poema, cada cena teatral [...]" (W II, cap. 34). Isso ocorre, porque é a Ideia apreendida (ou grau de objetivação da essência íntima do mundo) que está sendo aqui comunicada em forma de arte. Então, em termos wittgensteinianos, poderíamos dizer que o inefável não pode ser exprimido, mas pode ser mostrado. Ou seja, a vontade de vida não pode ser exprimida, mas pode ser mostrada via Ideia. E, para Schopenhauer, é a arte que tem essa capacidade de mostrá-la. Assim, o artista racional, que é Schopenhauer, à semelhança do poeta, ao ficar destituído de linguagem conceitual, se vale de alegorias, com o propósito de *mostrar* o que é a vontade de vida, tendo em vista que tal sempre foi o recurso exitoso das religiões para mostrar a verdade *sensu allegorico*.

O mundo como vontade e representação, tomo I, § 50[71]

§ 50

Se a finalidade de toda arte é, pois, a comunicação da ideia apreendida, a qual precisamente por meio dessa intermediação pelo espírito do artista, em que ela aparece purificada e isolada de tudo aquilo que é de tipo estranho, torna-se a partir daí compreensível também para aqueles que possuem uma receptividade mais débil e nenhuma produtividade; se, além disso, o fundamentar-se no conceito na arte é algo censurável, por conseguinte nós não poderemos admitir, quando uma obra de arte é determinada intencional e declaradamente para a expressão de um conceito: trata-se aqui do caso da *alegoria*. Uma alegoria é uma obra de arte que significa algo diferente daquilo que ela apresenta, mas, aquilo que é intuitivo, e por conseguinte também a ideia, expressa a si mesmo de maneira direta e completamente perfeita, e não depende da intermediação de um outro sujeito, por meio do qual é indicado. Portanto, aquilo que, dessa maneira, é indicado e representado por algo completamente diferente, porque ele mesmo não pode ser colocado perante a intuição, é sempre um conceito. Por meio da alegoria deve, portanto, sempre ser designado um conceito e, consequentemente, o espírito do espectador deve ser apartado da representação intuitiva apresentada, e deve ser conduzido a uma representação totalmente diferente, abstrata, não intuitiva, a qual se encontra completamente fora da obra de arte: nesse caso, portanto, a imagem ou estátua deve realizar aquilo que o texto faz, só que este muito mais perfeitamente. O que nós, pois, declaramos ser a finalidade da arte, a apresentação da ideia que só pode ser apreendida intuitivamente, não constitui, nesse caso, a finalidade. Para aquilo que, no entanto, é pretendido nesse caso, não é de modo algum necessária uma grande completude da obra de arte; mas é suficiente que se veja aquilo que a coisa deve ser, uma vez que, assim que isso é encontrado, a finalida-

---

71. SCHOPENHAUER, A. *O mundo como vontade e representação, tomo I*. Trad. L.G. Grzybowski. Petrópolis: Vozes. No prelo.

de é alcançada e o espírito é conduzido, pois, a uma representação de tipo inteiramente diferente a um conceito abstrato, o qual constituía o objetivo pretendido. Por conseguinte, as alegorias nas artes visuais não são nada mais do que hieróglifos: o valor artístico, o qual elas podem, de resto, possuir na qualidade de representações intuitivas não lhes resulta da condição de alegorias, mas de outra maneira. O fato de *A noite* de Correggio, *O gênio da fama* de Hannibal Caracci e *As horas* de Poussin serem imagens muito bonitas deve ser completamente separado do fato de serem alegorias. Na qualidade de alegorias, elas não realizam mais do que uma inscrição, com efeito, muito menos. Nós somos nesse caso novamente lembrados da distinção feita acima entre o significado real e o significado nominal de uma imagem. Aqui o significado nominal é precisamente aquilo que é alegórico propriamente dito, por exemplo, *O gênio da glória*; o significado real é aquilo que realmente é apresentado: nesse caso, um belo jovenzinho alado rodeado em voo por belos rapazes: isso expressa uma ideia. Esse significado real só causa efeito enquanto se esquece o significado nominal, alegórico: se este é considerado, então se abandona a intuição e um conceito abstrato ocupa o espírito. Porém, a transposição a partir da ideia em direção ao conceito é sempre uma queda. Com efeito, aquele significado nominal, aquela intenção alegórica, muitas vezes causa prejuízo ao significado real, à verdade intuitiva: é o caso, por exemplo, da iluminação contrária à natureza na *Noite* de Correggio, a qual, por mais bela que se apresente, é, de fato, mera e alegoricamente motivada e na realidade impossível. Se, portanto, uma imagem alegórica possui igualmente valor artístico, então este é bastante distinto e independente daquilo que ela realiza na condição de alegoria: uma obra de arte desse tipo serve a dois propósitos ao mesmo tempo, nomeadamente, a expressão de um conceito e a expressão de uma ideia: somente a expressão da ideia é capaz de constituir uma finalidade artística; ao passo que a expressão do conceito é um propósito estranho, o divertimento lúdico de deixar uma imagem realizar o serviço de uma inscrição, na qualidade de um hieróglifo, inventado para o benefício daqueles a quem a verdadeira essência da arte jamais é capaz de se dirigir. Trata-se, com isso, de um caso como se uma obra de arte fosse ao mesmo tempo uma ferramenta útil que também serve a dois propósitos: por exemplo, uma estátua que seja ao mesmo tempo candelabro ou cariátide, ou um baixo-relevo que seja ao mesmo tempo o escudo de Aquiles. Os verdadeiros amigos da arte não irão aquiescer nem uma coisa, nem outra. É verdade que uma imagem alegórica pode precisamente nessa qualidade produzir uma impressão viva na alma: o mesmo realizaria, no entanto, sob as mesmas circunstâncias, consequentemente também uma inscrição. Por exemplo, quando o desejo por glória está permanente e firmemente enraizado na mente de um ser humano, na medida em que ele considera inclusive a glória como sua propriedade legítima, a qual só lhe é negada tão logo ele não tenha ainda apresentado os documentos de sua propriedade: e se esse indivíduo aparece agora diante do Gênio da glória com suas coroas de louros; então toda a sua mente é estimulada por meio disso, e sua força é chamada à ação: mas o mesmo aconteceria se ele repentinamente visse a palavra "Glória" em grandes letras e claramente em uma parede. Ou quando um ser humano deu a conhecer uma verdade, a qual é importante seja na condição de uma afirmação para a vida prática, ou na qualidade de uma intelecção para a ciência, mas ele mesmo não encontrou nenhum crédito; então uma imagem alegórica representando o tempo, e como este levanta o véu e revela, pois, a verdade nua, isso irá causar um efeito poderoso sobre ele: todavia, o lema *Le temps découvre la vérité*[72] atingiria igualmente o mesmo efeito, porque aquilo que nesse caso realmente causa efeito é sempre unicamente o pensamento abstrato, não aquilo que é intuído.

A alegoria é, pois, de acordo com o que foi dito, um esforço deficiente nas artes plásticas, o qual se presta a um propósito inteiramente estranho à arte; torna-se, desse modo, completamente insuportável quando conduz até tão longe, de modo que a apresentação de interpretações forçadas e forçosamente introduzidas recai ao ridículo. Desse tipo é, por exemplo, a alegoria de uma

---

72. O tempo descobre a verdade [N.T.].

tartaruga para indicar a pudicícia feminina; o olhar descendente da Nêmesis em direção aos seios sob sua túnica, significando que ela também perscruta aquilo que se encontra oculto; a interpretação de Bellori, segundo quem, por esse motivo, Hannibal Caracci vestiu a luxúria com um manto amarelo, porque intentava indicar que suas alegrias logo murchariam e se tornariam amarelas como palha. – Se, pois, não houver de qualquer forma absolutamente nenhuma conexão entre aquilo que é representado e o conceito por ele indicado, baseada na subsunção sob aquele conceito ou na associação de ideias; mas, do contrário, signo e o que é significado se associam de maneira bastante convencional, por meio de estatutos positivos, causados acidentalmente: então denomino essa variedade degenerada de alegoria de *símbolo*. Desse modo, a rosa constitui um símbolo da introversão, o louro se mostra como símbolo da fama, a palma se faz um símbolo de vitória, a concha se apresenta como um símbolo de peregrinação, a cruz se define como um símbolo da religião cristã: a essa categoria pertencem igualmente todas as indicações imediatamente por meio de meras cores, como o amarelo na condição de cor da falsidade e o azul na qualidade de cor da fidelidade. Símbolos similares podem muitas vezes ser úteis na vida, mas seu valor é estranho à arte: eles são tal como hieróglifos, ou mesmo ideogramas da escrita chinesa, e se encontram efetivamente em uma classe com os brasões, com o arbusto que simboliza uma estalagem, com a chave pela qual se reconhece o camareiro-mor, ou o couro pelo qual se reconhece os mineiros. – No evento de, finalmente, certas pessoas históricas ou míticas, ou conceitos personificados, tornarem-se reconhecíveis por símbolos fixados de uma vez por todas; então esses deveriam ser efetivamente denominados *emblemas*: desse tipo são os animais dos evangelistas, a coruja de Minerva, a maçã de Paris, a âncora da esperança e assim por diante. Entrementes, entende-se sob o desígnio de emblemas geralmente aquelas representações simbólicas, simplórias e esclarecidas por meio de um lema, as quais têm por objetivo ilustrar uma verdade moral, a respeito da qual existem grandes coleções, por J. Camerarius, Alciatus e outros: elas realizam a transição para a alegoria poética, a respeito da qual será tratado mais abaixo. – A escultura grega se direciona à intuição, razão pela qual ela é *estética*; a escultura do Hindustão[73] se dirige ao conceito, razão pela qual ela é meramente *simbólica*.

Esse nosso julgamento sobre a alegoria, o qual se fundamenta sobre nossas considerações anteriores a respeito da essência íntima da arte e que está precisamente relacionado a tal essência, é exatamente o oposto da perspectiva de Winckelmann, o qual, longe de declarar a alegoria como algo completamente alheio ao propósito da arte e que muitas vezes lhe causa distúrbio, como nós consideramos, coloca-se em sua defesa em todos os lugares, com efeito, até mesmo (Werke, v. 1, p. 55ss.) estabelece o propósito máximo da arte na "apresentação de conceitos gerais e coisas não sensíveis". Reserva-se aqui a cada um o direito de aderir a uma ou a outra perspectiva. No entanto, diante dessas e outras perspectivas de Winckelmann, que dizem respeito à verdadeira metafísica do belo, ficou-me muito clara a verdade de que é possível se possuir a maior receptividade e o julgamento mais correto sobre a beleza artística sem, no entanto, ser capaz de oferecer uma explicação abstrata e efetivamente filosófica a respeito da essência do belo e da arte: da mesma forma como é possível ser deveras nobre e virtuoso e possuir uma consciência muito delicada, capaz de decidir em casos individuais com a precisão de uma balança de ouro, sem, em decorrência disso, estar em condições de explorar filosoficamente o significado ético das ações e apresentá-lo *in abstracto*.

Uma relação completamente diferente possui, no entanto, a alegoria em relação à poesia, se comparado à sua relação com as artes plásticas e, embora seja repreensível no caso das artes plásticas, ela é muito admissível e proficiente na poesia, pois, nas artes plásticas, ela conduz daquilo que é dado intuitivamente, o objeto propriamente dito de toda arte, aos pensamentos abstratos; na poesia, contudo, a inter-relação é invertida: nesse caso, é o conceito presente imediatamente por meio de palavras, e o objetivo subsequente é de todo modo conduzir a partir desse

---

73. Schopenhauer se refere aqui ao território de cultura hindu, atualmente correspondente majoritariamente ao território indiano [N.T.].

conceito àquilo que é intuitivo, de cuja apresentação a fantasia do ouvinte deve se apoderar. Quando nas artes plásticas a conduz-se a partir de algo imediatamente dado a um outro algo, então isso precisa ser sempre um conceito, porque nesse caso somente aquilo que é abstrato não pode ser dado imediatamente; no entanto, um conceito não deve jamais ser a origem, e sua comunicação não deve jamais ser a finalidade de uma obra de arte. Por outro lado, na poesia o conceito constitui o material, aquilo que é imediatamente dado, o que se pode, por conseguinte, muito bem ser abandonado, a fim de se evocar um elemento intuitivo totalmente diferente no qual o objetivo é alcançado. Em meio ao conjunto de uma peça poética pode um conceito qualquer, ou um pensamento abstrato, mostrar-se indispensável, o qual ao mesmo tempo em si mesmo e de maneira imediata é incapaz de qualquer intuitividade: tal conceito é, por conseguinte, trazido à intuitividade por meio de algum exemplo, o qual pode ser subsumido a ele. Algo desse tipo acontece de imediato em cada expressão figurada, e acontece em toda metáfora, comparação, parábola e alegoria, todas as quais se diferem umas das outras unicamente em relação à extensão e às minúcias de sua apresentação. Nas artes da retórica, por essa razão, comparações e alegorias causam excelente efeito. Quão lindamente afirma Cervantes em relação ao sono, a fim de expressar que ele nos liberta de todo sofrimento mental e físico, "ele é um manto que cobre toda a humanidade". Quão lindamente Kleist expressa de maneira alegórica o pensamento de que os filósofos e pesquisadores esclarecem a raça humana no verso: "Aqueles, cuja lamparina noturna ilumina a totalidade do globo".

Quão intensamente e intuitivamente descreve Homero a perniciosa Culpa quando ele afirma: "Ela possui pés delicados, pois ela não pisa sobre o chão duro, mas apenas caminha somente sobre as cabeças dos seres humanos" (Il., XIX, 91). Quanto causava efeito a fábula do estômago e dos membros de Menenius Agripa sobre o povo romano que se retirou. Quão belamente a já mencionada alegoria da caverna de Platão, no início do sétimo livro da *República*, expressa um dogma filosófico altamente abstrato. Da mesma maneira deve ser considerada como uma alegoria de sentido profundo com tendências filosóficas a fábula de Perséfone, que, em razão de ter saboreado uma romã quando se encontrava no submundo, acaba se tornando prisioneira dele: isso se torna particularmente esclarecedor por meio do tratamento dessa fábula, tratamento esse que nenhum elogio é capaz de fazer jus, realizado por Goethe em *Triunfo da sensibilidade*, no qual a inseriu como um episódio. Três obras alegóricas minuciosas me são conhecidas: uma obra evidente e confessa constitui a incomparável *Criticón* de Balthasar Gracian, a qual consiste em um grande e rico tecido de alegorias interligadas umas com as outras e altamente profusas em sentido, as quais, nesse caso, servem como o revestimento alegre de verdades morais, às quais ele justamente por isso oferece a mais elevada intuitividade e nos coloca em estado de choque com a riqueza de suas invenções. Duas obras alegóricas veladas são, no entanto, o *Dom Quixote* e *Gulliver em Lilliput*. A primeira alegoriza a vida de todo ser humano que não é como os outros; que querem cuidar meramente de seu bem-estar pessoal, mas persegue um propósito objetivo, ideal, o qual tomou posse de seus pensar e querer; por meio do que, com efeito, ele se coloca, então, à parte neste mundo. No caso de Gulliver, basta que se tome por algo mental tudo aquilo que é físico para perceber o que o *satirical rogue*, como Hamlet o chamaria, intencionava com isso. – Na medida em que, portanto, o conceito é, pois, sempre dado para a alegoria poética, ao qual ela procura tornar intuível por meio de uma imagem, é possível que ela, pelo menos às vezes, seja expressa ou suportada por uma imagem pintada: esta imagem não será, com efeito, por essa razão considerada uma obra de artes plásticas, mas será considerada unicamente como um hieróglifo descritivo, e ela não opera nenhuma reivindicação de valor pictórico, mas apenas de valor poético. De tipo semelhante a esse é aquela bela vinheta alegórica de Lavater, que deve causar um efeito tão fortalecedor no coração de todo nobre defensor da verdade: uma mão que, segurando uma vela, é picada por uma vespa, enquanto mosquitos se queimam na chama acima: abaixo dela o lema:

> E ainda que chamusque a asa do mosquito,
> estilhace o crânio e todos os seus pequenos cérebros;
> Uma vela permanece, nomeadamente, uma vela;
> E mesmo que a vespa mais violenta me pique,
> Eu não irei abandoná-la.

A esse âmbito pertence, além disso, aquela lápide com a vela assoprada, ainda fumegante e a inscrição: "Quando se apaga, tornar-se-á evidente / se era vela de sebo ou vela de cera".

Finalmente, desse tipo é uma antiga árvore genealógica alemã, na qual o último descendente da família da mais alta elite expressou a decisão de levar sua vida até o fim em completa abstinência e castidade e, por esse motivo, deixar sua raça morrer, pelo fato de que ele mesmo, retratado na raiz da árvore frondosa, corta a árvore sobre si com uma tesoura. A isso pertencem os símbolos mencionados acima, geralmente denominados de emblemas, os quais se poderiam igualmente descrever como fábulas curtas retratadas com pronunciada moralidade. – As alegorias desse tipo devem sempre ser contadas entre as poéticas, não as pictóricas, e justificam-se precisamente por isso: a execução pictórica permanece igualmente sempre uma questão secundária nesse caso, e não se exige mais dela do que apenas retratar o assunto de maneira reconhecível. Assim como, no entanto, nas artes plásticas, da mesma forma também na poesia, a alegoria se transforma em símbolo quando entre aquilo que é apresentado intuitivamente e o abstrato que é com isso designado não houver nenhuma outra conexão senão uma ligação arbitrária, porque justamente tudo aquilo que é o simbólico se baseia fundamentalmente no acordo, então o símbolo possui, entre outras desvantagens, também o fato de o seu significado ser esquecido ao longo do tempo e ele então acaba por ficar completamente mudo: quem iria provavelmente adivinhar, se isso não fosse conhecido, porque é que o peixe é um símbolo do cristianismo? Apenas um Champolion: pois é um hieróglifo fonético por completo. Por esse motivo encontra-se, na condição de alegoria poética, o Apocalipse de São João de forma muito semelhante aos relevos com *magnus Deus sol Mithra*, os quais ainda são tomados para interpretações[74].

---

74. A esse respeito, cf. o capítulo 36 do segundo volume.

Primeiros Manuscritos I, § 190[75]

Numa questão como esta, deve-se, primeiramente, perguntar: o que é, afinal, o ERRO e a VERDADE? – O mundo não mente, ao olhar para ele (com sentidos e entendimento), não erramos; tampouco mente a nossa própria consciência: nosso interior é o que é, nós somos precisamente o que somos, como poderia ser possível o erro aí? – Apenas a razão pode errar, apenas nos conceitos o erro tem lugar. A verdade é a relação de um julgamento com algo externo a ele. Nós erramos quando unimos conceitos de tal forma que não se encontra uma associação correspondente fora deles, como por exemplo, no juízo: "o mundo e eu mesmo somos apenas consequências de um fundamento". O MATERIAL no qual a filosofia deve ser criada são os conceitos, estes (e, portanto, sua faculdade, a razão) são para o filósofo o que o mármore é para o escultor. Ele é um artista racional [*Vernunftkünstler*], e seu negócio, em outras palavras, sua ARTE é esta: REPRODUZIR para a RAZÃO o mundo inteiro, isto é, todas as representações e também o que se encontra dentro do nosso interior (não como representação, mas como consciência), combinando CONCEITOS correspondentes a tudo isso, e então REPETINDO FIELMENTE O MUNDO E A CONSCIÊNCIA *in abstracto*. Assim que isso for feito, assim que tudo o que se encontra na consciência for separado em conceitos e reunido em juízos, será depositado para a razão; – o último, irrefutável, completamente satisfatório sistema de filosofia, a obra de arte cujo material são os conceitos, estará lá. Completamente OBJETIVA, completamente INGÊNUA, como toda obra de arte genuína, será, portanto, essa filosofia. Para criá-la, o filósofo, como todo artista, sempre buscará diretamente na fonte, ou seja, no mundo e na consciência, e não vai querer desenvolvê-la a partir dos conceitos, como muitos falsos filósofos, especialmente Fichte, fizeram; e como, aparentemente e, segundo a forma, Spinoza também fez. Tal derivação de conceitos, a partir de con-

---

75. SCHOPENHAUER, A. *Frühe Manuskripte* (1804-1818). Frankfurt a. M.: Waldemar Kramer, 1966-1975. *Der handschriftliche Nachlass in fünf Bände*, edição de Arthur Hübscher; § 190, p. 117 [trad. de Gleisy Picoli].

ceitos, é útil nas ciência as quais elas surgem e desvanecem-se, são apenas objeto da ciência, assim como os meros conceitos e sua derivação uns dos outros. Mas o objeto da filosofia, da arte cujo mero material são os conceitos, é apenas a Ideia. Portanto, o filósofo apreende as ideias de tudo o que está na consciência, o que aparece como objeto; ele se coloca como Adão, diante da nova criação, e dá a cada coisa o seu nome. Ele, então, imortalizará as Ideias eternamente vivas nos conceitos mortos e as deixará solidificar, como o escultor faz com o mármore. Quando ele tiver encontrado e representado a Ideia de tudo o que é e vive, resultará para a filosofia prática um desejo de "AQUIETAÇÃO" [*Nichtseynwollen*], pois terá sido demostrado como a Ideia do Ser no tempo, é a Ideia de um estado infeliz, como o Ser no tempo, é o mundo, o reino do acaso, do erro e da maldade; como o corpo é a vontade visível que sempre quer e nunca pode ser satisfeita; como a vida é um morrer constantemente inibido, uma luta eterna com a morte, que deve, finalmente, triunfar; como a humanidade e a animalidade sofredora são a Ideia da vida no tempo; como a VONTADE DE VIDA é a verdadeira condenação, e a virtude e o vício, apenas o grau mais fraco e mais forte da vontade de vida. Como é insensato temer que a morte possa nos roubar a vida, já que, infelizmente, a vontade de vida já é a própria vida, e, se a morte e o sofrimento não extinguem essa vontade de vida, a vida em si flui eternamente da fonte inesgotável, do tempo infinito. Assim, a vontade de vida sempre terá vida, sendo a morte apenas um amargo acréscimo que está intrinsecamente ligada à vida, pois só o tempo, o vazio, as distingue, e a vida é apenas uma morte adiada.

14
Religião

Quando o assunto é a religião, muito se especula sobre qual seria, afinal, a posição de Schopenhauer. O autor remete-nos, com frequência, aos dogmas do bramanismo, budismo e cristianismo, já que, como ele mesmo diz, sua ética "é desenvolvida plenamente de acordo com as religiões sublimes e profundas, então, com o bramanismo, o budismo e o cristianismo" (W II, cap. 50). Lembremos também que os *Upanishads* dos Vedas, uma obra religiosa, constituem, segundo Schopenhauer, um dos inspiradores de sua filosofia. Em alguns momentos, o autor também fala da indispensabilidade da religião e do quão perfeitamente ela ocupa o lugar de uma metafísica objetivamente verdadeira. Por outro lado, ele denuncia incisivamente as injustiças cometidas pelos representantes da religião, como no caso da Inquisição, das perseguições aos hereges, de Giordano Bruno e de outros heróis da verdade que morreram pelas mãos dos padres. Além disso, o autor reprova o fato de a religião sempre ter tido o monopólio dos conhecimentos metafísicos, provocando, assim, a inibição dos progressos da filosofia. Ele também adverte que o problema da filosofia é com o mundo, isto é, ela deve deixar os deuses em paz – assim como eles também a devem deixar em paz. Então, como entender a perspectiva de Schopenhauer no que tange à religião? Sua posição é ambígua, contraditória, ele a aprecia ou a despreza?

Certamente que Schopenhauer não suspenderia seu juízo diante de uma grande questão como essa. O capítulo 17 do tomo II de *O mundo...* não nos deixa dúvidas do reconhecimento da religião por parte do autor. Primeiramente, porque ele a considera uma metafísica, assim como a filosofia. Há dois tipos de metafísica, declara Schopenhauer: a filosofia e a religião. As duas lidam, portanto, com a coisa em si; a diferença principal entre elas está na certificação e, por conseguinte, na comunicação da verdade. O primeiro tipo exige reflexão, formação, esforço e juízo para o reconhecimento de sua certificação, que é interior a si. Dessa forma, a filosofia comunica a verdade *sensu stricto et proprio*, por conceitos e argumentos. A religião, por sua vez, tem sua certificação exterior a si, por revelação, comunicando a verdade *sensu allegorico*, logo, sem precisar das rigorosas exigências da filosofia.

De acordo com Schopenhauer, o ser humano é, por excelência, um animal metafísico. Mais precisamente, todos nós, alguma vez na vida, já nos espantamos com a existência do mundo, que não é explicável por si mesmo, bem como com nossas próprias obras. Com esse espanto, segundo o autor, nasce a necessidade de uma metafísica, que é própria do ser humano. Em virtude da complexidade de seus raciocínios, a filosofia satisfaz metafisicamente apenas à minoria da sociedade. Como a religião, por sua vez, fala por meio de dogmas, isto é, alegorias facilmente compreensíveis, e não tem necessidade da comprovação de seus raciocínios, ela pode satisfazer metafisicamente à maioria da população. Daí o seu próspero papel social de metafísica para o povo e sua importância como consolo metafísico. – Ainda que essa necessidade metafísica se contente com bem pouco.

As críticas de Schopenhauer, em verdade, são dirigidas aos representantes das duas metafísicas, que ele denomina de professores de filosofia e sacerdotes. Esses representantes há tempos exploram a necessidade metafísica do ser humano, cometendo uma série de abusos em nome da filosofia ou da religião. Obviamente que Schopenhauer não critica ambas as metafísicas, pois só o fato de as considerar metafísica já revela sua inestimável importância para ele. Assim como Schopenhauer critica o uso da filosofia pelos professores que vivem *da* filosofia, e não *para* a filosofia, ele também critica o uso da religião por parte dos líderes religiosos. Portanto, suas críticas ferozes são dirigidas à instituição religiosa, e não à religião em si mesma. Se considerarmos, então, o seu famoso diálogo "Sobre a religião", não cabe dizer que Schopenhauer é a personagem Filaletes, um desprezador e inimigo da religião. Sua posição é semelhante à de Demófeles, defensor da religião como metafísica para o povo.

O mundo como vontade e representação, tomo II, cap. 17[76]

(A respeito da necessidade metafísica do ser humano)[77]

Com exceção do homem, nenhum ser qualquer se surpreende com a sua própria existência; contrariamente, essa mesma existência se dá a entender a todos eles de maneira tão própria, que eles sequer a percebem. A partir da tranquilidade do olhar dos animais expressa-se ainda a sabedoria da natureza; porque neles a vontade e o intelecto ainda não se distanciaram um do outro de maneira tão acentuada, de modo que em face de seu reencontro ele possam se maravilhar uns com os outros. Desse modo, todo o fenômeno ainda está, nesse caso, firmemente associado ao cerne da natureza – a partir da qual ele teve sua origem – e compartilha da onisciência inconsciente da grande mãe. – Somente depois que a essência interior da natureza (a vontade de viver em sua objetivação) tiver ascendido por meio dos dois reinos dos seres inconscientes e em seguida por intermédio da longa e ampla série dos animais, vigorosos e bem-dispostos, é que ela finalmente alcança, em meio à entrada em cena da razão, isto é, no ser humano, pela primeira vez o ponto da intelecção: subsequentemente, a essência interior da natureza se admira com as suas próprias obras e se interroga o que ela mesma seria, mas o seu espanto constitui-se tanto mais grave quando tal essência é nesse momento colocada pela primeira vez com consciência diante *da morte* e, paralelamente à finitude de toda a existência, impõe-se a ela igualmente de maneira mais ou menos intensa a futilidade de todo esforço. Com essa intelecção e esse maravilhamento surge, por conseguinte, a *necessidade* de uma *metafísica*, que é particular ao ser humano: ele consiste, em conformidade com isso, em um *animal metaphysicum*. No começo de sua consciência, evidentemente, também ele toma a si mesmo como algo, que se permite compreender por si mesmo. No entanto, isso não dura por muito tempo; pelo contrário, muito cedo, ao mesmo tempo que a primeira reflexão, instala-se pronta-

---

76. SCHOPENHAUER, A. *O mundo como vontade e representação, tomo II*. Trad. L.G. Grzybowski. Petrópolis: Vozes. No prelo.

77. Este capítulo está relacionado ao § 15 do vol. 1.

mente aquele maravilhamento que se tornará em algum momento a mãe da metafísica. – Em conformidade com essas coisas, Aristóteles também afirma na introdução de sua Metafísica: Διὰ γὰρ τὸ θαυμάζειν οἱ ἄνθρωποι καὶ νῦν καὶ τὸ πρῶτον ἤρξαντο φιλοσοφεῖν (*Propter admirationem enim et nunc et primo inceperunt homines philosophari*)[78]. Igualmente, a própria disposição filosófica consiste, antes de tudo, no fato de que se é capaz de se surpreender acerca daquilo que é o ordinário e o cotidiano, por intermédio do que se é instigado a fazer daquilo que é o *universal* do fenômeno o nosso problema; enquanto os investigadores nas ciências do mundo material se maravilham unicamente acerca de fenômenos selecionados e invulgares, e o seu problema é meramente, rastrear esses fenômenos até aqueles mais familiares. Quanto mais baixo um ser humano se situa no que tange a perspectivas intelectual, tanto menos possui de coisas enigmáticas a própria existência: para este ser humano tudo parece antes ser como é, e que isso seja, explica-se para ele por si mesmo. Isso repousa sobre o fato de que seu intelecto permaneceu ainda completamente fiel à sua determinação originária, de estar a serviço da vontade na qualidade de um meio dos motivos, e, em função disso, encontra-se intimamente associado ao mundo e à natureza, como parte integrante dele; consequentemente, está muito longe do ponto de, separando-se, por assim dizer, do conjunto das coisas, colocar-se como contraponto a esse mesmo todo e, dessa maneira, por um instante, como existente por si mesmo, compreender o mundo de forma puramente objetiva. Por outro lado, o maravilhamento filosófico que tem sua origem a partir disso é condicionado no caso particular por um maior desenvolvimento da inteligência, de maneira geral, no entanto, não somente por intermédio desta; do contrário, sem dúvida é o conhecimento em torno da morte, e paralelamente a esta a contemplação do sofrimento e da miséria da vida, que oferece o impulso mais forte ao inteligir filosoficamente e às interpretações metafísicas do mundo. Se a nossa vida fosse interminável e desprovida de dores, então talvez não ocorresse a pessoa

---

78. Em decorrência do maravilhamento, pois, começaram os seres humanos agora e em primeiro lugar a filosofar [N.T.].

alguma perguntar, por que o mundo existiria e por que apresentaria precisamente essa constituição; contrariamente, compreender-se-ia também precisamente todas as coisas por si mesmas. Correspondentemente a isso, nós consideramos que o interesse que os sistemas filosóficos ou mesmo religiosos poderiam inspirar, tem o seu ponto de referência mais forte no dogma de uma continuidade qualquer após a morte: e mesmo que estes últimos pareçam fazer da existência dos seus deuses o seu tema principal e pareçam defender essa existência com o maior zelo; então isto é fundamentalmente, com efeito, somente porque eles vincularam a essa mesma existência o seu dogma de imortalidade e o consideram inseparável daquela: somente em relação a isso é que eles realmente se importam, pois se alguém pudesse assegurar-lhes a mesma coisa de uma maneira distinta; então o zelo vívido pelos seus deuses logo esfriaria e ele daria lugar a uma indiferença quase completa se, inversamente, lhes fosse comprovada a completa impossibilidade de uma imortalidade: pois o interesse na existência dos deuses desapareceria com o desaparecimento da esperança de uma mais próxima familiaridade com eles, com exceção somente do restante, que deseja associar-se com sua possível influência nos acontecimentos da vida presente. Se fosse possível, no entanto, até mesmo comprovar a persistência após a morte como sendo incompatível com a existência dos deuses, eventualmente, porque ela pressupõe a originalidade do ser; então, eles logo sacrificariam tais deuses pela sua própria imortalidade e zelariam fervorosamente pelo ateísmo. Sobre o mesmo fundamento repousa o fato de que os sistemas propriamente materialistas, como igualmente os absolutamente céticos, não puderam jamais alcançar uma influência universal ou duradoura.

Templos e igrejas, pagodas e mesquitas, em todos os países, em todos os tempos, em esplendor e grandeza, testemunham a respeito das necessidades metafísicas do ser humano, as quais, marcantes e inextinguíveis, acompanham ao encalço das necessidades físicas. Certamente, uma pessoa qualquer com humor satírico poderia acrescentar que essa mesma necessidade metafísica seria um garotão modesto que apresenta uma preferência por uma cozinha modesta. Com fábulas desajeitadas e contos de fadas de mau gosto permite-se ele eventualmente se satisfazer: se forem impregnadas nele suficientemente cedo, constituem-se elas interpretações adequadas de sua existência e pilares de sua moralidade. Considere-se, por exemplo, o Corão: esse livro de baixa qualidade foi suficiente para estabelecer uma religião mundial, para satisfazer a necessidade metafísica de incontáveis milhões de pessoas desde 1200 anos, para se tornar o fundamento da sua moralidade e de um significativo desprezo pela morte, bem como igualmente para entusiasmá-los a guerras sangrentas e às conquistas mais abrangentes. Nós encontramos nele a forma mais lastimável e mais miserável do teísmo. Muito pode ser perdido por intermédio das traduções; no entanto, eu não consegui descobrir nele nenhum único pensamento de grande valor. Coisas semelhantes a essas comprovam que juntamente à necessidade metafísica não se encontra de mãos dadas a capacidade metafísica. Com efeito, quer parecer que nos tempos primordiais da presente superfície terrestre isso era de outra maneira e que aqueles que estavam significativamente mais próximos da origem da raça humana e da fonte original da natureza orgânica do que nós, também possuíam em parte uma maior energia das forças cognitivas intuitivas, em parte tinham uma disposição de espírito mais correta, por meio do que elas eram capazes de uma concepção mais pura e direta da essência da natureza e estavam, em função disso, em condições de satisfazer a necessidade metafísica de uma maneira mais digna: dessa maneira surgiram entre os antepassados dos brâmanes, os Rishis, as concepções quase sobre-humanas que mais tarde foram registradas nos Upanishads dos Vedas.

Em momento algum, por outro lado, houve carência de pessoas, as quais que se esforçaram por fundamentar a sua subsistência sobre aquela necessidade metafísica do homem e por explorar essa mesma necessidade tanto quanto possível; em decorrência disso, encontra-se entre todos os povos os monopolistas e arrendatários gerais dessa mesma necessidade: os sacerdotes. Não obstante, a sua atividade econômica tinha de ser assegurada para eles em todos os lugares pelo fato de que ela lhes dava o direito, de transmitir os seus dogmas metafísicos aos seres humanos ainda bastante cedo, antes ainda que a faculdade de julgamento despertasse da sua indolência matinal, ou seja, na primeira infância: pois nesse caso todo o dogma que tenha sido bastante bem imputado, independentemente de quão absurdo possa ser, persiste para sempre. Se tivessem que esperar até que a faculdade de julgamento estivesse madura; então seus privilégios não poderiam subsistir.

Uma segunda classe de pessoas, ainda que não tão numerosa, que vive das necessidades metafísicas dos seres humanos, é composta por aqueles que vivem da *filosofia*: entre os gregos eles eram denominados sofistas, entre os modernos são chamados professores de filosofia. Aristóteles conta sem hesitação (*Metafísica*, II, 2) o *Aristipo* entre os sofistas: a razão para isso nós encontramos em Diógenes Laércio (II, 65), nomeadamente, que ele teria sido o primeiro entre os socráticos, que permitiu que se lhe pagassem por sua filosofia; razão pela qual igualmente Sócrates enviou de volta o presente daquele. Da mesma maneira entre os modernos, aqueles que vivem *da* filosofia não são somente, via de regra e com as mais raras exceções, completamente diferentes daqueles que vivem *para* a filosofia; do contrário, muitas vezes são até mesmo os adversários, os inimigos secretos e implacáveis daqueles: porque toda realização filosófica genuína e significativa lançará muita sombra sobre as daqueles e, além disso, não se submeterá às intenções e às restrições do corporativismo; razão pela qual aqueles estão todo o tempo a se esforçar para não permitir que uma realização desse tipo emerja, para o que, então, em conformidade com as determinações das respectivas épocas e circunstâncias, os meios usuais são, ora ocultar, encobrir, dissimular, ignorar, fazer segredo, ora negar, menosprezar, culpabilizar, caluniar, distorcer, ora denunciar e perseguir. Em decorrência disso, pois, é que muitas grandes mentes tiveram que se arrastar ofegantes pela vida, sem serem reconhecidas, sem serem engrandecidas, sem serem recompensadas, até que finalmente, após as suas mortes, o mundo ficou deixou de ser ludibriado a seu respeito e a respeito dos outros. Nesse ínterim, aqueles outros alcançaram seu propósito, tiveram o seu reconhecimento, na medida em que não permitiram que aquele fosse reconhecido, e viveram *da* filosofia, com mulher e filhos, enquanto aquele vivera *para* ela. Uma vez que ele esteja morto; então as coisas se invertem: a nova geração daquele, sempre presente, se torna nesse momento herdeira de suas conquistas, recorta-a de acordo com as suas próprias necessidades e agora vivem *às suas custas*. Que, no entanto, Kant tenha sido capaz de viver tanto *da* como *para* a filosofia repousava sobre rara circunstância de que, pela primeira vez desde *Divo*[79] Antonino e *Divo* Juliano, um filósofo se assentava sobre o trono: somente sob tais auspícios foi possível à *Crítica da razão pura* ver a luz. Mal havia o rei falecido, então nós já vemos igualmente Kant, porque ele pertencia à corporação, modificar, estando tomado de receio, castrar e estragar sua obra-prima na segunda edição, e ainda assim, no entanto, logo incorrendo em perigo de perder sua posição; de modo que Campe em Braunschweig o convidou a vir até ele e morar junto a si como preceptor de sua família (RING. *Ansichten aus Kants Leben*, p. 68). Geralmente, a filosofia universitária ocorre como com uma mero jogo de espelhos: o verdadeiro propósito dessa mesma filosofia é oferecer aos estudantes, no mais profundo de seu pensamento, aquela orientação de pensamento que o ministério que sustenta as cátedras considera apropriada às suas intenções. Num sentido de política de estado, este último também pode estar bastante certo a esse respeito: não obstante, decorre a partir daí que tal filosofia de cátedras é um *nervis alienis mobile lignum*[80] e não pode ser considerada como válida enquanto filosofia séria, mas apenas como uma filosofia para o divertimento. Em qualquer caso, continua a ser justo que tal supervisão, ou orientação, se estenda meramente à filosofia de cátedras, mas não à filosofia verdadeira, a qual tem objetivos sérios, pois se alguma coisa no mundo é digna de ser desejada, tão digna de ser dese-

---

79. Do latim *divus*. Título concedido aos imperados desde Augusto, indicativo da crença imposta em sua divindade. Traduz-se por divino ou abençoado. Aqui no caso dativo, para concordar com a gramática alemã [N.T.].

80. Um pedaço de madeira movido por tendões alheios (uma marionete) [N.T.].

jada que mesmo a multidão rude e estúpida, em seus momentos fugazes de maior prudência, a valorizaria mais do que a prata e o ouro; então isso seria, que um raio de luz caísse sobre as trevas da nossa existência e nos ocorresse alguma explicação sobre essa existência enigmática, sobre a qual coisa alguma é clara a não ser a sua miséria e a sua nulidade. Isso, no entanto, considerando-se que seja algo em si alcançável, é tornado impossível por intermédio das soluções impostas e forçadas para o problema.

Nesse momento, contudo, nós queremos submeter a uma consideração geral as diferentes formas de satisfazer essa tão forte necessidade metafísica.

Por *metafísica* eu compreendo qualquer suposto conhecimento que se estenda para além da possibilidade da experiência, isto é, para além da natureza ou do fenômeno dado das coisas, a fim de fornecer informações a respeito daquilo, por meio do que aqueles, em um sentido ou em outro, seriam condicionados; ou, para me expressar de maneira mais simples, a respeito daquilo que se esconde por trás da natureza e o que a torna possível. – Outrossim, a superlativa diferenciação primordial nas capacidades de entendimento, para o que, além disso, adiciona-se ainda a educação dessas mesmas capacidades, para o que é necessário bastante ócio, estabelece, pois, uma diferença tão grande entre os seres humanos que, tão logo um povo tenha conseguido trabalhosamente afastar-se do estado de selvageria, certamente *uma* metafísica não pode ser suficiente para todos; em decorrência disso, nós encontramos entre os povos civilizados duas formas diferentes dessa mesma metafísica, as quais diferem uma da outa pelo fato de que uma delas tem sua comprovação *interna a si* e a outra *externa a si*. Uma vez que os sistemas metafísicos do primeiro tipo requerem, para o reconhecimento de sua certificação, reflexão detida, educação, ócio e julgamento; então, elas podem ser acessíveis somente a uma quantidade extremamente pequena de seres humanos e igualmente pode surgir e ser mantida somente em meio a civilizações significativas. Para o grande número de seres humanos, por outro lado, que como tais não estão capacitados a pensar, mas apenas a acreditar, e que não são sensíveis às razões, mas apenas à autoridade, são acessíveis unicamente os sistemas do segundo tipo: estes podem, em função disso, ser definidos como metafísicas populares, segundo a analogia com a poesia popular, assim como a sabedoria popular, sob o que se compreendem os provérbios. Aqueles sistemas são, entrementes, conhecidos sob a denominação de religiões e podem ser encontrados em meio a todos os povos, exceto nos mais selvagens. A sua certificação, conforme foi afirmado, é externa, e como tal, é denominada revelação, a qual é documentada por sinais e maravilhas. Os seus argumentos são principalmente ameaças de males eternos, e certamente também de males temporais, dirigidas contra os incrédulos, com efeito, já contra os meros céticos: como *ultima ratio theologorum*[81] nós encontramos, em meio a alguns povos, o pátio de execuções ou algo semelhante. Se eles procuram por alguma outra certificação ou se eles fazem emprego de outros argumentos; então eles já realizam uma transição em direção aos sistemas do primeiro tipo e podem degenerar numa condição intermediária entre ambos; a qual traz mais perigo do que benefício, pois a esses sistemas concede a garantia mais segura para o domínio ininterrupto das cabeças o seu privilégio inestimável de serem ensinados às *crianças*, por meio do que os seus dogmas se transformam em uma espécie de segundo intelecto inato, semelhantemente ao galho sobre a árvore enxertada; enquanto, por outro lado, os sistemas do primeiro tipo sempre se dirigem somente aos adultos, e entre estes encontram todas as vezes um sistema do segundo tipo em domínio da convicção. – Ambos os tipos de metafísica, cuja diferença pode ser brevemente designada pelas expressões "doutrina da persuasão" e "doutrina da fé", possuem o seguinte em comum, que cada sistema individual desses mesmos tipos se encontra em uma relação de hostilidade para com todos os demais de seu tipo. [...]

---

81. Argumento derradeiro dos teólogos [N.T.].

Parerga e Paralipomena, Diálogo sobre a religião[82]

Demopheles. Cá entre nós, meu caro e velho amigo, não me agrada que ocasionalmente reveles tuas habilidades filosóficas por meio de sarcasmo, e até mesmo escárnio, em relação à religião. A fé de cada um é sagrada, e deveria sê-lo para ti também.

Philalethes. *Nego consequentiam!* Não vejo por que eu deveria respeitar as mentiras e os enganos em nome da simplicidade do outro. Respeito a verdade em toda parte e, exatamente por isso, não o que a ela se opõe. Minha máxima é: *vigeat veritas, et pereat mundus* [*que prevaleça a verdade, mesmo que o mundo pereça*], tal qual a dos juristas: *fiat justitia, et pereat mundus* [que se faça justiça, mesmo que o mundo pereça]. Toda faculdade deveria ter um lema análogo.

Demopheles. Então o lema da faculdade de medicina provavelmente seria: *fiant pilulae, et pereat mundus* [que se façam pílulas, mesmo que o mundo pereça] –, o que seria mais fácil de se realizar.

Philalethes. Que os céus nos protejam! Tudo *cum grano salis*.

Demopheles. Pois muito bem, e é por essa mesma razão que eu queria que entendesses a religião *cum grano salis* e percebesses que é necessário atender às necessidades do povo de acordo com sua capacidade de compreensão. A religião é o único meio de anunciar e tornar palpável o significado elevado da vida para o senso bruto e para o entendimento desajeitado de uma multidão profundamente imersa em atividades humildes e trabalho material. Pois os seres humanos, tal como normalmente são, originalmente só direcionam seus ânimos para a satisfação das necessidades e dos desejos físicos, e posteriormente para algum entretenimento e diversão. Os fundadores de religiões e os filósofos vêm ao mundo para despertá-los de sua letargia e apontar para o significado elevado da existência: os filósofos o fazem para poucos, para os exímios; os fundadores de religião, para muitos, para a humanidade em geral, pois, como teu Platão já disse e não deves esquecer, *philosophon plêthos adynaton einai* [*é impossível para a*

---

82. SCHOPENHAUER, A. "Diálogo sobre a religião". In: *Parerga e Paralipomena II*. Petrópolis: Vozes. No prelo.

maioria ser filósofo]. A religião é a metafísica do povo, que devemos absolutamente permitir e, portanto, respeitar de um ponto de vista externo: pois desacreditá-la significa retirá-la dele. Assim como existe uma poesia popular e, nos provérbios, uma sabedoria popular, assim também deve existir uma metafísica popular. Por isso, ela é sempre uma roupagem alegórica da verdade, adequada à compreensão do povo e, em termos práticos e emocionais – ou seja, como guia para a ação e como consolo e conforto no sofrimento e na morte –, talvez realize tanto quanto a própria verdade realizaria, caso a possuíssemos. Portanto, meu caro, não me leve a mal, mas zombar dela é ao mesmo tempo limitado e injusto.

15
Caracteres

Sabemos que toda existência, ou seja, tudo o que aparece neste mundo sensível é proveniente dos hierárquicos graus de objetivação da vontade (as Ideias platônicas), e cada um deles corresponde a uma espécie. Mas, para que uma ascensão ideacional ocorra, é necessário que as Ideias mais baixas sejam dominadas por outras, consideradas mais elevadas do que as anteriores. No topo da hierarquia está a mais perfeita das Ideias, aquela que absorve em si todas as outras Ideias: o ser humano. Neste, em especial, o que chamamos propriamente de caráter do indivíduo (seu caráter inteligível) coincide com a Ideia. E apenas o ser humano possui, ao lado do caráter da espécie, um caráter individual. Por se tratar de uma Ideia, o caráter inteligível se encontra fora do tempo e espaço, logo, é incorruptível, permanecendo sempre idêntico. Por isso, o caráter do indivíduo é inato e imutável. Eis por que, na visão schopenhaueriana, o nosso caráter nunca muda com o passar do tempo, mas, pelo contrário, já na infância ele revela quem é a pessoa (e quem ela sempre será).

O desdobramento temporal do extratemporal caráter inteligível, isto é, a manifestação deste no mundo sensível é chamada de caráter empírico, o qual não deve fornecer nada além de uma imagem-cópia do caráter inteligível no decurso da vida. No fundo, o indivíduo revela qual é o seu caráter (ou quem ele é) por suas ações. Mais precisamente, nossas ações são o produto necessário de dois fatores: i) nosso caráter imutável; ii) os motivos que entram em cena em determinadas circunstâncias. O primeiro fator diz respeito ao essencial em nós e está presente em todas as nossas atitudes; já os motivos, que advêm das mais variadas circunstâncias, correspondem ao inessencial, porque são externos a nós. Por isso, Schopenhauer diz que é inessencial se alguém joga por nozes ou moedas, o essencial é se o indivíduo é honesto ou desonesto num jogo.

Como os animais só têm o caráter da espécie, eles agem conforme ele. Já o ser humano, por possuir uma Ideia inteiramente própria e, ao mesmo tempo, o caráter da espécie, age ora conforme o seu caráter individual, ora conforme o caráter da espécie. Muitas vezes, ao ver diante de si tudo o que é alcançável pelo ser humano em geral, o indivíduo não sabe exatamente o que é, de fato, fruível para si. Isso acontece, porque o nosso caráter só nos é conhecido *a posteriori* e, portanto, gradualmente – não nos é possível uma intelecção *a priori* do caráter inteligível. Com experiência e reflexão, cada um vai conhecendo melhor seu próprio caráter individual, pois, até então, somos desconhecidos para nós mesmos. Contudo, Schopenhauer só considera que alguém tem propriamente um caráter, no sentido estrito do termo, quando a pessoa adquire o pleno conhecimento possível de seu próprio caráter. Quando a nossa natureza individual é, enfim, trazida à consciência, a ponto de conhecermos precisamente nossos defeitos e qualidades, Schopenhauer diz que, finalmente, adquirimos o nosso caráter. A este que representa o conhecimento mais acabado possível da própria individualidade, Schopenhauer dá o nome de caráter adquirido.

Uma pessoa sem caráter, com frequência, hesita, erra e se arrepende de suas ações, porque, muitas vezes, não age conforme o seu caráter individual. As ações errôneas, porém, jamais denotam que o indivíduo mudou de caráter (o que é impossível, para Schopenhauer), pois os *fins* que ele persegue são inalteráveis e, em verdade, constituem a sua essência. Apenas os *meios* (os motivos) utilizados para satisfazer tais *fins* é que podem ser outros, porque os *meios* podem ser clareados com o conhecimento ao longo do tempo, isto é, um motivo que, antes, não parecia ser nada interessante a alguém, agora, tempos depois, pode lhe ser interessantíssimo. Por exemplo, uma pessoa pode se conscientizar de que, para ela alcançar os *fins* imutáveis de sua essência, alguns *meios* são menos dolorosos do que outros, embora ela não tivesse se dado conta disso antes. Portanto, a correção de uma ação nunca indica que o caráter de uma pessoa mudou, o que mudou foram os motivos que ela agora emprega para satisfazer o seu querer.

O mundo como vontade e representação, tomo I, § 55[83]

Como resultado da totalidade dessa reflexão a respeito da liberdade da vontade e o que a ela se relaciona nós encontramos a vontade, determinados por motivos contra os quais o caráter que se apresenta a cada momento reage regular e necessariamente, sempre da mesma forma, embora a vontade em si mesma e fora do fenômeno deva ser chamada livre, com efeito, até mesmo onipotente, em seus fenômenos individuais iluminados pelo conhecimento, isto é, em seres humanos e animais. Vemos o ser humano possuir, graças ao conhecimento que lhe foi adicionado, ou conhecimento racional, uma *decisão eletiva* como vantagem em relação aos animais, a qual, no entanto, apenas o torna o campo de batalha do conflito dos motivos, sem removê-lo do domínio destes; consequentemente, embora essa decisão condicione a possibilidade da completa expressão do caráter individual, ela não deve ser considerada de modo algum como liberdade do querer individual, ou seja, como independência da lei da causalidade, cuja necessidade se estende ao ser humano como a qualquer outro fenômeno. Portanto, somente até o ponto indicado, e não mais adiante, estende-se a diferença, a qual a razão, ou o conhecimento por intermédio de conceitos, introduz entre a vontade humana e a vontade animal. No entanto, que fenômeno completamente diferente da vontade humana, impossível no mundo animal, pode se originar quando o ser humano abandona a totalidade do conhecimento das coisas individuais como tais, o qual está sujeito ao princípio da razão, e, por intermédio do conhecimento das ideias, compreende plenamente o *principium individuationis*, onde, por conseguinte, torna-se possível uma emergência efetiva da liberdade propriamente dita da vontade como uma coisa-em-si, por meio da qual o fenômeno entra em certa contradição consigo mesmo, contradição que é expressa pela palavra autonegação e que, com efeito, abole finalmente o em-si de sua essência: – essa expressão efetiva e unicamente imediata da liberdade da vontade em si,

---

83. SCHOPENHAUER, A. *O mundo como vontade e representação, tomo I.* Trad. L.G. Grzybowski. Petrópolis: Vozes. No prelo.

mesmo no fenômeno, ainda não pode ser apresentada claramente aqui, mas será o derradeiro objeto de nossa consideração.

No entanto, depois que para nós, por intermédio das presentes discussões, tornaram-se evidentes tanto a imutabilidade do caráter empírico, o qual consiste no mero desdobramento do inteligível extratemporal, assim como a necessidade, com a qual as ações resultam de seu encontro em conjunto com os motivos, então cabe nesse momento, antes de tudo, eliminar uma conclusão, a qual se poderia muito facilmente alcançar a partir disso em favor das tendências represensíveis. Uma vez que, nomeadamente, nosso caráter deve ser considerado como o desdobramento temporal de um ato de vontade extratemporal e, por conseguinte, indivisível e imutável, ou de um caráter inteligível, por meio do qual tudo aquilo que se apresenta essencial, ou seja o conteúdo ético de nosso modo de vida constitui-se imutavelmente determinado e, em concordância com isso, deve ser expresso em seu fenômeno, no caráter empírico, enquanto unicamente aquilo que se apresenta inessencial a esse fenômeno, a configuração externa de nosso curso de vida, depende das formas em meio às quais os motivos se apresentam; desse modo, seria possível concluir que se constituiria esforço sem qualquer sentido trabalhar no incremento de seu caráter ou resistir à violência das más tendências, razão pela qual seria mais aconselhável submeter-se ao inalterável e ceder de uma só vez a qualquer tendência, ainda que seja malévola. – Entretanto, tem-se aqui exatamente a mesma característica que com a teoria do destino inevitável, e a conclusão tirada a partir dela, que se chama $αργος\ λογος$[84], em tempos mais recentes chamada crença turca, cuja refutação adequada, da maneira como Crisipo a teria proferido, é apresentada por Cícero em sua obra *De fato*, capítulos 12 e 13.

Embora tudo possa ser considerado, nomeadamente, como irrevogavelmente predeterminado pelo destino, então isso somente ocorre, de fato, em razão da cadeia de causas. Consequentemente, em nenhum caso é possível ser determinado que um efeito ocorra sem sua causa. À vista disso, não é o acontecimento

---

84. Argos logos, razão vagarosa [N.T.].

propriamente dito que é predeterminado, mas sim este mesmo na qualidade de resultado de causas anteriores: desse modo, não somente o resultado, mas também os meios, a partir de cujos resultados ele está determinado a entrar em cena, são definidos pelo destino. Em concordância com o exposto, se os meios não entrarem em cena, então a consequência final também não entrará em cena: ambos sempre de acordo com a determinação do destino, a qual, entretanto, nós descobrimos sempre somente posteriormente.

Da mesma forma como os acontecimentos sempre sucedem em concordância com o destino, ou seja, com a interminável cadeia de causas, assim também as nossas ações sempre se sucederão em conformidade com nosso caráter inteligível: contudo, assim como não conhecemos antecipadamente o destino, da mesma maneira não nos é oferecida uma intelecção *a priori* do caráter inteligível; mas nós conhecemos a nós mesmos e aos outros somente *a posteriori*, por intermédio da experiência. Se o caráter inteligível implicasse que nós poderíamos chegar a uma boa decisão somente após uma longa luta contra uma tendência ao maligno; então, essa luta precisaria acontecer previamente e deveria ser aguardada. A reflexão a respeito da imutabilidade do caráter, em torno da unidade da fonte da qual fluem todos os nossos atos, não deve nos conduzir ao equívoco de antecipar a decisão do caráter em favor de uma ou outra parte: é na decisão que sucede que nós veremos de que tipo nós somos, atos que refletem nossa imagem em nossas ações. A partir disso, precisamente, explica-se a satisfação, ou a angústia da alma, com a qual olhamos retrospectivamente sobre a trajetória da vida que percorremos: nenhum dos dois decorrem do fato de que aqueles atos passados tivessem ainda uma existência: eles são passados, foram e agora já não são nada mais; todavia, a sua grande importância para nós decorre de sua importância, decorrem do fato de serem esses atos a imagem do caráter, o espelho da vontade, no qual, observando, nós reconhecemos o mais íntimo ser, o cerne de nossa vontade, porque não experimentamos isso previamente, mas só posteriormente, cabe a nós esforçarmo-nos e lutar no tempo, a fim de que precisamente a imagem, a qual efetivamos por nossas ações, constitua-se de tal modo que sua contemplação possivelmente nos acalme, não nos cause angústia. No entanto, o significado de tal apaziguamento, ou angústia da alma, será examinado mais adiante, conforme já foi afirmado. Por outro lado, a seguinte consideração, que existe por si só, pertence ainda a esse ponto.

Paralelamente ao caráter inteligível e ao caráter empírico, existe ainda um terceiro, diferente de ambos, que deve ser mencionado: *o caráter adquirido*, o qual se adquire somente durante a vida, por intermédio da experimentação do mundo, e a respeito do qual se está falando, quando se é elogiado como um ser humano que possui caráter, ou se é censurado como desprovido de caráter. – Poder-se-ia, com efeito, considerar que, uma vez que o caráter empírico, na condição de fenômeno do caráter inteligível, é imutável e, como todo fenômeno natural, consistente em si mesmo, então igualmente o ser humano deveria por essa mesma razão sempre aparecer semelhantemente a si mesmo e consistentemente e, por conseguinte, não teria necessidade alguma de adquirir um caráter artificial pela experiência e pela reflexão. No entanto, isso ocorre diferentemente e, embora se seja sempre o mesmo, nem sempre se compreende, contudo, a si mesmo a todo momento, mas confunde a si mesmo frequentemente, até que tenha adquirido um autoconhecimento propriamente dito até certo grau. O caráter empírico, na qualidade de mero impulso da natureza, consiste em si mesmo irracional: com efeito, suas expressões são, além disso, perturbadas pela razão, e, de fato, tanto mais quanto mais sensatez e poder de reflexão o ser humano apresenta, pois estes sempre colocam diante do ser humano aquilo que é próprio ao *ser humano em geral*, como caráter de espécie, e aquilo que é possível para esse mesmo ser humano tanto no querer como no realizar. Por meio disso, torna-se difícil para ele obter uma intelecção a respeito daquilo que ele unicamente, em meio a todas as coisas, deseja e é capaz de realizar, em virtude de sua individualidade. Ele encontra em si as disposições para todas as aspirações e forças humanas, por mais diversas que sejam; mas o grau diferenciado dessas mesmas disposições em sua individualidade não se torna claro para ele na ausência de experiência: e se ele, pois, lança-se, com efeito, em direção aos esforços que são unicamente em conformidade com seu caráter, ainda assim, então ele sente, especialmente em momentos e disposições individuais, o estímulo para em direção a esforços colocados exatamente em oposição, por conseguinte incompatíveis, os quais devem ser completamente suprimidos, se ele desejar perseguir o primeiro esforço sem ser perturbado. Porque, da mesma forma que nosso trajeto físico na terra é sempre apenas uma linha, jamais uma área; assim também devemos nós na vida, se queremos tomar e possuir uma coisa, abandonar inúmeras outras coisas, à direita e esquerda, rejeitando-as. Se não somos capazes de tomar decisão a esse respeito, mas agarrarmos, como crianças na feira anual, tudo aquilo que nos estimula de maneira passageira, então isso constitui o esforço inadequado de transformar a linha do nossa trajetória em um plano: nós então caminhamos em zigue-zague, vagamos inconstantemente para frente e para trás e não chegamos a lugar algum. – Ou, para usar outra comparação, assim como, de acordo com o ensinamento jurídico de Hobbes, originalmente todos possuem um direito a cada coisa, mas a nenhuma coisa um direito exclusivo; pode atingir este último, no entanto, em relação a coisas particulares, na medida em que se renuncia ao seu direito a todas as demais coisas, enquanto os outros realizam o mesmo em relação àquilo que eles escolhem; precisamente desse modo ocorre na vida, onde nós somos capazes de perseguir um esforço particular qualquer, seja por prazer, por honra, por riqueza, por conhecimento, por arte ou por virtude, somente então, com as devidas seriedade e sucesso, quando desistimos de todas as reivindicações que lhe são estranhas, quando nos detemos de todo o resto. Por essa razão, o mero querer e igualmente poder não se mostram suficientes por si só, mas um ser humano necessita também *saber* aquilo que quer, e *saber* aquilo de que é capaz: somente então ele demonstrará caráter e somente então ele poderá levar até o fim algo adequado. Antes de chegar até tal ponto, ele constitui-se desprovido de caráter, independentemente da consequência natural do caráter empírico, e embora tenha, em sua totalidade, de permanecer fiel a si mesmo e percorrer seu percurso, atraído por seu demônio; ele ainda assim não traçará, efetivamente, uma linha reta, mas sim uma linha trêmula e irregular, ele irá vacilar, desviar-se, irá retornar ao início, irá preparar para si arrependimento e dor: todas essas coisas, porque ele observa diante de si tantas coisas, nas coisas grandes como nas pequenas, quanto são possíveis e alcançáveis para o ser humano, e ainda assim não sabe o que dentre elas é unicamente apropriado para ele e viável para ele, de fato, até mesmo o que ele pode unicamente desfrutar. Consequentemente, ele invejará muitas pessoas em função de uma situação e de circunstâncias, as quais são, com efeito, apropriadas apenas ao caráter daquele, não ao seu próprio, e nas quais ele se sentiria infeliz, talvez fosse até mesmo incapaz de suportá-las, pois assim como o peixe somente se sente confortável na água, o pássaro somente no ar, a toupeira somente debaixo da terra, assim também todo ser humano se sente confortável somente na atmosfera que lhe é apropriada; da mesma forma como, por exemplo, a atmosfera na corte não é respirável para qualquer um. Em razão da carência de uma intelecção suficiente acerca de todas essas coisas, algumas pessoas farão todo tipo de tentativas malsucedidas, irão agir com violência contra seu caráter em casos particulares e, ainda assim, em sua totalidade, terão que ceder novamente a esse caráter; e aquilo que essas pessoas alcançam dessa maneira laboriosa, contrariamente à sua natureza, isso não lhes dará prazer; aquilo que elas desse modo aprendem permanecerá morto; com efeito, até mesmo em uma perspectiva ética, uma ação demasiadamente nobre para o seu caráter, que brota não de um impulso puro e imediato, mas de um conceito, um dogma, perderá todo o mérito, mesmo aos seus próprios olhos, em virtude do posterior arrependimento egoísta. *Velle non discitur.* Da mesma forma como nós somente pela experiência nos tornamos conscientes da inflexibilidade dos caráteres de outras pessoas, e até esse momento críamos infantilmente, por intermédio de representações razoáveis, por intermédio de súplicas e pedidos, por meio de exemplos e generosidade, poderíamos persuadir uma pessoa qualquer a abandonar seus modos, a alterar as suas formas de agir, desviar-se de seu modo de pensar, ou inclusive ampliar suas habilidades; assim ocorre igualmente conosco em relação a nós mesmos. Nós devemos primeiramente aprender a partir da experiência aquilo que nós queremos e aquilo que nós somos capazes de realizar: até este momento nós não o sabemos, nós somos desprovidos de caráter e necessitamos muitas vezes de ser arremessados novamente para nosso próprio caminho por golpes violentos vindos de fora. – Tendo nós, no entanto, finalmente aprendido essas coisas, então nós adquirimos aquilo que é denominado de caráter no mundo, o *caráter adquirido*. Consequentemente, isso nada mais é do que o conhecimento mais completo possível da própria individualidade: trata-se do conhecimento abstrato e, por conseguinte, evidente, das propriedades que não se podem alterar de seu próprio caráter empírico, assim como da medida e da direção de suas faculdades espirituais e corpóreas, isto é, da totalidade dos pontos fortes e fracos sua própria individualidade. Isso nos coloca em condições de desempenhar o papel em si mesmo em princípio imutável da própria pessoa, o qual nós outrora naturalizamos sem seguir qualquer regra, agora prudente e metodicamente, e preencher as lacunas, as quais os caprichos ou fraquezas lhe causam, em concordância com a orientação de conceitos definidos. Traduzimos nesse ponto a maneira de agir, a qual em todo caso é necessária em virtude de nossa natureza individual, em máximas evidentemente conscientes que estão sempre presentes para nós. Segundo elas, nós levamos a maneira de agir a cabo com a mesma calma como se fosse aprendida, sem nunca nos desviarmos em razão da influência passageira da disposição ou da impressão do presente, sem sermos inibidos pela amargura ou doçura de uma singularidade encontrada ao longo do caminho, sem hesitação, sem incerteza, sem inconsistências. Já não vamos mais, pois, na condição de recém-chegados, esperar, tentar, tatear o entorno, a fim de descobrir aquilo que realmente queremos e aquilo de que somos realmente capazes; do contrário, nós o sabemos de uma vez por todas, necessitamos unicamente aplicar princípios generalizantes a casos individuais diante de cada escolha e chegaremos imediatamente à decisão. Nós conhecemos nossa vontade de modo geral e não nos permitimos ser levados ao equívoco, em virtude de disposições ou por exigências externas, a decidir no caso particular aquilo que lhe é contrário no plano geral. Nós também conhecemos a natureza e a dimensão de nossas virtudes e de nossas fraquezas, e iremos, por meio disso, pouparmo-nos de muita dor, pois, efetivamente, não existe nenhum prazer, exceto na aplicação e no sentimento da própria virtude, e a maior dor consiste na carência percebida de virtude, nas ocasiões em que se necessita dela. Uma vez explorados onde se encontram as nossas virtudes e as nossas fraquezas, desenvolveremos e aplicaremos nossas habilidades naturais que mais se destacam; tentaremos empregá-las de todas as maneiras possíveis e sempre nos voltaremos à direção em que elas são efetivas e válidas, mas igualmente de todo modo e com autoabnegação evitaremos os esforços para os quais nós apresentamos pouca habilidade em função de nossa natureza; tomaremos cuidado para não procurar aquelas coisas nas quais nós de fato não sucedemos. Somente quem alcançou este ponto será sempre ele mesmo com plena prudência e não será jamais deixado por si mesmo à própria sorte, porque esse sempre soube aquilo que podia esperar de si mesmo. Consequentemente, muitas vezes ele tomará parte na alegria de sentir as suas virtudes, e raramente experimentará a dor de ser lembrado de suas fraquezas, este último elemento que constitui a humilhação, causa talvez da maior angústia de espírito; em decorrência disso, é muito mais fácil de suportar sua infelicidade momentânea, do que contemplar de maneira evidente a sua incapacidade. – Se nós agora estamos completamente familiarizados com nossas virtudes e fraquezas, consequentemente não vamos igualmente procurar demonstrar virtudes as quais não possuímos, não iremos jazer joguetes com moedas falsificadas, porque tais truques de espelhos erram finalmente o seu alvo, visto que o ser humano em sua totalidade consiste apenas no fenômeno de sua vontade; então nada pode ser mais errado do que, partindo-se da reflexão, desejar ser algo diferente do que se é: pois isso constitui uma contradição imediata da vontade consigo mesma. A imitação das qualidades e peculiaridades de pessoas estranhas é muito mais vergonhosa, do que o vestir-se com as roupas de outra pessoa, pois trata-se do julgamento da própria carência de qualquer valor expresso por si mesmo. O conhecimento de sua própria disposição e das suas faculdades de qualquer tipo e de seus limites imutáveis constitui, nesse sentido, o caminho mais seguro para alcançar a maior satisfação possível consigo mesmo, pois para as circunstâncias internas vale o mesmo que para as externas, nomeadamente, que não há consolação mais eficaz para nós do que a certeza absoluta da necessidade que não se pode alterar. A nós não atormenta tanto um mal que nos sobrevém, como o pensamento acerca das circunstâncias pelas quais ele poderia ter sido evitado; consequentemente, não existe nada mais eficaz para o nosso apaziguamento do que a observação do acontecimento a partir do ponto de vista da necessidade, partindo do qual todas as coincidências se apresentam como ferramentas de um destino dominante e nós, por conseguinte, reconhecemos o mal ocorrido como inevitavelmente introduzido em função do conflito de circunstâncias internas e externas, ou seja, o fatalismo. Na verdade, nós lamentamos e nos agitamos igualmente apenas enquanto esperamos por intermédio disso causar efeito sobre os outros ou estimular a nós mesmos a um esforço até então desconhecido. Todavia, crianças e adultos sabem muito bem como se dar por satisfeitos assim que observam claramente que não sucede de modo algum diferentemente:

θυμὸν ἐνὶ στήθεσσι φίλον δαμάσαντες ἀνάγκῃ.
(*Animo in pectoribus nostro domito necessitate*)[85].

Nós somos semelhantes aos elefantes cativos, que se agitam e lutam terrivelmente por muitos dias, até que eles percebem que é infrutífero, e então subitamente oferecem serenamente seus pescoços ao jugo, domados para sempre. Somos como o Rei Davi, que, enquanto seu filho ainda era vivo, assaltou incessantemente Jeová com súplicas e implorou desesperando-se; assim que o filho morreu, no entanto, não mais considerou a esse respeito. A partir disso resulta que inúmeros males duradouros, como a debilidade física, a pobreza, o baixo *status* social, a feiura, a residência insalubre, são suportados por inúmeras pessoas com total indiferença

---

85. Por necessidade aplaco os sentimentos em nosso peito [N.T.].

e já não são sequer mais sentidos, semelhantemente a feridas cicatrizadas, simplesmente porque tais pessoas sabem que a necessidade interna ou externa nesse caso já não deixa nada além a ser alterado; enquanto as pessoas mais bem-aventuradas não compreendem como isso pode ser suportado. Da mesma maneira que, pois, com a necessidade externa, bem como com a necessidade interna, nada se concilia tão firmemente que um conhecimento evidente dessa mesma necessidade. Se nós tivermos reconhecido, de uma vez por todas, da mesma forma as nossas características positivas e virtudes, assim como nossos equívocos e deficiências, e tivermos em concordância com isso definido o nosso objetivo e nos dados por satisfeitos em relação àquilo que é inalcançável; então nós escapamos por meio disso de modo mais seguro, na medida em que a nossa individualidade o permite, ao mais amargo de todos os sofrimentos, à insatisfação conosco mesmos, a qual é a consequência inevitável do desconhecimento de nossa própria individualidade, do enfatuamento falacioso e do pedantismo que desse resulta. Aos capítulos amargos do recomendado autoconhecimento encontra aplicação especialmente adequada o verso ovidiano:

> *Optimus ille animi vindex laedentia pectus*
> *Vincula qui rupit, dedoluitque semel*[86].

Tudo isso a respeito do *caráter adquirido*, o qual, com efeito, é importante não tanto para a ética propriamente dita quanto para a vida no mundo, cuja discussão, no entanto, subordina-se àquelas do caráter inteligível e do caráter empírico como o terceiro tipo, dentre os quais os primeiros nós tivemos de nos permitir uma consideração um tanto detalhada, a fim de tornar evidente para nós como a vontade em todos os seus fenômenos está sujeita à necessidade, enquanto ela pode ser em si mesma considerada livre, com efeito, até mesmo onipotente.

---

86. Excelente é aquele da alma vingador que as sufocantes do coração / amarras rompeu, e de uma vez o sofrimento fez cessar [N.T.].

16
Livre-arbítrio

Querer alguma coisa significa direcionar-se a um objeto, seja ele empírico ou abstrato. Para Schopenhauer, a questão que, no fundo, resume a problemática em torno do livre-arbítrio é: uma vez que um determinado motivo se apresente à faculdade cognitiva, o ato de vontade deve ocorrer necessariamente ou não? Quem defende o livre-arbítrio acredita que, se alguém estiver numa determinada situação, e motivos contrários aparecerem, duas ações diametralmente opostas lhe são igualmente possíveis. Porém, a tese schopenhaueriana do caráter inato e imutável não se concilia com tal pensamento. Como esclarece o próprio autor, os defensores do livre-arbítrio consideram o ser humano uma *existentia* sem *essentia* [existência sem essência], quando, em verdade, o caráter inteligível constitui precisamente a essência do indivíduo e é ele que nos inclina a ser acionados por determinados motivos, em vez de por outros. Como essência e vontade são termos que coincidem, podemos dizer que o nosso querer (ou nossa vontade individual) já está determinado em nós. Por isso, quando o motivo mais forte, para uma determinada pessoa, aparece, seu ato de vontade deve ocorrer necessariamente. É uma ilusão acreditar que a nossa vontade se decidiria por via de um motivo diametralmente oposto, ou que, dado o motivo mais forte, a pessoa teria a liberdade de indiferença [*liberum arbitrium indifferentiae*] de querer ou não querer via tal motivo.

Ninguém age livremente, diz Schopenhauer, que refuta a hipótese do livre-arbítrio. Como o conceito schopenhaueriano de liberdade consiste, em termos gerais, na ausência de toda necessidade, então, se algo é necessário, não é livre (e vice-versa). De outro modo, onde há necessidade, não há liberdade, já que tais conceitos são excludentes. E, segundo o autor, tudo neste mundo empírico ocorre segundo as leis da causalidade, inclusive as nossas ações. Assim, toda ação humana pertence, no fundo, a um tipo de acionamento causal, denominado de motivação, que ocorre por meio do conhecimento. Por isso, a saúde do intelecto é de fundamental importância nesse processo, já que ele é o responsável pelo clareamento dos motivos à vontade, que, então, irá se decidir por um deles.

É importante notar que a negativa schopenhaueriana do pretenso livre-arbítrio (ou da pretensa liberdade empírica da vontade) não diz respeito à inalterabilidade da ação, e sim à inalterabilidade do querer. Com efeito, eu posso errar e corrigir as minhas ações, visto que o erro diz respeito aos *meios*, mas a questão do livre-arbítrio refere-se aos *fins*. Como eu não posso mudar os *fins* que eu persigo continuamente em minha vida, ou seja, não posso querer diferente do que eu quero, a hipótese do livre-arbítrio está afastada por Schopenhauer. Nem mesmo o *Spielraum* [espaço de manobra], ou a diversidade de meios que temos disponíveis para a deliberação, constitui qualquer tipo de liberdade, porque, na visão do autor, não só os resultados, mas também os *meios* são selados pelo destino, o que inclui os nossos erros[87]. Portanto, até mesmo os nossos erros estão previstos, logo, devem ocorrer necessariamente.

O mundo empírico é visto por Schopenhauer como o lugar onde tudo segue seu curso de forma necessária e determinada. Essa teoria, para o autor, nada mais é do que o fatalismo dos muçulmanos ou a crença no *Omina*, em que o menor acaso ocorre necessariamente, e todos os eventos mantêm um ritmo uns com os outros, ressoando em conjunto. Se alguma liberdade pode ser considerada neste mundo, ela se encontra na essência de cada um, na vontade, que é livre. Por isso, Schopenhauer diz que a liberdade está no *esse* [ser], não no *operari* [ação], tal qual admitiam os escolásticos: *operari sequitur esse* [a ação segue o ser]. Nossas ações são, pois, produtos do nosso ser, da nossa natureza imutável; e os motivos apenas despertam em nós aquilo que já somos. Por isso, segundo o autor, esperar ações diferentes de uma pessoa, numa mesma ocasião, é como esperar que a mesma árvore, que produziu cerejas neste verão, produza, no próximo, peras.

---

87. Para uma interpretação diferente, cf. Barboza (2002), Debona (2013) e Chevitarese (2005).

Sobre a liberdade da vontade, cap. I[88]

Volto-me, pois, para o terceiro tipo, a *liberdade moral*, que é, na verdade, o *liberum arbitrium* do qual fala a questão da Real Sociedade. Por um lado, este conceito está ligado ao de liberdade física, o que também torna compreensível sua origem, que é necessariamente muito posterior. Como já foi dito, a liberdade física diz respeito apenas aos obstáculos materiais, na ausência dos quais ela existe imediatamente. Porém, em alguns casos notou-se que uma pessoa, sem ser impedida por obstáculos materiais, era impedida por simples motivos, como ameaças, promessas, perigos etc. de agir do modo como certamente teria sido de acordo com sua vontade. Daí se levantou a pergunta se tal pessoa ainda seria *livre*, ou se um forte contramotivo poderia, tanto quanto um obstáculo físico, impedir e impossibilitar a ação que estaria de acordo com sua vontade genuína. A resposta a isso não se configurou difícil para o senso comum: a saber, que um motivo nunca poderia ter o mesmo efeito que um obstáculo físico, na medida em que este excede facilmente a força física humana em geral, ao passo que um motivo nunca pode ser irresistível em si mesmo, nunca pode ter uma força incondicional, mas ainda pode ser sempre superado por um contramotivo mais forte, se este se apresentar e se a pessoa suposta nesse caso individual for determinável por ele. De fato, muitas vezes vemos que até mesmo o mais forte de todos os motivos, a preservação da vida, é superado por outros motivos, por exemplo, no suicídio e no sacrifício da vida pelos outros, por opiniões e por interesses diversos; e, inversamente, que todos os graus dos mais requintados tormentos na mesa de tortura foram, por vezes, superados pelo mero pensamento de que, em caso contrário, se perderia a vida. Mas mesmo que isso mostre claramente que os motivos não implicam uma coerção puramente objetiva e absoluta, ainda assim poderia lhes caber uma coerção subjetiva e relativa, precisamente para a pessoa do interessado, o que, no final das contas, vem a ser a mesma coisa. Então permaneceu a

---

88. SCHOPENHAUER, A. *Tratado sobre a liberdade da vontade*. Trad. M.C. Mota. Petrópolis: Vozes, 2023. p. 10-16.

pergunta: a vontade mesma é livre? – Aqui, o conceito de liberdade, que até então só havia sido pensado em relação ao *poder*, foi posto em relação com o *querer*, o que suscitou o problema sobre se o querer mesmo é *livre*. Mas, numa consideração mais rigorosa, o conceito originário, puramente empírico e, portanto, popular de liberdade é incapaz de aceitar essa conexão com o *querer*. Pois, segundo esse conceito, "livre" significa "de acordo com a vontade própria": então, quando perguntamos se a vontade é livre, estamos perguntando se a vontade está em acordo consigo mesma, algo que é autoevidente, mas que também não diz nada. De acordo com o conceito empírico de liberdade, dizemos: "Sou livre se posso *fazer o que quero*"; e aqui, com este "o que quero", a liberdade já está decidida. Mas agora, uma vez que estamos perguntando pela liberdade do querer, a pergunta consequentemente seria: "Também podes querer o que queres?" – dando a entender que querer depende de outro querer por trás dele. E supondo que a resposta à pergunta fosse afirmativa, logo surgiria a segunda: "Também podes *querer* o que queres querer?", e assim isso remontaria ao infinito, pois sempre estaríamos pensando *num* querer dependente de um anterior, ou mais profundo, e, por essa via, buscaríamos em vão finalmente alcançar um querer que teríamos de pensar e aceitar como dependente de nada mais. Mas se quiséssemos aceitar tal coisa, poderíamos muito bem admitir, para tal propósito, tanto o primeiro quanto o último termo arbitrário dessa série, o que remeteria a pergunta à simples formulação: "Podes querer?". Mas o que desejávamos saber, e permanece sem solução, é se a mera resposta afirmativa a essa questão decide a liberdade do querer. Portanto, o conceito originário e empírico de liberdade baseado no fazer se recusa a estabelecer um vínculo direto com o conceito de vontade. Por isso, para poder aplicar o conceito de liberdade à vontade, é preciso modificá-lo tornando-o mais abstrato. Isso será possível se entendermos o conceito de *liberdade* como ausência de toda *necessidade* em geral. Com isso, o conceito mantém o caráter negativo que eu lhe atribuí no início. Portanto, antes de tudo teremos de elucidar o conceito de necessidade, enquanto conceito *positivo* que dá ao conceito *negativo* seu significado.

Então perguntamos: o que significa *necessário*? A explicação usual, "necessário é aquilo cujo oposto é impossível, ou que não pode ser de outro modo", é uma mera explicação lexical, uma paráfrase do conceito, que não aumenta nosso conhecimento. Como explicação real, porém, apresento a seguinte: necessário é o *que se segue de uma razão suficiente dada*: proposição esta que, como toda definição correta, também pode ser invertida. Conforme esta razão suficiente seja lógica, ou matemática, ou física, chamada causa, a necessidade será lógica (como a da conclusão, quando as premissas são dadas), matemática (por exemplo, a igualdade dos lados do triângulo, se os ângulos são iguais), ou física, real (como a ocorrência do efeito tão logo se apresenta a causa): mas, quando está dada a razão, a necessidade sempre se liga à consequência, com o mesmo rigor. É somente na medida em que apreendemos algo como consequência de uma razão dada que nós o reconhecemos como necessário; e, inversamente, tão logo conhecemos algo como consequência de uma razão suficiente, apreendemos que é necessário: pois todas as razões são vinculantes. Essa explicação real é tão adequada e exaustiva que necessidade e consequência de uma dada razão suficiente são conceitos intercambiáveis, isto é, um pode ser posto no lugar do outro em todas as ocasiões[89]. – De acordo com isso, a ausência de necessidade equivaleria à ausência de razão suficiente determinante. No entanto, o oposto do *necessário* é pensado como *contingente*, o que não conflita com nossa exposição aqui. Tudo o que é contingente o é apenas relativamente. Pois no mundo real, único lugar onde se encontra o contingente, todo acontecimento é necessário em relação à sua causa: mas em relação a tudo o mais com o qual pode coincidir no espaço e no tempo, ele é *contingente*. Mas então o livre, visto que sua característica é a ausência de necessidade, deveria ser aquilo que simplesmente não depende de causa alguma e, portanto, ser definido como o *absolutamente contingente*: um conceito altamente problemático, que não creio ser possível sequer pensar, mas que, de uma estranha maneira, coincide com o de *liberdade*.

---

89. A explicação do conceito de necessidade encontra-se em meu tratado sobre o *Princípio da razão*, § 49.

Em todo caso, o livre permanece sendo o que não é necessário em relação a nada, o que não depende, portanto, de nenhuma razão. Ora, aplicado à vontade humana, este conceito significaria que uma vontade individual em suas manifestações (atos de vontade) não seria determinada por causas, ou razões suficientes em geral; pois, de outro modo, visto que a consequência de uma razão dada (seja de que tipo for) é sempre *necessária*, seus atos não seriam livres, mas necessários. Nisso repousa a definição de *Kant*, segundo a qual a liberdade é a capacidade de iniciar *por si mesmo* uma série de mudanças. Porque esse *por si mesmo*, quando reconduzido ao seu significado verdadeiro, tem o sentido de "sem causa precedente": mas isso é idêntico a "sem nenhuma necessidade". De modo que, embora essa definição dê ao conceito de liberdade à aparência de ser positivo, sua natureza negativa volta a surgir sob um exame mais acurado. – Uma vontade livre seria, então, aquela que não é determinada por nenhuma razão, e – como cada coisa que determina outra deve ser uma razão, e, quanto a coisas reais, uma razão real, ou seja, uma causa – uma vontade livre seria uma vontade que não é determinada por nada e cujas exteriorizações individuais (atos de vontade) deveriam proceder simples e originariamente da vontade mesma, sem serem produzidas necessariamente por condições prévias, ou seja, sem ser determinadas por nada, de acordo com regra alguma. Com esse conceito, nossa clareza de pensamento se obscurece, pois se deve aqui renunciar, em todos os seus significados, ao princípio da razão, que é a forma essencial de toda a nossa faculdade cognitiva. Contudo, não falta ao conceito um *terminus technicus*: é chamado *liberum arbitrium indifferentiae* [livre-arbítrio de indiferença]. Aliás, esse termo é o único claramente determinado, firme e decidido sobre o que é liberdade da vontade; por isso, não podemos nos afastar dele sem cair em explicações oscilantes e nebulosas, por trás das quais se oculta uma indeterminação hesitante, como quando se fala de razões que não produzem suas consequências necessariamente. Toda consequência de uma razão é necessária, e toda necessidade é consequência de uma razão. Da suposição de tal *liberum arbitrium indifferentiae*, extrai-se a próxima consequência, que caracteriza esse conceito mesmo e pode ser vista como sua peculiaridade, a saber, de que para um indivíduo dotado desse livre-arbítrio, sob circunstâncias exteriores totalmente individuais e determinadas, duas ações diametralmente opostas são igualmente possíveis.

Sobre a liberdade da vontade, cap. III[90]

A diferença fundamental, real e originária de caráter é incompatível com a suposição de tal liberdade de vontade, que consiste no fato de que qualquer pessoa seja igualmente capaz de realizar ações opostas em qualquer situação. Pois nesse caso seu caráter deve ser uma *tabula rasa* desde o início, como o intelecto de Locke, e não deve ter nenhuma inclinação inata para um lado ou outro, porque isso destruiria o equilíbrio perfeito que se atribui ao *libero arbitrio indiferenceiae*. Sob esse pressuposto, portanto, a razão da diferença nos modos de agir de diferentes pessoas não pode residir no *subjetivo*, mas ainda menos no *objetivo*: pois então seriam os objetos que determinariam a ação, e a pretendida liberdade se perderia por completo. Na melhor das hipóteses, a única saída seria colocar a origem dessa grande e real diferença de modos de agir no ponto intermediário entre sujeito e objeto, ou seja, fazê-la surgir da maneira diferente como o objetivo é apreendido pelo subjetivo, isto é, *conhecido* por pessoas diferentes. Mas então tudo retrocederia ao *conhecimento* correto ou incorreto das circunstâncias presentes, o que transformaria a diferença moral dos modos de agir em mera diferença na correção ou incorreção do juízo, e converteria a moral em lógica. Se, por fim, os proponentes da liberdade da vontade tentassem se salvar desse grave dilema dizendo: De fato, não há uma diferença inata de caráter, mas uma diferença desse tipo surge de circunstâncias externas, impressões, experiências, exemplos, ensinamentos etc., e se um caráter se formou desse modo, então a diferença no agir é subsequentemente

---

90. SCHOPENHAUER, A. *Tratado sobre a liberdade da vontade*. M. C. Mota. Petrópolis: Vozes, 2023. p. 82-88.

explicada por isso – aqui poderíamos, em primeiro lugar, replicar que nesse caso o caráter apareceria muito tarde (embora na verdade já seja reconhecível em crianças) e a maioria das pessoas morreria antes de ter obtido um caráter; em segundo lugar, que todas essas circunstâncias externas cuja obra deveria ser o caráter estão completamente fora de nosso poder e são provocadas de uma maneira ou de outra pelo acaso (ou, se assim se quiser, pela Providência): ou seja, se o caráter procedesse delas e a diferença no agir derivasse, por sua vez, do caráter, toda a responsabilidade moral por essa diferença desapareceria completamente, já que ela evidentemente seria, no fim das contas, obra do acaso ou da Providência. Vemos, portanto, que, sob a suposição da liberdade da vontade, a origem da diversidade nos modos de agir e, com isso, da virtude, ou do vício, com a da responsabilidade, flutua no ar sem nenhum suporte e não encontra lugar onde se enraizar. Daí se segue, no entanto, que aquela suposição, por mais que agrade à primeira vista ao entendimento rude, está no fundo em contradição tanto com nossas convicções morais quanto com a regra suprema de nosso entendimento, como já foi suficientemente demonstrado.

A necessidade com que os motivos, como todas as causas em geral, exercem seu efeito – como expliquei detalhadamente acima – não é isenta de pressupostos. Agora sabemos qual é seu pressuposto, o fundamento e o solo em que se apoia: o *caráter individual inato*. Assim como todo efeito na natureza inanimada é um produto necessário de dois fatores, a saber, a *força natural* universal que aqui se manifesta e a *causa* particular que aqui produz essa manifestação, da mesma forma toda ação de um ser humano é o produto necessário de seu *caráter* e do *motivo* que interveio. Dados esses dois fatores, ela se segue inevitavelmente. Para que ocorresse outra ação, ou outro motivo ou outro caráter teria de ser posto. Além disso, toda ação poderia ser prevista com certeza, até mesmo calculada, se, em parte, o caráter não fosse tão difícil de sondar, e se, em parte, o motivo não estivesse, com frequência, oculto e sempre exposto ao efeito contrário de outros motivos que se situam exclusivamente na esfera do pensamento do homem e são inacessíveis aos outros. O caráter inato do homem já determina essencialmente os fins que ele persegue invariavelmente: os meios que ele usa para alcançá-los são determinados, em parte, pelas circunstâncias externas, em parte por sua compreensão deles, cuja correção depende, por sua vez, de seu entendimento e de sua educação. Como resultado de tudo isso, seguem-se suas ações individuais e, com isso, todo o papel que ele deve desempenhar no mundo. – A síntese da teoria do caráter individual aqui exposto encontra-se expressa, de forma exata como também poética, numa das mais belas estrofes de Goethe:

> Como no dia que te deu ao mundo
> Estava o sol para a saudação dos planetas,
> Cresceste logo e sem cessar,
> De acordo com a lei de teu ingresso.
> Assim tens de ser, não podes escapar de ti mesmo;
> Assim o disseram as sibilas, e também os profetas;
> Nenhum tempo, nenhum poder rompem
> A forma impressa que, vivendo, se desenvolve.

Portanto, a pressuposição sobre a qual repousa a necessidade dos efeitos de todas as causas é a essência interna de todas as coisas, quer seja ela meramente uma força natural universal que se manifesta nela, quer seja a força vital, quer seja a vontade: todo ser, não importa de qual tipo, sempre reagirá de acordo com sua peculiar natureza, por ocasião das causas eficientes. Essa lei, à qual todas as coisas do mundo estão sujeitas sem exceção, foi expressa pelos escolásticos na fórmula *operari sequitur esse* [o agir segue o ser]. De acordo com isso, o químico testa os corpos por meio de reagentes, e um ser humano testa outro mediante provas a que o submete. Em todos os casos, as causas externas produzirão, com necessidade, o que está contido no ser: pois este não pode reagir senão de acordo com o que ele é.

Aqui deve ser lembrado que toda *existentia* pressupõe uma *essentia*: isto é, todo existente deve ser também algo, ter uma essência determinada. Não pode *existir* e ser um *nada*, ou seja, algo como o *ens metaphysicum*, isto é, uma coisa que *é* e nada mais que é, sem quaisquer determinações e propriedades e, portanto, sem o decidido tipo de agir que delas emana: assim como uma *essentia* sem *existentia* não fornece uma realidade (o que Kant ilustrou com o conhecido exemplo de cem táleres), uma *existentia* sem *essentia* também não pode fazê-lo. Pois todo existente deve ter uma natureza essencial e peculiar a ele, em virtude da qual ele é o que é; uma natureza que ele sempre afirma e cujas manifestações são necessariamente provocadas pelas causas, ao passo que essa natureza mesma, por outro lado, não é de modo algum obra dessas causas, nem é modificável por elas. Mas tudo isso se aplica ao homem e à sua vontade tanto quanto a todos os demais seres da natureza. Ele também tem, além de *existentia*, uma *essentia*, isto é, propriedades fundamentais que constituem seu caráter e requerem apenas uma ocasião externa para irromper. Consequentemente, esperar que um homem, diante da mesma ocasião, aja uma vez de uma maneira, mas diferentemente outra vez, é como esperar que a mesma árvore que deu cerejas neste verão produza peras no próximo. Estritamente falando, a liberdade da vontade significa uma *existentia* sem *essentia*: o que significa que alguma coisa *é* e, ao mesmo tempo, *é nada*, o que, por sua vez, significa que *não é*; portanto, é uma contradição.

A compreensão disso, bem como da validade certa *a priori* e, portanto, sem exceções da lei da causalidade, é responsável pelo fato de que todos os pensadores realmente profundos de todos os tempos, por mais diferentes que sejam suas outras opiniões, concordam em afirmar a necessidade de atos de vontade quando ocorrem os motivos e em rejeitar o *liberum arbitrium*. De fato, precisamente porque a maioria incalculável de pessoas incapazes de pensar e a massa entregue à aparência e ao preconceito sempre resistiram obstinadamente a essa verdade, esses pensadores a levaram ao extremo para afirmá-la nas expressões mais decisivas e até mesmo audazes. A mais conhecida delas é a do asno de Buridan, a qual, no entanto, há quase cem anos é buscada em vão nos escritos remanescentes de Buridan. Eu mesmo tenho uma edição de seus *Sophismata*, que aparentemente foi impressa no século XV, sem local de edição, ano ou números de páginas, na qual procurei por ela sem sucesso, embora asnos apareçam como exemplos em quase todas as páginas. Bayle, cujo artigo sobre *Buridan* é a base de tudo o que foi escrito a esse respeito desde então, diz muito incorretamente que só se conhece *um* sofisma de Buridan, pois tenho todo um volume in-quarto de *Sophismata* seus.

17
Asseidade

Segundo Schopenhauer, a imagem natural de uma vontade empírica livre (ou daquilo que se entende por livre-arbítrio) pode ser representada por uma balança tranquila, que só sai do seu equilíbrio se algum peso for colocado em uma de suas tigelas. Imaginar, pois, que a balança possa produzir movimento sozinha, a partir de si mesma, é, para o autor, tão absurdo quanto crer na existência do livre-arbítrio, pois, assim, cada um seria capaz de produzir qualquer ação a partir de si mesmo, sem que nada pesasse, previamente, nas suas decisões. Sabemos, porém, que, para o autor, o caráter inteligível é o peso na balança, é ele que nos faz preferir determinados motivos em meio a outros – razão pela qual o filósofo refuta a hipótese do livre-arbítrio. Mas, então, como posso atribuir culpa e responsabilidade moral a atos não livres ou necessários? Como afirmar que alguém é responsável por ações que praticou por necessidade? É no conceito de asseidade (do latim: "por si mesmo") que está a chave para entender esse pensamento schopenhaueriano, que, à primeira vista, parece paradoxal: o ser humano age necessariamente e é, sim, responsável por suas ações.

Conforme Schopenhauer, Hume foi o primeiro a tentar resolver um problema levantado por Agostinho, a saber, se ao criador cabe a culpa pelos nossos atos. Hume teria defendido que o criador do mundo deveria ser, ao mesmo tempo, causa e autor final de todas as nossas volições, pois, independentemente da extensão da cadeia contínua de causas necessárias, foi ele quem deu início a tudo. Para lidar com a questão, Schopenhauer relembra as teses de Agostinho, pois considera que, não sem um forte motivo, Agostinho foi um dos maiores defensores do *liberum arbitrium*: sua intenção, na verdade, era isentar Deus da autoria do mau. Segundo Schopenhauer, o livre-arbítrio agostiniano seria, portanto, um tipo de liberdade dada por Deus aos seres humanos para que eles cometessem os atos que quisessem e, por conseguinte, fossem os únicos responsáveis por tais. E, dessa forma, Deus ficaria excluído de toda a responsabilidade daquilo que fazemos.

Do ponto de vista de Schopenhauer, Agostinho, no entanto, não resolve a questão. O filósofo acha contraditório imaginar um ser, que em toda sua existência e essência, é obra de outro e, ao mesmo tempo, capaz de autodeterminar-se primordial e continuamente, sendo por isso, responsável por suas ações. A proposição *operari sequitur esse*, ou seja, as nossas ações decorrem da nossa essência, é uma verdade incontestável, para o filósofo; e, desse modo, se a nossa essência for obra de um outro, não faz o menor sentido responsabilizar-nos por nossos atos. Na visão schopenhaueriana, pensar a responsabilidade moral sem a asseidade excede o seu poder de compreensão, pois ela é precisamente a condição *sine qua non* para responsabilizar um autor por seus atos. Schopenhauer afirma que a asseidade foi tratada pelos escolásticos como um atributo especialmente divino, significando ser obra de si mesmo, e não de um outro; e é também assim que ele vê o ser humano: cada um como obra de si mesmo.

Como imputabilidade é algo que requer liberdade, ela não deve estar nas ações, que são necessárias, mas na essência, que é livre. Toda responsabilidade moral de nossos atos deve recair, então, sobre nosso caráter inteligível ou nossa vontade pessoal, livre por definição. Todavia, para tanto, é necessário que cada um seja o criador de seu próprio caráter inteligível, e daí a defesa da asseidade pelo filósofo. A melhor imagem que representa esse pensamento schopenhaueriano é o mito de Er de Platão, ao qual o próprio Schopenhauer nos remete, quando toca no ponto da asseidade. Platão narra que as almas já julgadas escolhem que tipo de pessoa elas querem ser na próxima vida. Mais precisamente, cada alma, antes de seu renascimento, escolhe um destino de vida, com uma determinada personalidade, a qual será o seu *daimon* (gênio), que Schopenhauer chama de caráter inteligível. Ou seja, cada indivíduo é, em termos metafísicos, o criador de sua própria essência, por isso, tudo o que dela deriva é responsabilidade sua, considerando-se que ele é o autor de si mesmo. E assim seus atos lhe podem ser absolutamente imputados.

Sobre a liberdade da vontade (cap. IV)[91]

Após esta notável compilação de vozes altamente heterogêneas, todas dizendo a mesma coisa, retorno ao nosso Padre da Igreja. Os fundamentos com os quais ele espera remover a dificuldade que ele já sentira em toda a sua severidade são teológicos, não filosóficos e, portanto, não têm validade incondicional. Como foi dito, o apoio deles é o terceiro motivo, além dos dois mencionados acima, pelo qual ele busca defender um *liberum arbitrium* concedido ao ser humano por Deus. Semelhante coisa, por se colocar no meio separando o Criador e os pecados de sua criatura, seria realmente suficiente para eliminar toda a dificuldade, mas isso se apenas o *liberum arbitrium* – tal como é dito facilmente em palavras e que talvez baste a um pensamento que não vai muito além de palavras – permanecesse ao menos pensável numa consideração séria e profunda. Mas como se pode imaginar que um ser que, segundo toda a sua *existentia* e *essentia*, é obra de outro, é capaz, contudo, de determinar-se radicalmente a si mesmo desde o início e, portanto, ser responsável por suas ações? O princípio *Operari sequitur esse*, isto é, os efeitos de cada ser decorrem de sua constituição, refuta essa suposição, mas é, ele próprio, irrefutável. Se um homem age mal, é porque ele *é* mau. Mas a esse princípio se une seu corolário: *ergo unde esse, inde operari*. [Portanto, de onde vem o ser, daí vem o agir.] O que diríamos do relojoeiro que estivesse zangado com seu relógio porque não funciona bem? Por mais que se queira fazer da vontade uma *tabula rasa*, ninguém poderá deixar de admitir que se, por exemplo, de duas pessoas, uma delas, do ponto de vista moral, segue um curso de ação totalmente oposto ao da outra, então essa diferença, que deve provir de algum lugar, tem sua razão ou nas circunstâncias externas, caso em que a culpa obviamente não afeta os seres humanos, ou então numa diferença originária em sua vontade mesma, caso em que novamente a culpa e o mérito não os afetam, se toda sua existência e essência são obra de outrem. Depois que os grandes

---

91. SCHOPENHAUER, A. *Tratado sobre a liberdade da vontade*. M. C. Mota. Petrópolis: Vozes, 2023. p. 108-112.

homens mencionados se esforçaram em vão para encontrar uma saída desse labirinto, admito de bom grado que pensar a responsabilidade moral da vontade humana sem sua asseidade supera minha capacidade de compreensão. Foi, sem dúvida, essa mesma incapacidade que ditou a sétima das oito definições com que Espinosa abre sua *Ética*: *ea res libera dicetur, quae ex sola naturae suae necessitate existit, et a se sola ad agendum determinatur; necessaria autem, vel potius coacta, quae ab alio determinatur ad existendum et operandum* [Diz-se livre a coisa que existe exclusivamente pela necessidade de sua natureza e que por si só é determinada a agir; e necessária, ou melhor, coagida, a que é determinada por outro a existir e a operar de certa e determinada maneira].

Pois se uma ação má deriva da natureza, ela é da constituição inata do ser humano, então a culpa obviamente reside sobre o originador dessa natureza. Por isso, a vontade livre foi inventada. Mas, sob essa suposição, absolutamente não se pode ver de onde surge a ação, porque a livre vontade é, no fundo, uma qualidade puramente *negativa* e significa apenas que nada obriga nem impede o ser humano de agir de uma maneira ou de outra. No entanto, isso nunca deixa claro *do que* a ação, em última análise, surge, pois não deve provir da natureza inata ou adquirida do homem, caso em que se tornaria um fardo para seu criador, nem apenas das circunstâncias externas, na medida em que ela seria atribuída ao acaso; portanto, de toda maneira o ser humano permaneceria isento de culpa – enquanto, de fato, é declarado responsável por ela. A imagem natural de uma vontade livre é uma balança sem peso: está lá suspensa tranquilamente e nunca perderá o equilíbrio a menos que algo seja colocado em um de seus pratos. Assim como ela não pode mover-se por si mesma, a vontade livre também não pode suscitar uma ação por si mesma, porque nada se deriva do nada. Para que a balança se incline para um lado, sobre ela um corpo estranho deve ser colocado, que é então a fonte do movimento. De igual modo, a ação humana deve ser provocada por algo que atue positivamente e seja algo mais do que uma mera liberdade negativa. Mas isso só pode significar duas coisas: ou os motivos o fazem por si sós, isto é, as circunstâncias externas: então o ser humano obviamente não seria responsável pela ação, e, além disso, todas as pessoas teriam de agir da mesma maneira sob as mesmas circunstâncias; ou então surge de sua receptividade a tais motivos, ou seja, de seu caráter inato, isto é, das inclinações que habitam originariamente no homem, que podem variar nos indivíduos e em virtude das quais os motivos têm seu efeito. Mas então a vontade não é mais uma vontade livre, pois essas inclinações são o peso colocado no prato da balança. A responsabilidade recai sobre aquele que as colocou ali, ou seja, sobre aquele de quem o ser humano com tais inclinações é obra. Portanto, o ser humano é responsável por seu fazer apenas no caso em que ele mesmo é sua própria obra, isto é, em que tem asseidade.

Todo o ponto de vista aqui exposto sobre o tema permite-nos apreciar tudo o que depende dessa liberdade da vontade, a qual constitui um abismo indispensável entre o Criador e os pecados de sua criatura – e daí se compreende por que os teólogos se apegam a ela com tanta persistência, e por que seus escudeiros, os professores de filosofia, a apoiam devidamente com tanto zelo que, surdos e cegos às mais conclusivas contraprovas dos grandes pensadores, se aferram à liberdade da vontade e lutam por ela como *pro ara et focis* [por altar e lareira].

A vontade na natureza (Indicação à ética)[92]

Todos os povos sempre souberam que o mundo, além de seu significado físico, tem também um moral. Mas em toda parte se chegou apenas a uma consciência obscura da coisa, que se travestia, à procura de sua expressão, em diversas imagens e mitos. Essas são as religiões. Os filósofos, por sua vez, sempre estiveram empenhados em alcançar uma compreensão clara da coisa, e todos os seus sistemas, com exceção dos materialistas estritos, concordam, em toda sua diversidade sobre tudo o mais, que o mais importan-

---

92. SCHOPENHAUER, A. *A vontade na natureza*. Trad. G. S. Philipson. Petrópolis: Vozes, 2024. p. 237-243.

te, o unicamente essencial de toda existência, aquilo de que tudo depende, o sentido autêntico, o ponto de virada, seu ápice (*sit venia verbo* [se posso dizer]) reside na moralidade da ação humana. Mas voltam a discordar totalmente sobre o seu sentido, seu modo como, a possibilidade da coisa, tendo um abismo de escuridão diante de si. A consequência disso é que é fácil pregar a moral, difícil é fundamentá-la. Justamente porque tal ponto é verificado pela consciência moral, se torna pedra de toque dos sistemas: uma vez que se exige da metafísica, com razão, que ampare uma ética, surge então o difícil problema de, contra toda experiência, comprovar a ordenação física das coisas como dependente de uma moral, de encontrar um nexo entre a força que opera segundo as eternas leis da natureza, conferindo permanência ao mundo, e a moralidade no seio humano. Assim, até os melhores falharam aqui: Espinosa adere por vezes, mediante sofismas, a uma doutrina da virtude em seu panteísmo fatalista, com mais frequência, porém, deixa a moral completamente abandonada. *Kant*, depois de pôr fim à razão teórica, faz surgir como *deus ex machina* seu imperativo categórico, extraído dos meros conceitos, com um dever absoluto, e seu erro se tornou realmente claro quando *Fichte*, que sempre tomou o excesso como sendo superação, o expandiu, com o ancho e fastio wolffianos, em um sistema complexo do *fatalismo moral*, em seu *System der Sittenlehre* [Sistema da doutrina moral], expondo depois uma versão mais curta em seu último panfleto, *Die Wissenschaftslehre im allgemeinen Umrisse* [A doutrina da ciência em um esboço geral], 1810.

A partir desse ponto de vista, é inegável então que um sistema que coloque a realidade de toda a existência e a raiz da natureza como um todo na *vontade*, comprovando nela o coração do mundo, tem no mínimo um forte precedente a seu favor, pois alcança, por via direta e simples, já até detendo em mãos antes mesmo de seguir para a ética, aquilo que os outros buscam alcançar só por desvios longos e sempre inconvenientes. Não é jamais, também, verdadeiramente alcançável senão mediante a noção de que a força pulsante que atua e surte efeito na natureza, apresentando ao nosso intelecto esse mundo perceptível, é idêntica à vontade em nós. Apenas é amparo da ética real e imediatamente a metafísica que já é ela mesma originalmente ética, tendo sido construída da matéria da ética, a vontade; pelo que eu, com muito melhor direito do que Espinosa, poderia intitular "Ética" a minha metafísica, já que nele isso parece ser quase uma ironia, podendo-se afirmar que leva seu nome como *lucus a non lucendo* [chama bosque por não ser iluminado], já que só mediante sofismas pode anexar a moral a um sistema do qual jamais ela derivaria de maneira consequente: ele inclusive também a nega na maioria das vezes, com revoltante desfaçatez (p. ex., na *Ética IV*, prop. 37, esc. 2). De modo geral, atrevo-me a afirmar que um sistema filosófico nunca foi tão inteiramente lapidado como o meu, sem costuras nem remendos. É, como disse no seu prefácio, o desdobramento de um único pensamento, pelo que confirma novamente o antigo άπλους ὁ μυθος της αληθειας εφυ [assim simples é a palavra da verdade (Eurípides, *As fenícias*, 469)]. – Então, ainda se deve levar em consideração aqui que liberdade e responsabilidade, os pilares de fundação de toda ética, sem o pressuposto da asseidade da vontade, afirmam-se apenas com palavras, mas não se deixam pensar de maneira alguma. Quem quiser contestar isso, tem que primeiro deitar por terra o axioma já levantado pelos escolásticos, *operari sequitur esse* [faz-se o que se é] (ou seja, da qualidade de tal ser segue sua ação), ou atestar como falsa sua consequência *unde esse inde operari* [do que se é vem o que se faz]. Responsabilidade tem a liberdade como condição, esta, porém, a originalidade. Pois eu quero conforme sou: portanto, devo ser conforme eu quero. Ou seja, a asseidade da vontade é a primeira condição de uma ética pensada à sério, e Espinosa diz com razão: *ea res libera dicetur, quae ex sola suae naturae necessitate existit, et a se sola ad agendum determinatur* [Diga-se livre aquela coisa que existe apenas pela necessidade de sua própria natureza e é determinada a agir apenas por si]. É uma contradição a dependência segundo o ser e a essência estar ligada com a liberdade segundo a ação. Se Prometeu quisesse tirar satisfação de suas criaturas imperfeitas pelas ações delas, então elas responderiam cobertas de razão: "só podemos agir de acordo com o que éramos: pois a ação vem da composição. Se nosso agir era ruim, então isso repousava em nossa composição: ela é obra tua: castiga-te a ti mesmo". Não é diferente em relação à indestrutibilidade de nossa verdadeira essência pela morte, que não pode ser pensada seriamente sem a asseidade da vontade, assim como dificilmente sem a separação fundamental entre a vontade e o intelecto. O último ponto pertence à minha filosofia; o primeiro, contudo, Aristóteles já expôs de maneira minuciosa (De caelo, I, 12), ao mostrar, detalhadamente, que apenas o que é engendrado pode ser imarcescível, e que ambos os conceitos se condicionam um ao outro: ταυτα αλληλοις ακολουθει, και το τε αγενητον αφθαρτον, και το απθαρτον αγενητον. [...] το γαρ γενητον και το φθαρτον ακολουθουσιν αλληλοις. [...] ει γενητον τι, φθαρτον αναγκη (*Haec mutuo se sequuntur, atque ingenerabile est incorruptibile, et incorruptibile ingenerabile.* [...] *generabile enim et corruptibile mutuo se sequuntur.* [...] – *si generabile est, et corruptibile esse necesse est*) [que o que não surgiu ser imperecível e o imperecível não ter surgido seguem-se um do outro. [...] Pois ter surgido e ser perecível seguem-se mutuamente. [...] Se algo surgiu, deve, então, ser perecível]. Assim também entenderam todos aqueles que, entre os antigos filósofos, ensinaram uma imortalidade da alma, e sem que lhes ocorresse querer atribuir uma duração infinita a algum ser engendrado. Testemunho do constrangimento a que leva a aceitação da tese contrária oferece a controvérsia no interior da Igreja entre os pré-existencialistas, os criacionistas e os traducionistas.

Além disso, é um ponto parente da ética o otimismo de todos os sistemas filosóficos que não pode faltar, como algo obrigatório, a nenhum deles: pois o mundo quer ouvir que é louvável e excelente, e os filósofos querem agradar ao mundo. Comigo é diferente: vi o que agrada ao mundo e não vou, para agradá-lo, afastar-me um passo sequer do trilho da verdade. Assim, meu sistema também diverge dos outros nesse ponto, ficando isolado. No entanto, depois de terem conjuntamente cumprido suas demonstrações e cantado suas canções do melhor dos mundos, vem finalmente, por detrás do sistema, como um vingador tardio do disforme, como um espírito saído da tumba, como o convidado de pedra de Don Juan, a questão da origem do mal, do mal monstruoso, inominável, da miséria horripilante, dilacerante, no mundo: – e se calam, ou não têm nada além de palavras, palavras vazias, sonantes, para amortizar uma conta tão pesada. Em contrapartida, se a existência do mal foi entrelaçada com a do mundo já na base de um sistema, aí já não há o que temer desse espectro: como uma criança vacinada não teme a varíola. Esse é o caso, contudo, quando a liberdade está situada no *esse* [ser] em vez de no *operari* [ação], e dela, então, derivar o mau, o mal e o mundo. – Aliás, contudo, é justo que me seja permitido, como um homem sério, falar apenas das coisas que eu realmente conheço, e que eu utilize apenas palavras com as quais eu ligue um sentido bastante determinado; pois somente assim é possível se comunicar com os outros com segurança, e *Vauvenargues* tinha toda razão ao dizer que "la clarité est la bonne foi des philosophes" [a clareza é a boa-fé dos filósofos]. Se eu digo, portanto, "vontade, vontade de viver", isso não é um *ens rationis* [ente de razão], não é uma hipóstase feita por mim mesmo, nem mesmo uma palavra com um significado incerto, hesitante: ao contrário, a quem me questionar o que é isso, aponto ao seu próprio interior onde ele a encontrará integralmente, em sua medida colossal, como um verdadeiro *ens realissimum* [ente realíssimo]. Eu, portanto, não expliquei o mundo pelo desconhecido; mas sim pela coisa mais conhecida de todas e que nos é conhecida de uma maneira completamente diferente de tudo o mais. No que diz respeito, por fim, ao paradoxo de que os resultados ascéticos de minha ética foram acusados, uma objeção levantada até mesmo por *Jean Paul*, quem no mais me tem um juízo tão favorável, e pela qual, ainda, o Sr. Rätze (que não sabia que o único método que utilizam contra mim é fazer segredo) foi impelido a escrever, em 1820, um livro bem-intencionado contra mim e que, desde então, se tornou o tema permanente de crítica da minha filosofia, peço que se leve em consideração que uma coisa dessas pode se chamar paradoxal apenas nesse canto noroeste do velho continente, e mesmo aqui só nos países protestantes; em contrapartida, em toda a vasta Ásia, em toda parte onde o abominável Islã ainda não expulsou com fogo e espada as antigas e profundas religiões da humanidade, mais provável seria temer a acusação de trivialidade. Consolo-me, portanto, por minha ética ser integralmente ortodoxa em relação tanto aos Upanixades dos Vedas sagrados quanto à religião mundial de Buda, não estando nem mesmo em contradição com o antigo e autêntico cristianismo. Contra todas as outras acusações de heresia, contudo, estou blindado, e tenho uma malha de metal tripla sobre o peito.

O mundo como vontade e representação, tomo II, cap. 25[93]

Em conformidade com isso, por conseguinte, partindo-se de uma perspectiva, da qual nós simplesmente não somos capazes de escapar, porque ela está estabelecida pelas leis universais objetivas e válidas *a priori*, o mundo, com todas as coisas que existem dentro dele, aparece como um jogo sem qualquer propósito e, em função disso, incompreensível de necessidade eterna, uma insondável e implacável Ἀνάγκη. Aquilo de ofensivo, com efeito, até mesmo ultrajante, dessa visão de mundo inevitável e irrefutável não é capaz, pois, de ser completamente eliminada por nenhuma outra suposição senão por aquela, de que cada ser no mundo, tal como é, por um lado, fenômeno e necessariamente determinado pelas leis do fenômeno, por outro lado, em si mesmo é a *vontade*, e, com efeito, a *vontade* especificamente *livre*, uma vez que toda necessidade tem sua origem unicamente pelas formas, as quais pertencem inteiramente ao fenômeno, nomeadamente por intermédio do princípio da razão em suas várias conformações: a uma vontade desse tipo deve então, não obstante, também pertencer asseidade, dado que ela, na qualidade de livre, quer dizer, na condição de coisa-em-si e, em virtude disso, não sujeita ao princípio da razão, não pode depender de outra em seu ser e sua essência tampouco quanto em suas ações e seu causar efeito. Por intermédio dessa suposição unicamente, é estabelecida tanta *liberdade* quanto é necessária para manter o equilíbrio com a inevitável e estrita *necessidade* que governa o curso do mundo. Em conformidade com isso tem-se propriamente somente a escolha de ver no mundo uma mera máquina necessariamente em fun-

---

93. SCHOPENHAUER, A. *O mundo como vontade e representação, tomo II*. Trad. L.G. Grzybowski. Petrópolis: Vozes. No prelo.

cionamento, ou de reconhecer como essência em si desse mesmo mundo uma vontade livre, cuja expressão não é imediatamente o causar efeito, mas antes de tudo a *existência* e *essência* das coisas. Essa liberdade é, em decorrência disso, uma de caráter transcendental e coexiste com a necessidade empírica da mesma forma que a idealidade transcendental dos fenômenos coexiste com a sua realidade empírica. Que unicamente sob a pressuposição dessa mesma liberdade a ação de um ser humano, independentemente da necessidade, com a qual ela se origina a partir de seu caráter e dos motivos constitui-se com efeito sua *própria* ação, isso eu demonstrei no ensaio premiado sobre a liberdade da vontade: precisamente com isso, todavia, que *asseidade* é atribuída à sua essência. A mesma relação se aplica, pois, em relação a todas as coisas no mundo. – A *necessidade* mais estrita, honesta e rigidamente estabelecida e a *liberdade* mais perfeita, elevada ao ponto da onipotência, deveriam introduzir-se na filosofia simultânea e conjuntamente: sem violar a verdade, no entanto, isso só poderia acontecer pelo fato de que a *necessidade* em sua totalidade fosse transportada para o *causar efeito e fazer* (*operari*), a *liberdade* em sua totalidade, por outro lado, fosse transportada para o *ser* e *essência* (*esse*). Por intermédio disso se resolve um enigma, o qual é tão antigo quanto o mundo somente em função do seguinte, porque até este momento sempre se o manteve precisamente ao contrário e simplesmente se procurou a liberdade no *operari* e a necessidade no *esse*. Eu, por outro lado, declaro: todo ser, sem exceção, *causa efeito* com estrita necessidade, esse mesmo ser, no entanto, *existe* e é aquilo que é em virtude de sua *liberdade*. No meu caso, por conseguinte, não há de se encontrar nem mais, nem menos liberdade e necessidade do que em qualquer sistema precedente; embora ora uma coisa deva parecer, ora outra, dependendo se alguém tome ofensa no fato, de que se atribua *vontade* aos processos naturais que até esse momento foram esclarecidos como puramente necessários, ou ao fato de que se reconhece à motivação a mesma necessidade estrita como à causalidade mecânica. Meramente os seus lugares trocaram ambos: a liberdade foi transferida para o *esse* e a necessidade foi limitada ao *operari*.

18
Sabedoria de vida

Schopenhauer entende por sabedoria de vida a arte de conduzir a vida do modo mais agradável e feliz possível. No entanto, sabemos que sua filosofia está longe de afirmar este mundo, pelo contrário, ela o nega. Então, de que modo *Os aforismos para a sabedoria de vida* contribuem para uma melhoria na nossa qualidade de vida? Contribuem substancialmente, porque apresentam máximas sobre a natureza humana em geral, que pretendem auxiliar-nos no nosso processo de autoconhecimento, já que somos desconhecidos para nós mesmos e capazes de nos conhecer apenas *a posteriori*, ou seja, pela experiência e reflexão. À medida que o indivíduo vai adquirindo conhecimento do próprio caráter, ou seja, vai se conhecendo melhor (e daí vem o nome "caráter adquirido"), ele passa a ter ciência de suas atitudes erradas (leia-se: atitudes que não foram conformes o seu caráter individual).

O arrependimento de uma ação, para o autor, está condicionado ao fato de que, antes da ação, não houve um espaço de manobra [*Spielraum*] ao intelecto, isto é, não lhe foi permitido considerar clara e completamente os motivos que se opunham àquela ação naquele momento. Porém, após a ação consumada, a realidade apresenta os contramotivos ao intelecto, que agora reconhece que eles teriam sido mais fortes, se os tivesse considerado e ponderado devidamente. O ser humano percebe, então, que fez o que não era verdadeiramente de acordo com a sua vontade: essa percepção é precisamente o arrependimento. Nesse caso, ele não agiu com completa liberdade intelectual, já que nem todos os motivos entraram em ação. O arrependimento é, portanto, sempre o conhecimento corrigido, nunca a vontade mudada (o que é impossível), da relação entre o ato e a intenção verdadeira, o que requer tanto um claro conhecimento dos motivos envolvidos numa determinada situação, quanto do próprio caráter.

O clareamento dos motivos não é algo que depende da vontade, e sim do intelecto, cuja função é apresentar os motivos, com a maior clareza possível, à vontade. Por isso, se ele executa mal a sua função, não exibindo à vontade os motivos como eles realmente são, ela, por conseguinte, pode se decidir erroneamente. Alguns motivos, por exemplo, podem ter sidos adulterados numa situação passada, porque o indivíduo estava embriagado, e isso fez com que a sua vontade se decidisse pelo motivo errado. Desse ato surge, então, o arrependimento, que indica justamente a ocorrência de uma escolha errada. Em virtude disso, dissemos anteriormente que a saúde do intelecto é de suma importância na hora da decisão, e nada deve impedi-lo de desempenhar a sua função adequadamente. Afinal, a vontade só pode se decidir verdadeiramente de acordo com a natureza, ou caráter individual de cada um, quando o intelecto está em seu estado normal. Quando isso acontece, o filósofo diz que o indivíduo é intelectualmente livre. No entanto, se acaso as circunstâncias externas distorcem a percepção dos motivos, por exemplo, quando alguém confunde veneno com remédio, ou nos casos em que o intelecto é temporária ou permanentemente afetado, como acontece na sonolência e na loucura, o autor diz que a liberdade intelectual é suprimida.

Os aforismos schopenhauerianos podem ser, portanto, grandes aliados do intelecto no tocante à descoberta de nós mesmos, como veículos reflexivos, no clareamento dos motivos e, assim, na aquisição do caráter adquirido. Do mesmo modo, *A arte de conhecer a si mesmo*, uma espécie de resumo da sabedoria pessoal do próprio Schopenhauer, com máximas que ele mesmo seguia, também pode nos orientar nesse sentido. Vale lembrar, porém, que, quando falamos de sabedoria de vida, devemos estar cientes de que se trata de uma marcha em direção à nós mesmos, com o intuito de descobrirmos, com o passar do tempo, quem já somos; não se trata, portanto, de um trajeto a ser percorrido com pretensões de mudanças acerca de nosso próprio caráter. Afinal, não temos liberdade alguma de ação, tendo em vista que esta é sempre fruto daquilo que somos, de nosso caráter, que, por sua vez, é imutável. Se alguma coisa nos resta neste mundo é descobrir quem somos, pois só assim sabemos quando agimos conforme ou contra nossa vontade.

Aforismos para a sabedoria de vida, cap. V (B)[94]

Nossa conduta para conosco

4) Assim como o trabalhador que ajuda a construir um edifício não conhece ou não tem sempre presente o plano do conjunto, do mesmo modo se comporta o ser humano quando tece os dias e as horas individuais de seu caráter e decurso de vida. Quanto mais digno, significativo, planejado e individual o ser humano for, tanto mais é necessário e benéfico que o esboço reduzido desse plano apareça ocasionalmente diante de seus olhos. É claro que também, para isso, é necessário que ele tenha dado um pequeno passo no γνῶθι σεαυτόν [conhece-te a ti mesmo], e assim saiba: o que ele, realmente, primariamente e acima de tudo, quer; o que é essencial para sua felicidade; e, então, o que ocupa o segundo e terceiro lugar depois disso. É importante também que ele reconheça qual é, em geral, sua vocação, seu papel e sua relação com o mundo. Se isso for significativo e grandioso, então, o aspecto do plano de sua vida, em escala reduzida, irá, mais do que qualquer outra coisa, fortalecê-lo, elevá-lo e incentivá-lo à ação, evitando desvios.

5) Um ponto importante da sabedoria de vida consiste na proporção correta, com a qual dedicamos nossa atenção, em parte ao presente, em parte ao futuro, para que um não prejudique o outro. Muitos vivem demais no presente: os frívolos; outros vivem demais no futuro: os ansiosos e preocupados. Raramente alguém manterá a medida exata. Aqueles que, por meio do esforço e da esperança, vivem apenas no futuro, sempre olhando adiante e correndo, impacientemente, ao encontro das coisas que estão por vir, como se elas fossem trazer sobretudo a verdadeira felicidade – mas, enquanto isso, o presente passa despercebido e sem ser desfrutado –, são, apesar de seus ares pretensiosos, comparáveis àqueles asnos na Itália, cujo passo é acelerado, porque há um feixe de feno pendurado em um pau fixado à sua cabeça, o que faz com que sempre o vejam bem à frente e esperem alcançá-lo. Assim, eles

---

94. SCHOPENHAUER, A. "Aphorismen zur Lebensweisheit". *In*: SCHOPENHAUER, A. *Parerga und Paralipomena II*. Zurique: Haffmans, 1988 [trad. de Gleisy Picoli].

enganam a si mesmos durante toda a sua existência, vivendo sempre apenas *ad interim* [interinamente], até morrer. Portanto, em vez de estarmos sempre ocupados exclusiva e eternamente com planos e preocupações para com o futuro, ou em vez de nos entregarmos à nostalgia do passado, nunca deveríamos nos esquecer de que o presente é o único real e certo. O futuro, em contrapartida, quase sempre se desenrola de modo diferente do que pensamos; mas o passado também foi diferente, de modo que, no geral, ambos têm menos importância do que nos parece, pois, a distância, que diminui os objetos aos olhos, amplia-os ao pensamento. Apenas o presente é real e verdadeiro: ele é o tempo realmente preenchido e é nele que reside exclusivamente nossa existência. Portanto, deveríamos sempre apreciá-lo com uma recepção jovial e, assim, aproveitar com consciência cada hora suportável e livre de adversidades ou dores imediatas, ou seja, sem ofuscá-lo com rostos carrancudos sobre esperanças fracassadas no passado, ou apreensões com o futuro, porque é completamente tolo afastar uma boa hora presente ou estragá-la intencionalmente, seja por desgosto do passado ou ansiedade com o que está por vir. Que a preocupação e até mesmo o remorso tenham seu tempo determinado! Mas, depois disso, deve-se pensar sobre o que aconteceu:

> Ἀλλὰ τὰ μὲν προτετυγμένα εἴσομεν ἄχνυμενοι περ,
> Θυμὸν ἐνὶ στήθεσσι φίλον δαμάσαντες ἀνάγκῃ,
> [Sobre as coisas que foram feitas para nós, seremos forçados a suportar, aflitos,
> Domando com força necessária a paixão em nossos corações]

E sobre o futuro: "Ἐτοῖ ταῦτα θεῶν ἐν γούνασι κεῖται" [Isso está nas mãos dos deuses]. Por outro lado, sobre o presente: *singulas dies singulas vitas puta* [Considera cada dia como uma vida própria] (*Sen.*) e faz desse único tempo real o mais agradável possível.

Os únicos males futuros que podem nos perturbar são os que são certos e cujo momento de ocorrência também é certo, mas estes serão muito poucos, pois os males são apenas possíveis ou, na melhor das hipóteses, prováveis. Se são certos, o momento de sua chegada, porém, é completamente incerto. Se nos deixarmos envolver por esses dois tipos, então, não teremos mais nenhum instante de paz. Portanto, para não perdermos a tranquilidade de nossas vidas por causa de males incertos ou indeterminados, devemos nos acostumar a ver aqueles como se nunca viessem, e estes como se certamente não fossem chegar tão cedo.

No entanto, quanto mais o medo deixa a pessoa em paz, mais ele é perturbado por desejos, anseios e exigências. A tão amada canção de Goethe, *Ich hab' mein' Sach auf nichts gestellt* [em nada fixei meus objetivos], na verdade, significa que somente depois da pessoa ter abdicado de todas as exigências possíveis e ter se reduzido à existência nua e crua é que ela se torna partícipe daquela tranquilidade espiritual, que constitui a base da felicidade humana, pois ela é necessária para que o presente e, portanto, toda a vida, seja agradável. Precisamente para esse propósito, devemos sempre nos lembrar que o dia de hoje só ocorre uma vez e nunca mais voltará; presumimos que ele retornará amanhã, entretanto, amanhã é outro dia, que também só ocorre uma vez. Esquecemos que cada dia é uma parte integrante e, portanto, insubstituível da vida, e, pelo contrário, o consideramos como se estivesse contido nela, assim como os indivíduos estão contidos em um conceito de conjunto. Da mesma forma, apreciaríamos e fruiríamos melhor o presente se, nos dias bons e saudáveis estivéssemos sempre conscientes de como, nas doenças ou nas aflições, a lembrança nos apresenta cada hora sem dor ou privação como infinitamente invejável, como um paraíso perdido, como um amigo não reconhecido. Mas passamos os nossos belos dias sem percebê-los; apenas quando chegam os ruins, nós os desejamos de volta. Deixamos passar milhares de horas agradáveis e serenas, com rostos carrancudos, sem desfrutá-las, para, mais tarde, nos tempos sombrios, suspirar em vão por elas com saudade. Em vez disso, deveríamos valorizar cada momento presente suportável, mesmo o cotidiano, que agora, tão indiferentes, o deixamos passar e até mesmo impacientes o afastamos. Lembrando sempre que ele está se transformando agora mesmo naquela apoteose do passado, onde doravante, pelo brilho da imortalidade, será preservado na memória, a fim de que, especialmente nas horas ruins, quando ela ergue a cortina, apresente-o como objeto do nosso desejo mais íntimo.

6) TODA RESTRIÇÃO NOS FAZ FELIZES. Quanto mais estreito é o nosso círculo de visão, ação e contato, mais felizes somos; e quanto mais amplo ele for, mais frequentemente nos sentimos aflitos ou amedrontados, pois, com ele, multiplicam-se e aumentam as preocupações, os desejos e os temores. Em razão disso, até os cegos não são tão infelizes como nos deve parecer *a priori*: isso é evidenciado pela calma suave, quase sempre jovial, em seus traços faciais. É também, em parte, devido a essa regra que a segunda metade da vida é mais triste do que a primeira, pois, no decurso da vida, o horizonte de nossos objetivos e relações se expande cada vez mais. Na infância, limita-se ao ambiente imediato e às relações mais próximas; na juventude, vai-se muito além; na idade viril, abrange todo o curso de nossa vida, e, frequentemente, se estende às relações mais remotas, aos Estados e povos; na velhice, abrange os descendentes. Por outro lado, qualquer restrição, até mesmo a intelectual, é benéfica para a nossa felicidade, pois quanto menor for a excitação à vontade, tanto menor será o sofrimento; e sabemos que o sofrimento é positivo, e a felicidade, meramente negativa. A restrição do círculo de ação priva a vontade de ocasiões externas para excitação; a restrição intelectual, as internas. [...].

A arte de conhecer a si mesmo, 1-10[95]

1. Querer o menos possível e conhecer o máximo possível é a máxima orientadora do meu decurso de vida, pois a vontade é, sem exceção, o que há comum e ruim em nós: devemos escondê-la como fazemos com as genitálias, embora ambos sejam a raiz de nosso ser. Minha vida é heroica, ela não é para ser mensurada com o metro do filisteu ou do mercador, nem mesmo segundo o padrão que pertence aos seres humanos comuns, que não têm outra existência a não ser a do indivíduo limitado ao curto espaço de tempo. Eu não devo, portanto, me entristecer por considerar

---

95. SCHOPENHAUER, A. *Die Kunst, sich selbst zu erkennen*. Munique: C.H. Beck, 2006 [trad. de Gleisy Picoli].

que me falta aquilo que pertence ao regular decurso de vida de um indivíduo: cargo, casa, propriedade, esposa e filho. Sua existência absorve-se nessas coisas. Já a minha vida é intelectual, cujo progresso desimpedido e eficácia imperturbável deve produzir frutos, nos poucos anos de pleno poder espiritual e de sua livre utilização, para enriquecer, por séculos, a humanidade. A minha vida pessoal é apenas a base para essa intelectual, a *conditio sine qua non*, assim, algo completamente secundário. Quanto mais estreita essa base, tanto mais segura; e se ela realiza o que deve em relação à minha vida intelectual, então, alcançou seu objetivo. O instinto, que é próprio àquele, cuja existência tem propósitos intelectuais, foi também um guia seguro para mim, de forma que deixei de lado os propósitos pessoais e relacionei tudo à minha existência espiritual. Por isso, não posso me surpreender se a minha vida pessoal parece desconexa e sem planos: ela se assemelha à voz de apoio na harmonia, que também não pode ter nenhum nexo em si mesma, porque ela serve apenas como suporte da voz principal, na qual está o nexo. O que necessariamente deve faltar em minha vida pessoal é substituído de outras formas pelo pleno gozo do meu espírito e do esforço em busca da direção inata, durante toda a minha vida. De fato, se eu possuísse tais coisas, elas seriam infruíveis e prejudiciais para mim. A um espírito que doa e realiza por si mesmo o que, de fato, nenhum outro pode doar e realizar, e que, por isso mesmo, subsistirá e permanecerá – querer forçá-lo a outras coisas, ou mesmo atribuir-lhe serviços compulsórios e, assim, afastá-lo de seus dons voluntários, seria, ao mesmo tempo, cruel e insano.

2. Ainda na minha tenra juventude, eu notei que, enquanto via todos os outros lutando por bens externos, eu não foquei nisso, porque trago dentro de mim um tesouro, que é infinitamente mais valioso do que todos os bens externos; e tudo depende apenas de desenterrar esse tesouro, para o qual a formação espiritual e o ócio total, portanto, a independência, são as primeiras condições. A consciência disso, no início obscura e vaga, tornou-se, para mim, mais clara a cada ano; e todo tempo foi suficiente para fazer de mim uma pessoa cautelosa e econômica, isto é, para dirigir meu

cuidado à manutenção de mim mesmo e de minha liberdade, e não para qualquer bem externo. Contrariando a natureza e os direitos dos seres humanos, tive que abster de usar minhas forças para servir à minha pessoa e promover meu bem-estar, a fim de dedicá-las ao serviço da humanidade. Meu intelecto não pertencia a mim, mas ao mundo. O sentimento desse estado de exceção e da difícil tarefa resultante dele, *de viver sem empregar minhas forças para mim mesmo*, sempre me oprimiu e me deixou ainda mais preocupado e apreensivo do que eu já era por natureza. Contudo, eu executei tudo, realizei a tarefa, cumpri minha missão. Por essa razão, também tive o direito de cuidar zelosamente para que o apoio de minha herança paterna, que me sustentou por tanto tempo e sem a qual o mundo não teria tido nada de mim, permanecesse até a velhice. Nenhum cargo no mundo, nenhuma posição de ministro ou governador poderia ter me indenizado por meu ócio livre, como ele me foi imposto desde o início.

3. A importância do ser humano intelectualmente imortal, em comparação com o indivíduo, tornou-se em mim tão infinitamente grande, que, mesmo quando muitas preocupações pessoais pesavam sobre mim, eu, imediatamente, as deixava passar e desaparecer, assim que um pensamento filosófico surgia: pois tal pensamento sempre foi, para mim, de extrema seriedade, e todo o resto, ao contrário, diversão. Esse é o título de nobreza e a carta de alforria da natureza. A felicidade das pessoas comuns consiste na alternância entre trabalho e prazer: comigo, ao contrário, ambos são um só. Por isso, a vida de pessoas do meu tipo é necessariamente um monodrama. Missionários da verdade para o gênero humano, como eu, depois de compreenderem a si mesmos, terão tão pouco em comum com os seres humanos, além de sua missão, quanto os missionários na China se confraternizam com os chineses. Uma pessoa como eu, especialmente enquanto é jovem, em todas as circunstâncias da vida, sente-se constantemente como alguém que está vestido em roupas que não lhe servem.

4. O que, das coisas externas, está mais próximo da minha pessoa, assim como a camisa está para o corpo, é minha independência, que não permite que eu seja obrigado a esquecer quem eu sou,

desempenhando o papel de um outro, por exemplo, o de um escritor, cujo ofício é seu ganha-pão, ou de um professor universitário, para quem seu saber e conhecimento são como as mercadorias que o comerciante exibe, ou de um conselheiro palestrante, ou o de um preceptor.

5. Como as pessoas com quem eu vivo não podem ser nada para mim, então, os monumentos, os pensamentos deixados para trás pelos seres semelhantes a mim, que, uma vez como eu, vaguearam por essas terras, são meu maior prazer na vida. A letra morta deles me fala de modo mais familiar do que existência viva dos bípedes. De fato, a um imigrante, uma carta de sua terra natal vale mais do que a conversa dos estrangeiros a seu redor! O rastro daqueles que estiveram aqui antes fala mais familiarmente ao viajante em ilhas desertas do que todos os macacos e cacatuas nas árvores!

6. O clima e estilo de vida em Berlim não me agradam. Vive-se lá como em um navio: tudo é escasso, caro, difícil de se obter, os comestíveis são ressecados e duros; as artimanhas e as fraudes de todo tipo são, por sua vez, piores do que no país onde os limoeiros florescem[96]. Eles não apenas impõem a nós mesmos a mais fastidiosa cautela, mas também, frequentemente, fazem com que aqueles que não nos conhecem levantem uma suspeita contra nós, que nem sonhávamos, e nos tratem, na verdade, como *filous* [trapaceiros], até que isso chegue a uma explosão fatal.

7. Visto que o tempo real da concepção genial já passou para mim, e minha vida, de agora em diante, é mais adequada para a atividade de ensino, ela deve estar aberta diante dos olhos de todos e ter uma posição na sociedade, que eu, na condição de solteiro, não posso conquistar.

8. Nos acessos de insatisfação, eu sempre pondero sobre o significado de um ser humano como eu poder viver toda sua vida no desenvolvimento de suas aptidões e de sua vocação inata; e quantos milhares estavam contra um, dizendo que isso não aconteceria e eu seria muito infeliz. Se, em certos momentos, eu me senti infe-

---

96. O país é a Itália. Referência ao verso de Goethe em *Os anos de aprendizado de Wilhelm Meister*: "Conheces o país onde floresce o limoeiro?"

liz, isso ocorreu mais em virtude de uma *méprise* [equívoco], um erro em relação à minha pessoa, quando me tomei por um outro, e não por mim mesmo. E, então, lamentei a angústia: por exemplo, pelo docente universitário que não se torna professor titular e não tem nenhum ouvinte, ou por ser alguém de quem esse filisteu fala mal e aquela mexeriqueira fofoca, ou réu naquele processo de difamação, ou amante, que está encantado por aquela garota que não quer ouvi-lo, ou paciente que trata sua doença em casa, ou por outras pessoas semelhantes que sofrem misérias semelhantes. Eu não fui nada disso, tudo isso é tecido estranho do qual foi feito, no máximo, o casaco, que vesti por um tempo e, depois, troquei por outro. Mas quem sou eu então? Aquele que escreveu *O mundo como vontade e representação* e deu uma solução para o grande problema da existência, que talvez seja antiquado até o momento, mas que, em todo caso, ocupará os pensadores dos próximos séculos. Esse sou eu, e o que poderia me desafiar no anos que eu ainda tenho para respirar?

9. Quando eu tinha 29 anos de idade, um senhor desconhecido aproximou-se de mim para me dizer que eu seria algo de grande. Um italiano, que me era completamente estranho, dirigiu-se a mim com as seguintes palavras: "*Signore, lei deve avere fatto qualche grande opera: non so cosa sia, ma lo vedo al suo viso*" [Senhor, você deve ter feito alguma grande obra: não sei o quê, mas a vejo em seu rosto]. Um inglês, que tinha apenas me visto, declarou que eu devia ter um espírito excepcional. Um francês, de repente, disse: "*Je voudrais savoir ce qu'il pense de nous autres; nous devons paraître bien petits à ses yeux. C'est qu'il est un être supérieur*" [Gostaria de saber o que ele pensa de nós; devemos parecer muito pequenos aos seus olhos, porque ele é um ser superior]. O filho de uma família inglesa viajante, que acabara de se hospedar num quarto próximo ao meu, gritou exaltado: "*No, I'll sit here, I like to see his intellectual face!*" [Não, eu vou sentar aqui, eu gosto de ver o rosto intelectual dele!]

10. Mal tinha saído da infância, eu já reconhecia claramente o meu lugar neste mundo e, em relação a ele, o suficiente para empregar à minha conduta de vida aquelas palavras de Chamfort:

> *Il y a une prudence superieure à celle qu'on qualifie ordinairement de ce nom, elle consiste a suivre hardiment son charactère, en acceptant avec courage les désavantages et les inconvénients qu'il faut produire.*
>
> [Há uma prudência superior àquela normalmente rotulada com esse nome; ela consiste em seguir corajosamente o próprio caráter, aceitando com coragem as desvantagens e inconvenientes que isso possa acarretar].

Não temo quanto à dignidade moral de minhas ações, pois eu penso como Polonius:

> *This above all – to thine own self be true;*
> *And it must follow, as the night the day,*
> *Thou canst not then be false to any man.*
>
> [Acima de tudo, seja verdadeiro a ti mesmo;
> E disso se segue, como a noite segue o dia,
> Que não podes ser falso com ninguém].

Certa vez, quando minha mãe reclamou amargamente de mim para um amigo, ela teve, ao mesmo tempo, que confessar: "o amor pela verdade é sua maior virtude: nunca ouvi uma mentira sair de sua boca".

19
Idades da vida

Não obstante Schopenhauer considere o intelecto (ou a cabeça), em suas qualidades fundamentais, inato; ele admite que o intelecto não é tão imutável quanto o caráter (ou coração humano). Com efeito, o intelecto está sujeito a muitas transformações, porque, embora seja um mero instrumento da vontade metafísica, sua base é física, e seu material, empírico. Por isso, ele pode sofrer mudanças, como todo objeto empírico submetido às ações do tempo. No tocante à força do intelecto, ela cresce gradualmente, ao longo de nossa vida, até alcançar o seu ápice (na juventude); porém, depois decai, também gradualmente, podendo chegar, segundo Schopenhauer, até o ponto de imbecilidade (na velhice). Mas o material com o qual essa força se ocupa, isto é, os conhecimentos (o conteúdo do pensar, da reflexão e do saber), por sua vez, cresce continuamente com a nossa experiência. E é exatamente esse lado mutável do intelecto que explica por que o mesmo caráter imutável se manifesta de diferentes modos ao longo da vida do indivíduo, o que pode dar a falsa impressão de que o indivíduo mudou, em virtude da mudança dos *meios* para atingir os seus *fins*.

Como o ser humano conta também com o caráter da espécie, ele, de modo geral, comporta-se semelhantemente em determinadas idades, por isso, Schopenhauer divide as fases de nossa vida basicamente em quatro: 1) infância; 2) juventude; 3) maturidade; 4) velhice. A primeira metade da vida apresenta como traço característico o anelo insatisfeito da vontade; já a segunda metade é marcada pelo reconhecimento de que toda felicidade é quimérica. O que possibilita essas diferentes perspectivas sobre a vida é o intelecto, que, à medida que envelhece, vê a vida de diferentes modos. De acordo com Schopenhauer, o intelecto desenvolve-se cedo e, já no sétimo ano de vida, encontra-se completo, embora ainda não maduro. E, tão logo se depare neste mundo, ele depressa começa a fruir incessantemente a sua existência, e isso explica por que as crianças se interessam por tudo ao seu redor. Em regra, os objetos deslumbram o recém-chegado ao mundo; o intelecto, como todo novato em um lugar desconhecido, espanta-se com tudo o que vê. Para Schopenhauer, na infância, somos mais seres cognoscentes do que volitivos, pois nossas necessidades são limitadas, assim, há pouca estimulação para a vontade, e todos os nossos esforços são voltados para conhecer. Segundo o autor, as crianças têm uma concepção intuitiva do mundo semelhante à do poeta, que apreende a Ideia platônica nos objetos isolados.

Na juventude, na maior parte das vezes, estamos descontentes com a nossa situação, independente de qual ela seja, porque procuramos valor num mundo, cujas características marcantes são a vacuidade e a miséria; e tal descontentamento piora em virtude da caça obsessiva à felicidade, típica do jovem, o que torna a juventude um período infeliz. Segundo Schopenhauer, o jovem, no fundo, espera que a sua vida siga como um romance interessante e que todo evento digno de ser considerado feliz seja anunciado com timbales e trombetas; quando, em verdade, tais eventos, muitas vezes, entram pela porta dos fundos, sem fazer nenhum alarde. Diferente do jovem, o ser humano maduro vê as coisas de modo mais simples, e não um mundo romanesco distorcido pela ilusão da felicidade. Ele já viveu o suficiente para constatar que real é o sofrimento, não a felicidade. Ademais, ele sabe que tornar-se realizado significa, no fundo, ser preenchido pelo querer, entretanto, é precisamente esse querer a fonte de todo o nosso sofrimento.

Conforme envelhecemos, o mundo à nossa volta vai nos impressionando cada vez menos, ou seja, vamos vivendo-o com menos consciência. As coisas passam por nós sem que, de fato, as percebamos. Assim, temos a impressão de que o tempo passa mais rápido, por isso, Schopenhauer diz que os dias do jovem são mais longos do que os dias do ancião. Na velhice, não perseguimos mais as coisas com a mesma paixão da adolescência, pois, nessa fase, já adquirimos certa ciência da nulidade dos objetos do querer. Aí surge a tão esperada tranquilidade espiritual, a qual, na visão do autor, constitui propriamente a verdadeira essência da felicidade.

Aforismos para a sabedoria de vida, cap. VI[97]

Mas por que, na velhice, vemos a vida que deixamos para trás como tão breve? Porque a consideramos tão breve quanto a sua lembrança. Tudo o que é precisamente insignificante e muito desagradável, foi apagado, restando, tampouco, pouco. Pois, assim como nosso intelecto é geralmente muito imperfeito, a nossa memória também o é: o que é aprendido deve ser praticado, o passado tem que ser ruminado, senão ambos devem gradualmente afundar no abismo do esquecimento. Entretanto, não costumamos ruminar o que é insignificante e, menos ainda, o que é desagradável; o que seria necessário para preservá-los na memória. O insignificante, porém, se torna cada vez mais abundante, pois, por meio de recorrências frequentes e, por fim, inumeráveis, muitas coisas que a princípio nos pareciam significativas, gradualmente, se tornam insignificantes. Por isso, lembramo-nos melhor dos primeiros anos de vida, do que dos subsequentes. Quanto mais tempo vivemos, tanto menos os acontecimentos nos parecem importantes ou significativos o suficiente para serem ruminados posteriormente, mas só dessa forma eles podem ser fixados na memória, caso contrário, serão esquecidos assim que passam. Assim, o tempo passa cada vez mais sem deixar rastros. Além disso, não gostamos de ruminar o desagradável, muito menos quando isso fere a nossa vaidade, que é, na verdade, o caso mais frequente, porque poucos sofrimentos aconteceram sem a nossa culpa. Por isso, muitas coisas desagradáveis são, então, esquecidas. São essas duas falhas, portanto, que tornam a nossa lembrança tão curta e, relativamente mais curta ainda, à medida que seu material aumenta. Da mesma forma que os objetos na margem, dos quais nos afastamos em um barco, ficam cada vez menores, irreconhecíveis e difíceis de distinguir, assim são os nossos anos passados, suas vivências e seus feitos. E por que, então, na juventude vemos a vida que ainda temos pela frente como sendo tão imensuravelmente longa? Porque deve-se ter espaço para as esperanças ilimitadas, com as quais a

---

97. SCHOPENHAUER, A. "Aphorismen zur Lebensweisheit". *In*: SCHOPENHAUER, A. *Parerga und Paralipomena II*. Zurique: Haffmans, 1988 [trad. de Gleisy Picoli].

preenchemos e para cuja realização Matusalém morreria jovem demais; e também porque tomamos como medida os poucos anos que já se passaram, cuja lembrança é sempre rica em material, por conseguinte, longa, pois a novidade fez tudo parecer significativo. Por isso, posteriormente, nós os ruminamos, repetindo-os frequentemente na memória e, assim, imprimindo-os nela.

Às vezes, acreditamos que desejamos voltar para um LUGAR distante, quando, na verdade, queremos apenas voltar no TEMPO que passamos lá, quando éramos mais jovens e revigorados. Assim, o tempo ilude-nos sob a máscara do espaço. Se viajássemos para lá, então, perceberíamos a ilusão.

Em relação à VITALIDADE, até os 36 anos, somos comparados àqueles que vivem de juros, o que é gasto hoje, amanhã estará de volta. Mas, a partir desse ponto, o nosso análogo é o locatário, que começa a consumir seu capital. No início, a coisa não é nem um pouco perceptível: a maior parte dos gastos recupera-se por si só, um pequeno déficit não é notado. Esse déficit, porém, cresce gradualmente, torna-se perceptível, e seu aumento intensifica a cada dia: ele se deteriora mais e mais, cada dia é mais pobre do que ontem, sem esperança de parar. Assim como a queda dos corpos, a perda se acelera cada vez mais até que, enfim, não resta mais nada. É verdadeiramente triste quando ambos os aspectos aqui comparados, vitalidade e propriedade, estão se dissolvendo juntos, por isso, com a idade cresce-se o amor pela posse. Em contrapartida, no início, até a maioridade e um pouco além, nós nos assemelhamos, no que diz respeito à vitalidade, àqueles que, além de viverem de juros, ainda adicionam algo ao capital: não só o que é gasto se recupera por si, mas também o capital cresce. E isso também às vezes acontece com o dinheiro, sob os cuidados de um tutor honesto. Ó feliz juventude! Ó triste velhice! No entanto, deve-se preservar as forças da juventude. Aristóteles observa (*Polit. L. ult. c.* 5.) que, dos vencedores olímpicos, apenas dois ou três triunfaram como jovens e, depois, como homens, porque devido aos esforços precoces, que o exercício preliminar exige, as forças são tão esgotadas que faltam mais tarde, na idade adulta. Assim como isso se aplica à força muscular, se aplica ainda mais à força nervosa, cuja manifestação são todas as realizações intelectuais: daí a *ingenia praecocia* [talentos precoces], os frutos da educação em estufa, que, quando crianças causam espanto, mais tarde tornam-se mentes muito comuns. Até mesmo o esforço precoce e forçado para aprender línguas antigas pode ser culpado pela posterior lentidão e falta de juízo de tantas mentes eruditas.

Eu fiz a observação de que o caráter de quase todo indivíduo parece ser adequado preferencialmente a uma determinada idade da vida, de modo que ele se mostra mais favorável nela. Alguns são jovens adoráveis, e então tudo acaba; outros são homens vigorosos e ativos, dos quais a idade rouba todo valor. Muitos apresentam-se mais favoráveis na velhice, quando são mais brandos, por serem mais experientes e serenos: isso acontece, muitas vezes, com os franceses. A questão deve se basear no fato de que o caráter em si tem algo de juvenil, viril ou senil, que corresponde ou contraria cada fase da vida.

Da mesma forma que, estando em um navio, só percebemos seu avanço pelo recuo e, por conseguinte, pela diminuição dos objetos à margem, também só nos damos conta do nosso envelhecimento pelo fato de as pessoas com idade cada vez mais avançada parecerem jovens para nós.

Já foi discutido acima como e por que tudo o que se vê, faz e experimenta, deixa menos rastros no espírito à medida que se envelhece. Nesse sentido, pode-se afirmar que se vive com plena consciência apenas na juventude; com metade dela, na velhice. Assim, à medida que a vida se torna cada vez mais inconsciente, mais ela ruma à total inconsciência, e seu curso também se torna cada vez mais rápido. Na infância, a novidade de todos os objetos e eventos traz cada um deles à consciência, por isso, o dia é interminavelmente longo. O mesmo ocorre-nos em viagem, quando UM mês parece mais longo do que quatro em casa. Essa novidade das coisas, no entanto, não impede que o tempo, que em ambos os casos, parece mais longo, muitas vezes se torne realmente "longo", mais do que na velhice, ou mais do que em casa. Mas, gradualmente, por meio de um longo hábito das mesmas percepções, o intelecto se torna tão desgastado que tudo passa por ele de forma mais ineficaz, tornando, então, os dias mais insignificantes e, dessa maneira, curtos. As horas do jovem são bem mais longas do que os dias do idoso. Desse modo, o tempo de nossa vida tem um movimento acelerado, como o de uma esfera em descida; e assim como em um disco girando, cada ponto gira mais depressa quanto mais distante estiver do centro, o tempo passa mais rápido, e sempre mais rápido, para cada um à medida que se distancia do começo de sua vida. Podemos, portanto, presumir que, na avaliação imediata de nosso ânimo, a extensão de um ano é inversamente proporcional ao quociente entre sua duração e a nossa idade. Quando, por exemplo, o ano é 1/5 de nossa idade, ele nos parece 10 vezes mais longo do que quando é apenas 1/50 dela. Por meio dessa aceleração do curso do tempo, o tédio, na maioria das vezes, desaparece nos anos tardios; e, por outro lado, também as paixões, com seu sofrimento, se aquietam. Se apenas a saúde for mantida, então, o fardo da vida, tomado como um todo, é realmente mais leve do que na juventude. Daí a razão de se chamar o período que antecede o aparecimento das fraquezas e das enfermidades da velhice de "os melhores anos". Isso pode realmente ser assim, no que diz respeito ao nosso bem-estar, entretanto, os anos da juventude, quando tudo impressiona e entra vivamente na consciência, têm a vantagem de ser o tempo mais frutífero para o espírito, a primavera que floresce para ele. Com efeito, as verdades mais profundas não podem ser calculadas, apenas intuídas, ou seja, seu primeiro conhecimento é imediato e provocado por impressão momentânea. Portanto, só pode aparecer quando esta for forte, vívida e profunda. Nesse aspecto, tudo depende, então, da utilização dos anos da juventude. Nos anos posteriores, podemos exercer mais influência sobre os outros, até mesmo sobre o mundo, porque nós mesmos estamos realizados e completos, e não mais sujeitos à impressão; porém, o mundo tem menos efeito sobre nós. Esses anos são, portanto, o tempo de ação e realização; aqueles, entretanto, o de percepção e conhecimento originais.

Na juventude, predomina a intuição, na velhice, a reflexão: por isso, aquele é o tempo da poesia, este mais para a filosofia. Também, em termos práticos, na juventude, somos determinados por aquilo que intuímos e por sua impressão; na velhice, apenas pelo pensamento. Em parte, isso se deve ao fato de que somente na velhice houve casos intuitivos em número suficiente e foram subsumidos aos conceitos para dar-lhes pleno significado, conteúdo e credibilidade; e, ao mesmo tempo, para moderar, pelo hábito, a impressão do que foi intuído. Por outro lado, na juventude, especialmente em cabeças vivazes e fantasiosas, a impressão do que foi intuído e, portanto, o aspecto exterior das coisas, é tão predominante que o mundo é visto como um quadro. Por isso, o principal para eles é como se figuram e se apresentam – mais do que como se sentem interiormente em relação a isso. Isso já se mostra na vaidade pessoal e no cuidado com a aparência dos jovens.

A maior energia e maior tensão e a mais elevada tensão das forças intelectuais ocorrem, sem dúvida, na juventude, no máximo até os 35 anos: a partir daí, diminuem, embora muito lentamente. No entanto, os anos subsequentes, mesmo a velhice, não são sem compensação espiritual. A experiência e a erudição só agora se tornaram realmente ricas: teve-se tempo e oportunidade para considerar e refletir as coisas sob todos os ângulos, comparando-as entre si e encontrando seus pontos de contato e elos de conexão. Assim, só agora as compreendemos bem e em toda sua concatenação. Portanto, sabe-se agora, com mais profundidade, o que já sabíamos na juventude, porque temos muito mais evidências para cada conceito. Além disso, sabe-se realmente muito mais e tem-se um conhecimento bem pensado de todos os lados e, portanto, verdadeiramente coerente, enquanto na juventude, o nosso conhecimento é sempre lacunar e fragmentário. Por outro lado, na juventude há mais concepção, logo, somos capazes de fazer mais proveito com o pouco que sabemos. Mas na velhice há mais juízo, penetração e profundidade. Desde a juventude, ocorre a colheita do material para o próprio conhecimento, seus pontos de vista fundamentais originais, ou seja, aquilo que um espírito favorecido está destinado a oferecer ao mundo, mas somente nos anos posteriores esse espírito se torna mestre de seu material. Consequentemente, na maioria das vezes, os grandes escritores entregam suas obras-primas por volta dos cinquenta anos. No entanto, a juventude permanece a raiz da árvore do conhecimento, ainda que apenas a coroa sustente os frutos. Mas assim como cada época, mesmo a mais miserável, se considera muito mais sábia do que a que a precedeu, junto com as anteriores; o mesmo acontece com cada idade da vida humana: e ambas estão, frequentemente, equivocadas. Nos anos de crescimento físico, nos quais também aumentamos diariamente nossas forças mentais e nosso conhecimento, o hoje acostuma-se a olhar com desprezo para o ontem. Esse costume enraíza-se e permanece, mesmo quando as forças de espírito começam a cair; e o hoje, na verdade, deveria olhar com reverência para o ontem. Por isso, muitas vezes, subestimamos tanto as realizações, quanto os juízos de nossos anos de juventude.

Em geral, deve-se notar aqui que, embora o caráter ou o coração do ser humano, assim como o intelecto, a cabeça, seja inato em suas qualidades fundamentais, ainda assim este não permanece, de forma alguma, tão inalterável quanto aquele; mas está até mesmo sujeito à muitas transformações, que, em geral, ocorrem regularmente, em parte, porque ele tem uma base física, em parte, porque ele tem material empírico. Assim, sua força própria cresce gradualmente até o ápice, e, depois, decai gradualmente até a imbecilidade. Por outro lado, o material, que ocupa essas forças e as mantêm ativas (ou seja, o conteúdo do pensar e do saber, a experiência, os conhecimentos, o exercício e, consequentemente, a perfeição da intelecção) é uma magnitude que cresce continuamente até a entrada de uma fraqueza, que faz com que tudo caia. A existência do ser humano é composta, de duas maneiras opostas, de algo absolutamente imutável e de algo regularmente mutável, o que explica a diversidade de sua aparência e de sua validade nas diferentes idades da vida.

Em sentido mais amplo, pode-se dizer que os primeiros quarenta anos de nossa vida fornecem o texto; os trinta seguintes, o comentário que nos ensina o sentido verdadeiro e o contexto do texto, com sua moral e todas suas sutilezas.

Então, ao chegar ao seu término, a vida é como no final de um baile de máscaras, quando elas são retiradas. Agora, pode-se ver quem realmente foram aqueles com os quais teve contato durante o curso de sua vida, já que os caracteres se revelaram, as ações deram seus frutos, as realizações alcançaram sua justa apreciação e todas as miragens se desfizeram. Para tudo isso, foi necessário tempo.

Costuma-se chamar a juventude de tempo feliz da vida, e a velhice, de tempo triste. Isso seria verdade se as paixões nos fizessem felizes. A juventude é arrastada por elas de um lado para o outro, com pouca alegria e muita dor. Elas deixam em paz a velhice arrefecida, a qual logo adquire um aspecto contemplativo, pois o conhecimento se torna livre e assume o controle. Como o conhecimento em si mesmo é indolor, então, a consciência se torna mais feliz, quanto mais ele predominar nela. Basta considerar que todo prazer é de natureza negativa, enquanto a dor é de natureza positiva, para compreender que as paixões não podem nos fazer felizes e que a velhice não deve ser lamentada, pelo fato de que alguns prazeres lhe são negados, pois todo prazer é sempre apenas a satisfação de uma necessidade. Então, com isso, que aquela necessidade desapareça é tampouco digna de lamentação, assim como o fato de alguém não poder comer mais depois de uma boa refeição, ou ter de permanecer desperto, após uma boa noite de sono. De maneira muito mais acertada, Platão avalia (na introdução à *República*) a velhice como feliz, contanto que, finalmente, ela tenha se livrado do impulso sexual que nos perturbava incessantemente até então.

Seja como for, a juventude é o tempo da inquietação; a velhice, o tempo da calma. A partir disso, pode-se inferir qual bem-estar pertence a cada uma. A criança estende suas mãos cobiçosamente à vastidão, em direção a tudo o que vê de colorido e multiforme diante de si, sendo excitada por isso, porque seu *sensorium* ainda está tão fresco e jovem. O mesmo ocorre, com maior energia, com o jovem. Ele também é excitado pelo mundo colorido e suas múltiplas formas: sua fantasia, imediatamente, faz mais do que o mundo pode oferecer. Portanto, ele está cheio de desejos e anseios pelo indefinido, que tiram a sua calma, sem a qual não há felicidade. Então, na velhice, tudo isso se acalma; em parte, porque o sangue fica mais frio e a excitabilidade do *sensorium* menor; em parte, porque a experiência nos esclareceu sobre o valor das coisas e o conteúdo dos prazeres, permitindo-nos libertar, gradualmente, das ilusões, quimeras e preconceitos que, antes, obscureciam e distorciam nossa visão livre e pura das coisas; de modo que agora percebe-se tudo de forma mais correta e clara, tomando-as pelo que são. Mas foi, principalmente, por meio de tudo isso que a tranquilidade espiritual foi alcançada, a qual é um grande componente da felicidade, na verdade, até mesmo a condição e a essência dela.

Além disso, acredita-se que o destino da velhice seja a doença e o tédio. A primeira não é, de forma alguma, essencial para a velhice, especialmente se ela for bem vivida, pois *crescente vita, crescit sanitas et morbus* [à medida que a vida cresce, cresce a saúde e a doença]. Quanto ao tédio, eu mostrei acima por que a velhice está até mesmo menos sujeita a ele do que a juventude; ele também não é, de modo algum, um companheiro necessário da solidão, à qual, por causas facilmente previsíveis, a velhice, certamente, nos conduz. Ele é o companheiro apenas daqueles que não conheceram outros prazeres senão os sensuais e sociais, deixando de enriquecer o seu espírito e desenvolver suas faculdades. De fato, as forças de espírito também diminuem, mas onde havia muito, sempre restará o suficiente para combater o tédio. Ademais, como já demonstrei acima, pela experiência, pelo conhecimento, pela prática e pela reflexão, a intelecção correta sempre aumenta, o juízo fica mais aguçado e o contexto se torna claro. Assim, por meio das combinações sempre novas dos conhecimentos acumulados e do enriquecimento ocasional dos mesmos, a própria formação interior, ainda contínua, ocupa, satisfaz e recompensa o espírito em todos os aspectos. Por meio disso, a mencionada diminuição é compensada até certo grau. Além disso, como foi dito, na velhice, o tempo passa muito mais rápido, o que neutraliza o tédio. A diminuição das forças físicas causa pouco dano se não forem necessárias para obter ganhos. A pobreza na velhice é uma grande desgraça. Se isso for evitado e a saúde for preservada, então, a velhice pode ser uma parte muito suportável da vida [...].

20
Fatalismo

Quando o assunto é o destino dos seres humanos, Schopenhauer está ciente de que seus pensamentos podem ser considerados puras fantasias metafísicas, à custa de soluções duvidosas, porque essa questão não envolve conclusões definitivas, e sim meras ventilações sobre fatos obscuros. Para Schopenhauer, tudo o que acontece neste mundo ocorre com a mais absoluta necessidade, pois todo efeito é necessariamente a consequência de uma causa, que o provocou. E a comprovação *a posteriori* dessa verdade *a priori* pode ser encontrada nas previsões daquelas pessoas dotadas do dom da antevisão, cujos incidentes previamente anunciados ocorrem precisamente tal qual foram previstos. A esse fatalismo, que defende a necessidade de tudo o que acontece, Schopenhauer denomina de teórico ou demonstrável. Há, porém, um outro tipo de fatalismo considerado pelo autor, que não pode ser demonstrado como o primeiro – razão pela qual ele diz que seus pensamentos podem ser considerados puras fantasias metafísicas. Esse último tipo de fatalismo constitui uma crença de que tudo acontece necessariamente, porque o curso de eventos de nossas vidas é todo ele, no mais ínfimo detalhe, "planejado". Este é o fatalismo transcendente, que não é fruto de um conhecimento teórico, e, por isso, carece de explicação. Schopenhauer diz que a certeza acerca de tal fatalismo se forma gradualmente em nós, pois é com o passar dos anos que vamos nos convencendo de que o curso de nossa vida, por mais confuso que pareça, é, no fundo, um todo consistente e, além disso, tem um sentido tão instrutivo quanto a epopeia mais bem elaborada.

De acordo com o autor, ao fatalismo transcendente os antigos chamavam de destino (*fatum, heimarmene, pepromenē*), e os cristãos o reverenciam como providência (*pronoia*); entretanto, tais são apenas interpretações figurativas e alegóricas do assunto em questão, pois a raiz ou força oculta, que tudo direciona, até mesmo as influências externas, tem a sua origem última no nosso profundo interior, que é misterioso e inexprimível. Note-se que essa questão aponta para o limite da nossa expressão: não nos é possível compreender as verdades mais profundas e ocultas de outra forma senão por imagens e metáforas. Mesmo nos casos mais felizes, afirma Schopenhauer, a mera possibilidade de compreendê-las só poderá ser vislumbrada por meio de analogias e metáforas, e de maneira um tanto vaga e distante. O autor lembra que os antigos também acreditavam numa espécie de gênio (*daimon*) que presidia o curso de vida de cada um, mas segundo ele, para Platão, em especial, esse gênio não era externo. Quando Platão descreve como cada alma, antes de seu renascimento, escolhe uma determinada personalidade para conduzi-la ao longo de sua vida, ele diz que a alma não escolhe um *daimon* (gênio), mas ela mesma é o próprio *daimon*. Pensamento análogo podemos encontrar na noção schopenhaueriana de asseidade, segundo a qual cada um é responsável pelo próprio caráter, o que explica a sentença do autor em *Senilia* 12: "nem nossas ações, nem nossa trajetória de vida são obra nossa, mas aquilo que ninguém considera é: nosso ser e existência". Sendo assim, se por um lado, revelamos quem somos por nossas ações, despertadas por motivos externos; por outro lado, esses mesmos motivos são, em verdade, trazidos em nossas vidas, de modo necessário, pelo destino.

Ao abordar o fatalismo transcendente, Schopenhauer admite que nada é absolutamente casual, pois até mesmo os acontecimentos que parecem ser caprichosos jogos do acaso não passam de uma necessidade que chegou por um caminho mais distante. Isso explica por que o filósofo diz que, se o acaso governa o mundo, ele tem, no fundo, o erro como seu corregente, pois o próprio acaso é apenas uma ferramenta da necessidade oculta. Portanto, até mesmo nossos erros cometidos dentro de nossa margem de manobra [*Spielraum*] já estavam previamente planejados, como tudo o que ocorre neste mundo, sem exceção. É nesse sentido que Schopenhauer conclui que este *mundus phaenomenon*, no qual o acaso aparentemente reina, é inteiramente baseado em um *mundus intelligibilis*, que governa o próprio acaso.

Parerga e Paralipomena I, Especulação transcendente sobre a aparente intencionalidade no destino do indivíduo[98]

Embora os pensamentos a serem comunicados aqui não conduzam a nenhum resultado sólido, sim, poderiam, talvez, ser chamados de meras fantasias metafísicas; eu não pude, mesmo assim, decidir-me entregá-los ao esquecimento, porque eles serão bem-vindos a alguns, pelo menos, para comparação com os seus próprios sobre o mesmo tema nutrido. No entanto, também é preciso lembrar o fato de que tudo neles é dúbio, não apenas a solução, mas até mesmo o problema. Por conseguinte, tem que se esperar aqui menos conclusões decisivas, e sim a mera ventilação de uma relação fatual muito obscura, que, no entanto, talvez tenha se imposto frequentemente a todos, no decorrer de sua própria vida, ou na retrospectiva da mesma. Até mesmo as nossas considerações sobre isso podem não ser muito mais do que um apalpar e tatear no escuro, onde notamos que algo provavelmente está lá, embora não saibamos direito onde, nem o que é. Se, no entanto, eu deveria adotar, ocasionalmente, um tom positivo ou mesmo dogmático no processo, que seja dito aqui, de uma vez por todas, que isso é feito simplesmente para não tornar prolixo e difuso, pela repetição constante das formulações de dúvida e conjecturas, e que, portanto, não é para ser tomado seriamente.

A crença em uma providência especial, ou ainda em uma orientação sobrenatural de eventos no decorrer da vida do indivíduo tem sido, em todos os tempos, universalmente popular e mesmo em mentes pensantes, aversas à toda superstição, ela é, às vezes, encontrada inabalavelmente firme; sim, provavelmente, até mesmo fora de qualquer relação com qualquer dogma em particular. – Em primeiro lugar, pode-se contrapor que ela, como todas as crenças em Deus, na verdade, não nasceu do CONHECIMENTO, mas sim da VONTADE, isto é, ela é antes de tudo o filho da nossa carência; pois os dados, que unicamente o

---

98. SCHOPENHAUER, A. "Transscendente Spekulation über die anscheinende Absichtlichkeit im Schicksale des Einzelnen". *In*: SCHOPENHAUER, A. *Parerga und Paralipomena I*. Zurique: Haffmans, 1988 [trad. de Gleisy Picoli].

CONHECIMENTO teria fornecido para isso, talvez pudessem ser rastreados até o fato de que o acaso, que brinca conosco com uma centena de maldades e, como travessuras engenhosamente traiçoeiras, de vez em quando, se revela particularmente favorável, ou mesmo indiretamente, cuida muito bem de nós. Em todos esses casos, nós reconhecemos nele a mão da providência, e ainda, mais claramente, quando ele, ao contrário de nossa própria intelecção e por caminhos que abominamos, nos conduziu para um destino afortunado. Nós então dizemos: *tunc bene navigavi, cum naufragium feci*[99], e o contraste entre escolha e condução torna-se evidente e bastante inconfundível, mas, ao mesmo tempo, em vantagem da última. É por isso que, em circunstâncias adversas, nós nos consolamos com a máxima frequentemente provada: "quem sabe pode ser bom?" – que, na verdade, surgiu da visão de que, embora o ACASO governe o mundo, ele, no entanto, tem o ERRO como seu corregente, porque estamos sujeitos tanto a este quanto àquele. Talvez, o que agora nos parece uma infelicidade seja propriamente a felicidade. Assim, nesse caso, fugimos das travessuras de um tirano mundial para cairmos no outro, quando nós do acaso apelamos para o erro.

Além disso, atribuir, entretanto, uma intenção sob o mero, puro e evidente acaso é um pensamento de inigualável audácia. Mesmo assim, eu acredito que todos, pelo menos uma vez em suas vidas, o conceberam vivamente. Ele também se encontra em todos os povos, ao lado das doutrinas de fé, embora mais decididamente entre os maometanos. É um pensamento que, conforme ele é entendido, pode ser o mais absurdo ou o mais profundo. No entanto, por mais surpreendente que poderiam ser os exemplos nos quais ela poderia ser também, algumas vezes, apoiada, há sempre a objeção permanente de que seria o maior milagre se um acaso nunca tivesse sido capaz de governar tão bem os nossos assuntos, e até mesmo melhor do que o nosso entendimento e nossa intelecção.

Que tudo o que acontece, sem exceção, ocorre com ESTRITA NECESSIDADE, é uma verdade que pode ser compreendida *a*

---

99. Então, naveguei bem, quando naufraguei.

priori e, consequentemente, é irrefutável: eu quero chamá-la aqui de fatalismo demonstrável. Em meu ensaio *Sobre a liberdade da vontade* (p. 62), ela surge como o resultado de todas as investigações precedentes. É confirmado empiricamente e *a posteriori*, pelos fatos não mais duvidosos de que os sonâmbulos magnéticos, seres humanos dotados de segunda visão, e, às vezes, os sonhos do sonhador comum anunciam o futuro de modo verdadeiro e precisamente antecipado. A confirmação empírica dessa minha teoria da estrita necessidade de tudo o que acontece é mais impressionantemente vista na SEGUNDA VISÃO, pois, em virtude disso, vemos acontecer, mais tarde, algo previsto muitas vezes há muito tempo, com completa precisão e todas as circunstâncias pormenorizadas, como foram declaradas; até mesmo quando se tinha feito um esforço deliberado e, de todas as formas, para boicotá-lo, ou para fazer o evento ocorrido se desviar da visão comunicada, pelo menos em alguma circunstância menor. Isso sempre foi em vão, na medida em que precisamente o que deveria frustrar o acontecimento previsto, sempre serviu para ocasioná-lo, como foi comunicado pelo honestíssimo *Bende Bendsen*, no terceiro fascículo do oitavo volume de *Archivs für thierischen Magnetismus* de Kieser (especialmente, ex. 4, 12, 14, 16), como também em *Theorie der Geisterkunde* de Jung Stillings, §155. Agora, se o dom da segunda visão fosse tão frequente como ele é raro, então, inúmeros incidentes preditos aconteceriam exatamente e a prova fatual inegável da estrita necessidade de tudo e de cada acontecimento, seria geralmente evidente e acessível a todos. Então, não restaria mais nenhuma dúvida de que, por mais que o curso das coisas pareça ser puramente acidental, ele não é, no fundo, assim, pelo contrário, todos esses acasos em si, τα εχη φερομενα, são envolvidos por uma necessidade profundamente oculta, ειμαρμενη, cujo mero instrumento é o próprio acaso. Obter uma visão disso, tem sido, desde sempre, o esforço de todos ADVINHADORES. Agora, das adivinhações reais trazidas à mente, na verdade, não se segue apenas que todos os eventos ocorrem com completa necessidade, mas também que, de alguma forma, eles já estão determinados de antemão fixa e objetivamente, na medida em que eles se apresentam aos olhos do vidente como algo presente: entretanto, na melhor das hipóteses, isso poderia ser atribuído à mera necessidade de suas ocorrências, em consequência do curso da cadeia causal. Em todo caso, porém, a percepção, ou melhor, a visão de que aquela necessidade de tudo o que acontece NÃO É CEGA, ou seja, a crença em um curso de acontecimentos, tão sistemático quanto necessário, no decorrer de nossa vida é um fatalismo de tipo superior, que, no entanto, não pode ser demonstrado, como o simples, mas, apesar disso, talvez todos se deparem com ele, mais cedo ou mais tarde, e, de acordo com seu modo de pensar, se agarrem a ele por algum tempo ou para sempre. Podemos chamá-lo de FATALISMO TRANSCENDENTE para diferenciá-lo do ordinário e demonstrável. Ele não se origina, como este último, de um conhecimento realmente teórico, nem da investigação necessária para isso, para o qual poucos seriam qualificados; mas deriva-se gradualmente das experiências do próprio curso da vida. Dentre esses determinados acontecimentos, por exemplo, torna-se evidente para todos que eles ostentam, por um lado, em virtude de sua especial e grande conveniência para ele, o selo de uma necessidade moral ou interior; mas, por outro lado, o de uma coincidência externa, completa, claramente pronunciada. A frequente ocorrência deles leva, gradualmente, à visão, que frequentemente se torna uma convicção, de que o curso da vida de um indivíduo, por mais confuso que ele pareça ser, é um todo consistente, com tendência determinada e sentido instrutivo, tanto quanto a mais criteriosa epopeia. Agora, a informação dada a ele, por meio do mesmo, no entanto, se referiria apenas à sua vontade individual – a qual, em último caso, é seu erro individual. Pois não há plano e totalidade na história do mundo, como supõe a filosofia dos professores, mas na vida do indivíduo. Na verdade, os povos existem apenas *in abstracto*: os indivíduos é que são o real. Por isso, a história mundial não tem um significado metafísico direto, ela é realmente apenas uma configuração acidental: lembro aqui o que eu disse sobre isso em *O Mundo como vontade e representação*, tomo I, §35. – Assim, com relação ao seu próprio destino individual, aquele FATALISMO TRANSCENDENTE cresce em muitos, para quem a consideração atenta da própria vida, depois de seu fio ter sido fiado a um comprimento considerável, talvez dê, por vezes, uma causa a tudo. Por isso, ele foi afirmado em todos os tempos, até mesmo como dogma. Como algo completamente imparcial, merece ser citado aqui o testemunho de um homem do mundo e cortesão e, além disso, de uma época nestoriana, a saber, o do Knebel de noventa anos, que diz em uma carta: "observando bem, pode-se constatar que, na vida da maioria das pessoas, há um certo plano que, por sua própria natureza, ou pelas circunstâncias que as conduzem, é como se tivesse sido delineado para elas. As condições de suas vidas podem ser ainda muito variáveis e mutáveis, mas, no final, mostra-se um todo que nos permite observar, por baixo disso, uma certa conformidade. – A mão de um determinado destino, por mais oculta que possa parecer, também se mostra precisamente; ela pode ser movida por efeito externo ou impulso interno: sim, razões contraditórias movem-se frequentemente em sua direção. Por mais confuso que seja o curso da vida, a razão e a direção sempre se mostram através dele" (*Knebel's litterarischer Nachlass*. 2. ed. v. 3. 1840. p. 452).

A regularidade, aqui expressa, no decorrer da vida de cada um pode ser esclarecida, em parte, pela imutabilidade e consistência rígida do caráter inato, o qual sempre traz o ser humano de volta ao mesmo caminho. O que é mais apropriado para esse caráter de cada um, ele reconhece tão imediata e seguramente que, como regra, não o recebe, de modo algum, em consciência clara e refletia, mas age imediatamente e como se instintivamente em conformidade com ele. Esse tipo de conhecimento, na medida em que passa à ação, sem ter entrado em clara consciência, é comparado aos *reflex actions* [movimentos reflexos] do MARSHAL HALL. Em virtude disso, sem ser forçado, cada um persegue e apreende, seja de fora ou por suas próprias concepções falsas e preconceitos, o que lhe é individualmente apropriado, mesmo sem poder prestar contas disso; assim como a tartaruga, incubada pelo sol e rastejando para fora do ovo, mesmo sem poder ver a água, imediatamente toma o rumo reto na areia. Essa é, então, a bússola interior, o trem secreto que conduz cada um no caminho correto, que é por si só o apropriado a ele, mas cuja direção ele só a reconhece como uniforme depois de tê-la percorrido. – No entanto, isto não parece suficiente diante da poderosa influência e do grande poder das circunstâncias externas: e, ao mesmo tempo, não é crível que a coisa mais importante do mundo, o curso da vida humana, que foi comprado por meio de tantos feitos, pragas e sofrimento, deveria receber apenas a outra metade de sua orientação, chamada a parte que vem de fora, tão verdadeira e puramente da mão de um acaso realmente cego, que em si mesma não é nada e prescinde de toda ordem. Pelo contrário, somos tentados a acreditar que – assim como há certas imagens, que mostram a olho nu apenas deformidades distorcidas e mutiladas, em contrapartida, quando vistas em um espelho cônico, mostram figuras humanas regulares –, também a concepção puramente empírica do curso do mundo se assemelha a olhar a imagem a olho nu; a busca da intenção do destino, por outro lado, se assemelha a olhar para a imagem no espelho cônico, que conecta e ordena o que ali é jogado fora. Entretanto, essa visão sempre ainda pode ser contrariada pela outra de que a conexão planejada que nós acreditamos perceber nos acontecimentos de nossas vidas é apenas um efeito inconsciente de nossa fantasia ordenadora e esquematizadora, semelhante àquele por meio do qual vemos clara e belamente, em uma parede manchada, figuras e grupos humanos, trazendo coerência planejada para manchas que o acaso mais cego espalhou. Entretanto, é de se presumir que aquilo que, no sentido mais elevado e verdadeiro da palavra, é correto e benéfico para nós, não pode ser certamente aquilo que foi meramente projetado, mas nunca realizado, portanto, aquilo que nunca recebeu outra existência a não ser aquela dos nossos pensamentos – o *vani disegni, che non han' mai loco*[100] de Ariosto –, e cuja frustração, por acaso, nós teríamos de lamentar mais tarde ao longo de nossas vidas. Mas aquilo que realmente se manifesta na grande imagem da realidade e da qual, depois de termos reconhecido sua conveniência, dizemos com convicção *sic erat in fatis*[101], tinha então que vir. Portanto, a realização do que é

---

100. Desenhos vãos que nunca têm lugar.
101. Então, foi predestinado.

conveniente nesse sentido, deve ser assegurado, de alguma forma, por meio de uma unidade do acidental e do necessário que está no fundo das coisas. Em virtude disso, a necessidade interior, que se apresenta como impulso instintivo, depois a deliberação racional e, enfim, a influência externa das circunstâncias teriam que trabalhar mutuamente no curso da vida humana de tal forma que, no final, quando ele for completamente executado, elas deixem-no aparecer como uma obra de arte bem fundamentada e concluída, embora, anteriormente, quando ainda estava em processo, não se podia discernir nele, como em toda obra de arte que é criada pela primeira vez, nem o plano, nem o propósito. Mas quem quer que tenha chegado após sua conclusão e a tenha observado de perto teria que se admirar com tal curso de vida como o trabalho da mais deliberada previsão, sabedoria e perseverança. O significado do mesmo como um todo, no entanto, seria conforme o assunto fosse ordinário ou extraordinário. – A natureza, sem dúvida, faz tudo apenas para a espécie e nada meramente para o indivíduo, porque aquele é tudo para ela, este, nada. Contudo, o que nós aqui pressupomos como eficaz não seria a natureza, mas a metafísica, que está além da natureza, a qual existe completa e indivisivelmente em cada indivíduo, para quem, portanto, tudo isso se aplica.

Embora, para se chegar no fundo dessas coisas, seria necessário, na verdade, responder primeiros às seguintes perguntas: é possível uma completa disparidade entre o caráter e o destino de um ser humano? – ou, olhando para o principal, cada destino se encaixa em cada caráter? – ou, enfim, há uma necessidade secreta, inconcebível, comparável ao poeta de um drama, cada vez que ambos se encaixam um com o outro? – Mas é precisamente sobre isso que nós não estamos claros.

Nesse ínterim, acreditamos que somos senhores de nossas ações a cada momento. Porém, quando olhamos para trás, para o caminho que percorremos em nossa vida, e consideramos sobretudo os nossos passos infelizes, com suas consequências, então, frequentemente, não compreendemos como poderíamos ter feito isso ou nos abstido de ter feito aquilo, de modo que parece que um poder estranho teria guiado os nossos passos. Por isso, Shakespeare diz:

Fate, show thy force: ourselves we do not owe;
What is decreed must be, and be this so!
[Agora você pode mostrar seu poder, ó destino:
O que tem que ser, deve acontecer, e nada é propriamente nosso] (*Twelfth-night*, A. 1. sc. 5).

Goethe também diz em *Götz von Berlichingen* (Ato 5): "nós, seres humanos, não nos governamos: espíritos maus têm poder sobre nós, de modo que eles exercem a sua maldade para nos destruir". Sim, o profeta Jeremias já disse: "os feitos do ser humano não estão em seu poder, e não está no poder de ninguém como ele caminha ou dirige a sua marcha" (10, 23). Tudo isso se baseia no fato de que os nossos atos são produtos necessários de dois fatores, um dos quais é o nosso caráter, inalteravelmente fixo, mas apenas conhecido por nós *a posteriori*, então, gradualmente; o outro, porém, são os motivos: estes se encontram fora e são necessariamente ocasionados pelo curso do mundo e determinam o caráter dado, pressupondo sua natureza fixa, com uma necessidade que é igual à mecânica. Mas o eu, julgando o curso assim percorrido, é o sujeito do conhecimento, e como tal, estranho a esses dois e meramente o espectador crítico de sua ação, podendo ser surpreendido em alguns momentos.

Todavia, uma vez que se compreendeu o ponto de vista desse fatalismo transcendente e agora se olha para uma vida individual a partir dele, então, tem-se diante dos olhos, algumas vezes, o mais estranho de todos os espetáculos no contraste entre a coincidência física óbvia de um acontecimento e sua necessidade moral-metafísica, sendo que esta, no entanto, nunca é demonstrável, pelo contrário, pode ser ainda meramente imaginária. Para ilustrar isso com um exemplo conhecido, que é, ao mesmo tempo, por ser impressionante, adequado para servir como um caso típico, considere o *Gang nach dem Eisenhammer* de Schiller. Aqui se vê, vale dizer, o atraso de Fridolin, causado por seu serviço na missa, tão completamente acidental quanto é, por outro lado, tão importante e necessário para ele. Talvez todos, com sua devida reflexão, possam encontrar casos análogos em sua própria vida, mesmo que não sejam tão importantes, nem tão claramente pronunciados. Mas muitos serão impulsionados por isso à suposição de que um poder secreto e inexplicável guia todas as reviravoltas do nosso curso de vida, embora, muito frequentemente, contra nossa intenção provisória, no entanto, de modo adequado à totalidade objetiva e à conveniência subjetiva da mesma. Portanto, é propícia ao nosso verdadeiro melhor, tanto que nós muitas vezes reconhecemos posteriormente a loucura dos desejos alimentados na direção oposta. *Ducunt volentem fata, nolentem trahunt*[102]. – Sen. ep. 107. Agora, um tal poder, passando por todas as coisas com um fio invisível, deveria concatenar até mesmo o que a cadeia causal deixa sem nenhuma conexão entre si, para que elas se reunissem no momento exigido. Assim, ele controlaria os eventos da vida real tão completamente quanto o poeta controla os do seu drama: mas o acaso e o erro, que interferem primeiro e diretamente no curso regular, causal das coisas, seriam as meras ferramentas de sua mão invisível.

---

102. O destino conduz quem quer e arrasta quem não quer.

21
Palingenesia

Chega o momento em que a "mão invisível", que sempre guiou o destino de todos nós, nos conduz até a morte. Da união do indivíduo com o todo do mundo resultará adiante um novo nascimento, assim, o mesmo ser renascerá, em parte, totalmente novo; em parte, já velho. De original, ele ganha o intelecto, porém, carrega consigo, no seu interior, sua longeva e inextirpável essência. Isso explica por que Schopenhauer escreve em *Senilia* 64: "estamos sentados juntos e conversamos e nos estimulamos, e os olhos brilham e as vozes se tornam mais altas: assim também outros se sentaram, mil anos atrás: era a mesma coisa, e eram os mesmos: assim será daqui a mil anos. O dispositivo que nos impede de perceber isso é o tempo".

A morte é concebida por Schopenhauer como uma punição para a nossa existência, pois somos o que não deveríamos ter sido. Ademais, o autor se refere à morte como uma crise, um julgamento final, no qual alegrias e tristezas vêm junto com a palingenesia. Ele diz que a palingenesia, de modo algum, é uma doutrina nova em essência, mas somente na linguagem, pois já fora tratada por outras filosofias e religiões, sendo ela, por exemplo, uma crença entre egípcios, pitagóricos e platônicos. Ela também consiste no núcleo do bramanismo e budismo – mas, em todos esses casos, sob o nome de metempsicose. O cristianismo, diz Schopenhauer, de um modo diferente, também aceita essa doutrina, já que, por meio do pecado original, há a expiação do pecado cometido por um outro indivíduo, ou seja, há uma identificação do ser humano existente com outro que existiu anteriormente. Entrementes, para o autor, o nome metempsicose (do grego: *meta* "além de"; *psique* "alma") não é o mais adequado para designar tal doutrina, porque o que realmente renasce não é o ser que conhece, que os gregos denominavam de *psiquê* [alma], ou, em termos schopenhauerianos, intelecto; mas, sim, a vontade. Já na palingenesia (do grego: *palin* "de volta, novamente"; *genesis* "nascimento"), o indivíduo desaparece e reaparece, mantendo a mesma vontade ou caráter – o que ele recebe de novo é o intelecto.

Para o filósofo, cada indivíduo possui uma parte paterna e uma materna, sendo o sexo masculino o guardião da vontade; o feminino, do intelecto. Assim, no ato de concepção, essas duas partes são unidas e, do pai, herda-se o caráter ou a vontade; da mãe, o intelecto. Com a morte, tais partes são decompostas; e, em seguida, uma nova individualidade é obtida. Note-se que a noção schopenhaueriana de indivíduo diz respeito à aparência, não à coisa em si, por isso, a morte põe fim somente ao indivíduo. O novo indivíduo não se lembra, então, de suas vidas anteriores, pois seu intelecto e sua consciência eram outros. De modo semelhante, segundo a mitologia grega, para que os mortos reencarnassem, eles tinham que atravessar o Rio Lete, que lhes provocava o esquecimento de suas vidas passadas. Na teoria da reminiscência platônica, por sua vez, é possível se lembrar do que foi visto no passado, o que explica todo o esforço de Sócrates para que seus interlocutores "parissem" a verdade, já que a alma habitava, antes, o mundo das Ideias. Nesse sentido, conhecer é simplesmente recordar do que fora visto.

Schopenhauer afirma que há razões empíricas em favor da palingenesia, como nos casos das epidemias devastadoras, pois, onde elas ocorreram, se comparados os números de mortes e, posteriormente, de nascimentos, veremos que são proporcionais. Por exemplo, quando a peste negra desertou a Europa, sucedeu-se uma fecundidade extraordinária, inclusive nascimentos de gêmeos tornaram-se frequentes. Mas, como não é possível estabelecer nenhum nexo causal físico entre uma determinada morte e a fecundidade de outro indivíduo, Schopenhauer diz que a explicação de tal acontecimento físico é de fundamento metafísico.

O mundo como vontade e representação, tomo II, cap. 41[103]

Para a explicação dessa consideração serve ainda o seguinte. A vontade, a qual constitui a nossa essência em si mesma, é de natureza simples: ela quer meramente e não conhece. O sujeito do conhecimento, por outro lado, é um fenômeno secundário que tem sua origem a partir da objetivação da vontade: ele constitui o ponto de unidade da sensibilidade do sistema nervoso, o foco, por assim dizer, no qual os raios da atividade de todas as partes do cérebro convergem. Juntamente ao cérebro deve ele, em decorrência disso, perecer. Ele se encontra na autoconsciência, na qualidade de única coisa que conhece, em contraposição, como seu espectador, a vontade e reconhece-a, com efeito, embora tenha se originado a partir dela, como algo diferente de si mesmo, como algo estranho e, em função disso, também apenas empiricamente, no tempo, aos poucos, em suas sucessivas excitações e ações, ele igualmente toma conhecimento de suas resoluções somente *a posteriori* e frequentemente de maneira bastante mediata. A partir disso se explica o fato de que nossa própria natureza seja para nós, quer dizer, para nosso intelecto, um mistério, e que o indivíduo se vislumbra como recém-criado e transitório; embora sua essência em si mesma seja uma de caráter atemporal, ou seja, eterna. Da mesma maneira, pois, como a *vontade* não *conhece*, assim também, inversamente, o intelecto, ou o sujeito do conhecimento, é unicamente e somente *cognoscente*, sem querer de forma alguma. Isso pode ser comprovado até mesmo fisicamente pelo fato de que, conforme já foi mencionado no segundo livro, em conformidade com Bichat, os diversos afetos abalam imediatamente todas as partes do organismo e perturbam as suas funções, com exceção do cérebro, que como tal é capaz de ser afetado por aquelas coisas no máximo mediatamente, quer dizer, em decorrência precisamente daqueles distúrbios (*De la vie et de la mort*, artigo 6, § 2). A partir disso, decorre, no entanto, que o sujeito do conhecimento, por si mesmo e como tal, não pode ter nenhum interesse ou nenhuma

---

103. SCHOPENHAUER, A. *O mundo como vontade e representação, tomo II*. Trad. L.G. Grzybowski. Petrópolis: Vozes. No prelo.

parte em relação a coisa alguma, contrariamente, para si é indiferente a existência ou inexistência de cada uma das coisas, com efeito, até de si mesmo. Por que deveria esse ser, pois, desprovido de qualquer parte, ser imortal? Ele se encerra com o fenômeno temporal da vontade, isto é, com o indivíduo, da mesma maneira como teve sua origem com este. Trata-se da lanterna, a qual é apagada, depois de ter ela cumprido o seu propósito. O intelecto, da mesma forma como o mundo intuitivo existente unicamente nele, constitui mera aparência: não obstante, a finitude de ambos não contestou aquilo de que o intelecto e o mundo intuitivo são fenômenos. O intelecto constitui uma função do sistema nervoso cerebral: contudo este, tal como o restante do corpo, é a objetidade da *vontade*. Em decorrência disso, o intelecto repousa na vida somática do organismo: mas este último repousa ele mesmo na vontade. O corpo orgânico pode, por conseguinte, em certo sentido, ser visto como um elo intermediário entre a vontade e o intelecto; embora ele seja propriamente apenas a própria vontade se apresentando espacialmente na intuição do intelecto. A morte e o nascimento constituem a renovação constante da consciência da vontade inerentemente desprovida de fim e começo, a qual é unicamente, por assim dizer, a substância da existência (cada uma dessas renovações, todavia, traz uma nova possibilidade da negação da vontade de viver). A consciência é a vida do sujeito do conhecimento, ou do cérebro, e a morte é o seu fim. Em decorrência disso, a consciência é finita, constantemente nova, a cada momento começando do início. A *vontade* unicamente persevera; mas também somente a ela concerne a perseverança: pois ela constitui a vontade de viver. Ao sujeito cognoscente por si mesmo não concerne coisa alguma. No eu, no entanto, ambos estão conectados. – Em cada ser animalesco a vontade adquiriu um intelecto, o qual constitui a luz pela qual a vontade persegue, nesse caso, os seus propósitos. Dito de forma passageira, o medo da morte pode, em parte, igualmente repousar sobre o fato de que a vontade individual se separa tão relutantemente do seu intelecto, que lhe foi concedido por intermédio do curso da natureza, do seu guia e guardião, sem o qual a vontade sabe que é indefesa e cega.

Com essa discussão concorda, finalmente, também ainda aquela experiência moral cotidiana, que nos ensina que unicamente a vontade é real, enquanto os objetos dessa mesma vontade, por outro lado, determinados por intermédio do conhecimento, são apenas fenômenos, apenas espuma e vapor, semelhantemente ao vinho que Mefistófeles serviu no Auerbachs Keller[104]: nomeadamente, depois de cada prazer sensível dizemos nós também: "A mim parece, com efeito, como se eu bebesse vinho"[105].

Os horrores da morte repousam em grande parte sobre a falsa aparência de que, nesse momento, o eu desaparece e o mundo permanece. Pelo contrário, antes o oposto é verdadeiro: o mundo desaparece; por outro lado, o cerne mais íntimo do eu, o portador e formador daquele sujeito, em cuja representação unicamente o mundo possuía a sua existência, persiste. Cérebro e intelecto perecem juntos, e com o intelecto, o mundo objetivo, a sua mera representação. Que em outros cérebros, tanto quanto antes, vive e paira um mundo semelhante, é indiferente em relação ao intelecto que está perecendo. – Se, em decorrência disso, a realidade propriamente dita não residisse na *vontade* e se não fosse a existência *moral* aquela que se estende para além da morte; então, uma vez que o intelecto e com ele o seu mundo expiram, a essência das coisas de maneira geral não seria nada mais do que uma série interminável de sonhos curtos e nebulosos, sem conexão uns em relação aos outros: pois a persistência da natureza desprovida de conhecimento consiste meramente na representação temporal dos cognoscentes. Por conseguinte, um espírito do mundo que sonhasse principalmente sonhos muito nebulosos e complicados, sem qualquer objetivo ou propósito, seria então tudo em todas as coisas.

Quando, pois, um indivíduo sente medo da morte; então se tem propriamente o espetáculo estranho, com efeito, risível, de que o Senhor dos mundos, o qual preenche todas as coisas com

---

104. Auerbachs Keller é o nome de um local em Leipzig, famoso como um espaço para o consumo de vinho desde o século XVI. Foi eternizado em uma passagem do Fausto, de Goethe, referida aqui por Schopenhauer [N.T.].

105. GOETHE, J. W. *Fausto*, I, 2334 [N.T.].

sua essência e por intermédio do qual unicamente todas as coisas que são possuem a sua existência, desespera-se e teme perecer, afundar no abismo do nada eterno; – enquanto, em verdade, todas as coisas estão cheias dele, e não exista lugar algum onde ele não estaria, nenhum ser no qual ele não vivesse; uma vez que a existência não o sustenta, mas ele sustenta a existência. Não obstante, trata-se dele – que se desespera no indivíduo que está sofrendo de medo da morte, na medida em que sucumbe à ilusão provocada pelo *principium individuationis* de que a sua existência seja limitada à do ser que nesse momento está morrendo – essa ilusão que pertence ao sonho pesado, no qual o indivíduo, na condição de vontade de viver, se encontra; mas poder-se-ia dizer àquele que está morrendo: "Você deixa de ser algo que você teria feito melhor em jamais ter sido".

Pelo tempo em que nenhuma negação dessa vontade tenha entrado em cena, aquilo que a morte deixa de nós é o germe e o núcleo de uma existência completamente diferente, na qual um novo indivíduo se encontra, tão fresco e original que medita maravilhado sobre si mesmo. Disso, decorre a tendência entusiástica e sonhadora dos jovens nobres, numa época em que essa viçosa consciência precisamente acaba de se desenvolver plenamente. Aquilo que para o indivíduo é o sono, constitui para a vontade como coisa-em-si a morte. Ela não seria capaz de suportar continuar o mesmo realizar e sofrer ao longo de um tempo sem fim, sem qualquer ganho verdadeiro, se lhe restasse memória e individualidade. Ela se desfaz deles, isto é o Lete[106], e reemerge, revigorada por esse sono de morte e equipada com um intelecto diferente, mais uma vez como um novo ser: "A novos litorais nos atrai um novo dia!"

Na qualidade de vontade de vida que se afirma, o ser humano possui a raiz de sua existência na espécie. Em conformidade com isso, a morte é então a perda de uma individualidade e o recebimento de outra, consequentemente, uma alteração da individualidade sob a orientação exclusiva da sua própria vontade, pois unicamente nessa vontade reside o poder eterno que seria capaz de dar origem à existência da individualidade junto ao seu eu, to-

---

106. Na mitologia grega, um dos rios que circunda o Hades [N.T.].

davia, devido à constituição do eu, não é capaz de mantê-lo nessa existência, pois a morte é o *démenti*[107], que preserva a essência (*essentia*) de cada qualquer na sua reivindicação à existência (*existentia*), é o entrar em cena de uma contradição que se encontra em cada existência individual:

> denn Alles was entsteht,
> Ist werth dass es zu Grunde geht[108].

No entanto, encontram-se à disposição desse mesmo poder, ou seja, da vontade, um número infinito de existências precisamente como esta, com os seus eu, as quais, no entanto, serão precisamente da mesma forma insignificantes e transitórias. Uma vez que, pois, cada eu possui a sua consciência individualizada; então, em relação a uma consciência desse tipo, aquele número sem fim dessas mesmas consciências não é diferente de uma única. – A partir deste ponto de vista, não me parece uma coincidência que *aevum*, αἰών, signifique ao mesmo tempo a duração da vida individual e o tempo infinito: permite-se, nomeadamente, prever partindo desse ponto, ainda que de forma pouco clara, que, em si e em última instância, ambos são o mesmo; em conformidade com o que, propriamente, não haveria qualquer diferença se eu existisse apenas ao longo de toda a minha vida ou ao longo de um período infinito.

No entanto, não somos capazes de levar a cabo a representação de tudo o que consta acima na ausência de conceitos temporais: estes deveriam, todavia, permanecer excluídos quando se trata da coisa-em-si. Entretanto, pertence às limitações imutáveis do nosso intelecto o fato de que ele não é capaz jamais de eliminar completamente essa forma primeira e mais imediata de todas as suas representações, a fim de operar, pois, sem ela. Em decorrência disso, nós incorremos nesse momento, contudo, em uma espécie de metempsicose; ainda que com a importante diferença de que uma desse tipo não diz respeito a toda a ψυχή, nomeadamente não diz respeito ao ser *cognoscente*, mas unicamente à vontade; por meio

---

107. Desmentido [N.T.].

108. Pois todas as coisas que se originam / São dignas de que pereçam (GOETHE, J. W. *Fausto*, I, 1339-40) [N.T.].

do que são eliminadas tantas inconsistências, as quais acompanham a doutrina da metempsicose; em seguida, com a consciência de que a forma do tempo entra em cena aqui apenas na condição de uma acomodação inevitável à limitação do nosso intelecto. Tomemos nós, pois, como auxílio mesmo o fato, que será discutido no capítulo 43, de que o caráter, isto é, a vontade é hereditária pelo pai, o intelecto, por outro lado, é hereditário pela mãe; então, certamente se enquadra bem no contexto da nossa perspectiva, de que a vontade do ser humano, em si mesma individual, separada na morte do intelecto recebido da mãe no momento da concepção e, pois, em conformidade com a sua constituição agora modificada, recebe um novo intelecto, por meio de uma nova procriação conforme o fio condutor completamente necessário do curso do mundo, e que harmoniza com essa constituição, com o qual ela se tornaria um novo ser, o qual não teria qualquer memória de uma existência anterior, uma vez que o intelecto, o qual unicamente possui a capacidade da lembrança, constitui a parte mortal, ou a forma, mas a vontade é a parte eterna, a substância: em conformidade com isso, a palavra palingenesia é mais adequada para a descrição dessa doutrina do que metempsicose. Esses renascimentos constantes constituíram, então, a sucessão dos sonhos de vida de uma vontade essencialmente indestrutível, até que ela, por meio de tantos conhecimentos sucessivos e de formas variadas, em forma sempre nova, ensinada e aperfeiçoada, eliminou a si mesma.

Com essa perspectiva concorda igualmente a doutrina esotérica, por assim dizer, propriamente dita do budismo, da maneira como nós a conhecemos por intermédio das investigações mais recentes, na medida em que ela ensina não a metempsicose, mas antes uma palingenesia peculiar que repousa sobre uma base moral, a qual ela apresenta e esclarece com grande sentido de profundidade; como isso pode ser visto a partir da apresentação da matéria altamente digna de ser lida e admirada, oferecida no *Spence Hardy's Manual of Buddhism*, p. 394-396, (com o que se compare as p. 429, 440, 445 do mesmo livro), cujas confirmações podem ser encontradas no *Taylor's Prabodh Chandro Daya* (Londres, 1812, p. 35); da mesma forma em *Sangermano's Burmese empire* (p. 6);

bem como nos *Asiatic Researches* (v. 6, p. 179 e v. 9, p. 256). Igualmente, o muito útil *Deutsches Kompendium des Buddhaismus*, de Köppen, oferece o correto sobre este ponto. Para as grandes massas dos budistas, contudo, essa doutrina é demasiadamente sutil; em decorrência disso, na condição de substituto compreensível, é pregada precisamente a metempsicose a esses mesmos.

De resto, não se deve deixar sem a devida atenção o fato de que até mesmo razões empíricas se expressam em favor de uma palingenesia desse tipo. Efetivamente, está presente uma conexão entre o nascimento dos seres que estão entrando em cena de novo e a morte daqueles que deixaram a vida: essa conexão se mostra, nomeadamente, por meio da grande fertilidade da raça humana, a qual surge como resultado de epidemias devastadoras. Quando, no século XIV, a Peste Negra havia despovoado em grande parte o velho mundo, teve início um nível muito incomum de fertilidade em meio à raça humana, e os nascimentos de gêmeos eram bastante comuns: altamente extraordinário foi, em meio a isso, o fato de que nenhuma das crianças nascidas durante esse período recebeu sua dentição completa; ou seja, a natureza que se estava se esforçando era mesquinha no individual. Isso nos conta F. Schnurrer, *Chronik der Seuchen*, 1825. Da mesma maneira Casper, "Ueber die wahrscheinliche Lebensdauer des Menschen", 1835, confirma o princípio de que a influência mais decisiva sobre a expectativa de vida e a mortalidade em relação a uma determinada população possui o número de gerações nessa mesma população, a qual, como tal, mantém constantemente o mesmo passo com a mortalidade; de modo que os casos de falecimento e os nascimentos, todas as vezes e por todos os lados, se multipliquem e se reduzam na mesma proporção, o que ele coloca fora de qualquer dúvida por intermédio de evidências acumuladas de muitos países e das suas várias províncias. Ainda assim, não é possível haver um nexo causal *físico* entre a minha morte prematura e a fertilidade do leito conjugal alheio, ou inversamente. Nesse ponto, portanto, o metafísico entra em cena inegavelmente e de maneira estupenda como o fundamento de esclarecimento imediato do físico. – Todo ser recém-nascido, com efeito, adentra renovado e alegre em sua nova existência e a desfruta como uma existência presenteada: mas não há e não pode haver coisa alguma que seja presenteada. A sua existência viçosa é paga por intermédio da idade avançada e a morte de uma existência que deixou a vida, uma existência que pereceu, mas continha o germe indestrutível, a partir do qual essa nova existência teve a sua origem: eles são *um* só ser. Comprovar a ponte entre os dois seria, certamente, a solução para um grande enigma.

Parerga e Paralipomena, Sobre a doutrina da indestrutibilidade de nosso verdadeiro ser através da morte[109]

Se agora, ao contrário dessa perspectiva voltada para DENTRO, olharmos novamente para FORA e considerarmos o mundo completamente objetivo que se representa para nós, então, a morte certamente parece-nos como uma transição para o nada; mas também o nascimento, por outro lado, parece-nos um surgimento do nada. Uma como a outra, no entanto, não pode ser incondicionalmente verdadeira, uma vez que só tem a realidade da aparência. Também o fato de que nós, em algum sentido, devemos sobreviver à morte não é um milagre maior do que o da procriação, que temos diante de nossos olhos diariamente. O que morre vai para lá, de onde provém toda vida e a dele também. Nesse sentido, os egípcios chamavam de Orkus AMENTHES, que, segundo Plutarco (*De Isis et Osiris*, cap. 29) significa ὁ λαμβανων χαι διδους "o que toma e o que dá", para expressar que é a mesma fonte para a qual tudo retorna e da qual tudo deriva. Dessa forma, então, de tudo o que morre, nada morre para sempre; mas também nada que nasce, recebe um ser fundamentalmente novo. Esse é o mistério da PALINGENESIA, cuja explicação pode ser considerada no capítulo 41 no segundo tomo da minha obra principal. Depois disso, fica claro para nós que todos os seres que vivem neste

---

109. SCHOPENHAUER, A. "Zur Lehre von der Unzerstörbarkeit unseres wahren Wesens durch den Tod". *In*: SCHOPENHAUER, A. *Parerga und Paralipomena II*. Zurique: Haffmans, 1988 [trad. de Gleisy Picoli].

momento contêm o núcleo verdadeiro de todos aqueles que viverão no futuro, então, eles, em certa medida, já estão lá agora. Da mesma forma, todo animal diante de nós, em plena florescência, parece-nos clamar: "por que você reclama da transitoriedade dos vivos? Como eu poderia ser se todos aqueles da minha espécie, que se foram antes de mim, não tivessem morrido?" – Por conseguinte, por mais que muitas peças mudem no palco do mundo, em todas elas os atores ainda permanecem os mesmos.

Mas se, para penetrar mais profundamente no segredo da palingenesia, tomarmos agora o capítulo 43 do segundo tomo da minha obra principal para nos ajudar, assim, o assunto considerado mais de perto nos parecerá ser que, durante todo o tempo, o sexo masculino tem sido o guardião da vontade, enquanto o feminino, do intelecto da espécie humana; por meio disso, então, esta mantém a existência eterna. Por conseguinte, cada um tem agora uma parte paterna e uma materna; e, como estas foram unidas pela procriação, assim, elas serão desunidas pela morte, que é, portanto, o fim do indivíduo. Esse indivíduo, cuja morte nós lamentamos tanto, tem a sensação de que está realmente perdido, já que ele foi uma união, que cessa irremediavelmente. – Entretanto, em tudo isso, nós não devemos esquecer que a hereditariedade do intelecto da mãe não é tão decisiva e incondicional como a da vontade do pai, devido à natureza secundária e meramente física do intelecto e de sua total dependência do organismo, não apenas no que diz respeito ao cérebro, mas também em outros aspectos; como foi explanado em meu capítulo em questão. – Casualmente, também deve ser mencionado aqui que, precisamente nesse ponto, eu estou de acordo com PLATÃO, na medida em que ele também distingue, em sua chamada alma, uma parte mortal e uma imortal: mas ele entra em oposição diametral comigo e com a verdade, quando ele, em conformidade com o modo de todos os filósofos que me precederam, considera o intelecto como a parte imortal, a vontade, pelo contrário, isto é, a sede dos apetites e paixões, como a mortal – como pode ser visto no *Timeu* (p. 386, 387, 395, ed. Bip.).

Como sempre, também o físico pode prevalecer estranha e questionavelmente, por meio da procriação e da morte, com a evidente composição dos indivíduos de vontade e intelecto, e a subsequente dissolução deles; no entanto, o metafísico subjacente a ele é de natureza tão inteiramente heterogênea que não é contestado por ele, e nós podemos ficar confiantes.

Por conseguinte, podemos considerar todo ser humano de dois pontos de vistas opostos: de um, ele é um indivíduo que começa e termina no tempo, fugaz e transitório, *σχιας οναρ* [sonho de sombras], além de afligir-se fortemente com erros e dores; do outro, ele é o ser primário indestrutível, que se objetiva em tudo o que existe e, como tal, pode dizer como a estátua de Isis em Saís: *εγω ειμι παν το γεγονος, χαι ον, εσομενον* ["Eu sou tudo o que foi, é e será"]. Naturalmente, um tal ser poderia fazer algo melhor do que representar-se em um mundo como este, porque é o mundo da finitude, do sofrimento e da morte. O que está nele e fora dele deve terminar e morrer, mas o que não é dele e não quer ser dele, atravessa-o com poder absoluto, como um relâmpago, que acerta o topo e depois não conhece nem o tempo, nem a morte. Unir todas essas oposições é, na verdade, o tema da filosofia.

Referências

BARBOZA, J. Em favor de uma boa qualidade de vida (prefácio). *In*: SCHOPENHAUER, A. *Aforismos para a sabedoria de vida*. Trad. de Jair Barboza. São Paulo: Martins Fontes, 2002.

BARBOZA, J. Os limites da expressão. Linguagem e realidade em Schopenhauer. *Veritas*, Porto Alegre, v. 50, n. 1, p. 127-135, 2005.

BARBOZA, J. *Schopenhauer*: a decifração do enigma do mundo. São Paulo: Moderna, 1997.

BARBOZA, J. Schopenhauer: die Erscheinung, das Phänomen. *Revista Voluntas: estudos sobre Schopenhauer*, v. 5, n. 1, p. 3-8, 2014.

BRANDÃO, E. *A concepção de matéria na obra de Schopenhauer*. São Paulo: Humanitas, 2009.

CACCIOLA, M. L. O tema da razão em Horkheimer e Schopenhauer. *Cadernos de Filosofia Alemã*, p. 49-61, jul.-dez. 2017.

CACCIOLA, M. L. *Schopenhauer e a questão do dogmatismo*. São Paulo: EDUSP/FAPESP, 1994.

CALDEIRA RAMOS, F. A teoria da justiça de Schopenhauer. *Ethic@*, v. 11, n. 2, p. 173-185, 2012.

CHEVITARESE, L. *A ética em Schopenhauer*: que "liberdade nos resta" para a prática de vida? 2005. Tese (Doutorado em Filosofia) – Departamento de Filosofia, Pontifícia Universidade Católica (PUC-Rio), Rio de Janeiro, 2005.

DEBONA, V. *A outra face do pessimismo*: entre radicalidade ascética e sabedoria de vida. 2013. Tese (Doutorado em Filosofia) – Departamento de Filosofia, Universidade de São Paulo, São Paulo, 2013.

GIACOIA, O. Princípio de individuação e originação interdependente: Schopenhauer e o budismo – um diálogo Ocidente-Oriente. *In*: FLORENTINO NETO, A.; GIACOIA, O. (orgs.). *Budismo e filosofia em diálogo*. Campinas: PHI, 2014. p. 93-114.

KOssLER, M. Schopenhauers Ethik zwischen Christentum und Empirie. Ihre Beziehung zu Augustinus und Luther. *In*: JORDAN, H. W.; JESKE,

M. (eds.). *Für einen realen Humanismus*: Festschrift zum 75. 172 Geburtstag von Alfred Schmidt. Frankfurt: Peter Lang, 2006. p. 115-127.

PICOLI, G. *Os limites da linguagem e o místico na filosofia de Arthur Schopenhauer*. 2018. Tese (Doutorado em Filosofia) – Departamento de Filosofia, Unicamp, Campinas, 2018.

RODRIGUES, E. V. Asseidade e culpa no ordenamento moral do mundo. *In*: RODRIGUES, E. V.; PICOLI, G.; DEBONA, V. (orgs.). *Schopenhauer e a religião*. Florianópolis: NéfipOnline, 2021.

SALVIANO, J. O. S. *Labirintos do nada*: a crítica de Nietzsche ao niilismo de Schopenhauer. São Paulo: Edusp, 2013.

SCHMIDT, A. *Die Wahrheit im Gewande der Lüge*. Schopenhauers Religionsphilosophie. Munique, Zurique: Piper, 1986.

SCHMIDT, A. Religion als Trug und als metaphysisches Bedürfnis. Zur Religionsphilosophie Arthur Schopenhauers. *In*: KOSSLER, M.; BIRNBACHER, D. (eds.). *91. Schopenhauer-Jahrbuch*. Würzburg: Königshausen & Neumann, 2010. p. 67-92.

SCHOPENHAUER, A. "Aphorismen zur Lebensweisheit". *In*: SCHOPENHAUER, A. *Parerga und Paralipomena II*. Zurique: Haffmans, 1988.

SCHOPENHAUER, A. *Die Welt als Wille und Vorstellung I*. Zurique: Haffmans, 1988.

SCHOPENHAUER, A. *Die Welt als Wille und Vorstellung II*. Zurique: Haffmans, 1988.

SCHOPENHAUER, A. *Frühe Manuskripte (1804-1818)*. Frankfurt: Waldemar Kramer, 1966-1975.

SCHOPENHAUER, A. *Preisschrift über die Grundlage der Moral*. Zurique: Haffmans, 1988.

SCHOPENHAUER, A. "Transscendente Spekulation über die anscheinende Absichtlichkeit im Schicksale des Einzelnen". *In*: SCHOPENHAUER, A. *Parerga und Paralipomena I*. Zurique: Haffmans, 1988.

SCHOPENHAUER, A. *Über den Willen in der Natur*. Zurique: Haffmans, 1988.

SCHOPENHAUER, A. "Zur Lehre von der Unzerstörbarkeit unseres wahren Wesens durch den Tod". *In*: SCHOPENHAUER, A. *Parerga und Paralipomena II*. Zurique: Haffmans, 1988.

WITTGENSTEIN, L. *Tractatus Logico-Philosophicus*. Trad. de Luiz Henrique L. dos Santos. São Paulo: Edusp, 2017.

COLEÇÃO TEXTOS ESSENCIAIS

ACESSE A COLEÇÃO COMPLETA EM

livrariavozes.com.br/colecoes/textos-essenciais

Conecte-se conosco:

facebook.com/editoravozes

@editoravozes

@editora_vozes

youtube.com/editoravozes

+55 24 2233-9033

www.vozes.com.br

Conheça nossas lojas:

www.livrariavozes.com.br

Belo Horizonte – Brasília – Campinas – Cuiabá – Curitiba
Fortaleza – Juiz de Fora – Petrópolis – Recife – São Paulo

EDITORA VOZES LTDA.
Rua Frei Luís, 100 – Centro – Cep 25689-900 – Petrópolis, RJ
Tel.: (24) 2233-9000 – E-mail: vendas@vozes.com.br